中外哲學典籍大全

總主編　李鐵映　王偉光

中國哲學典籍卷

宋元明清哲學類

吴澄集

（三）

〔元〕吴澄　著

方旭東　光潔　點校

中國社会科学出版社

卷五十三　銘

潛齋銘

衛李君宗伯名其讀書之齋曰「潛」，嗚呼！君其果于潛也夫！夫六經莫奥于易，四書莫奥于中庸，君讀其書矣。潛也者，周公所以始夫三百八十四爻，子思所以終夫三十三章者也，其義不淵且博矣乎？德之未成歟？藏而不行，潛也。德之已成歟？晦而不顯，亦潛也。及其進修之極而不容隱也，充積之久而不可掩也，則有不終于潛者焉。何也？藏也者，不急于時，而不必其不遂行也。晦也者，不衒于人，而不必其不遂顯也。隱者身之用，揜者名之彰，君之自賦亦云。然是君之潛，名是也，情非也。雖然，君子亦何惡于不果潛也？人之稟不一概也，隨其所至而有所就。身之用也，名之彰也，人情所同好也，而何惡于不果潛也？

君曰：「子之言然也。吾以潛名吾齋，而子欲從吾情違吾名。吾寧從吾名違吾情也。」予曰：「君之情不必違也，君之名固可從也。予將從君潛之名，君能從予潛之實乎？君所謂潛，藏而遂行，晦而遂顯，始于潛，不終于潛者也。予所謂潛，主而不賓，家而不旅，始而潛，終而潛，不可一時而不潛者也。是潛也，非易之潛，非中庸之潛。潛者孰謂？謂潛心也。是潛也，法言嘗言之，未必能盡之；敬齋箴嘗言之，匪徒言之也。曰靡他，曰弗貳，潛之實也。易之「退藏于密」也，中庸之「不可須臾離」也，潛而至是，其至矣。請以箴敬齋者名潛齋，可乎？」君曰：「可哉！」于是爲之銘。銘曰：

宜壑幽鱗，蟄冬躍春。今而膏屯，後也厲雲。文錦宏聚，表黯衷炯。
初而避景，卒也脱穎。寂寂而張，寐寐而光。理也固然，義也何傷？
爰有大物，善潛罔逸。害防維離，害宅維密。水貯于壺，火宿于爐。
維水弗泄，維火弗滅。嗚呼潛只！維敬斯潛。守護禁訶，夙夜具嚴。

蝓山銘

盱東有山，挺拔嶙峋。山中有人，蔚秀清純。蝓山維季，旭山維昆。各已專壑，誰復争墩？山以人重，名當永存。伊人曰山，伊山曰蝓。亦名之寄，奚實之論！彼蛇彼蜧，夫豈不倫？

訥齋銘

君子之訥，不盡其有餘；小人之訥，將言而囁嚅。得善敏于行，近仁者歟？是爲君子儒，非小人儒。

忍恕堂銘

百字可以睦九世，一言可以行終身。中人之行，聊以寡怨；君子之道，將以同仁。苟内有宿藏，涣兮冰雪之銷；則外所周被，盎然天地之春。是知有事于恕者，忍不必有；無事于忍者，恕不容無。斯其可與論元氏名堂之意乎？

中倪庵銘 爲陳又新作

渾渾沌沌，非合非分；窅若無朕，秩然有倫。問地何所？問天何時？于起處起，此中之倪。

省齋銘 爲文士昌作

了了省省，而無不知；瞿瞿惕惕，而有不爲。謂盈難持，謂高易危。醉夢昏昏，彼何人斯？

虛室記後銘 爲危功遠作

室則有居，曷其爲虛？虛則無質，何者爲室？既無有室，曰虛奚謂？室豈其名，虛豈其字？弗可以字，而烏乎記？弗可以名，而烏乎銘？古古今今，信信宿宿，了無一有，萬有具足。

木之先花者，梅也；水之初出者，泉也。以其先花于冬，而不同乎桃李之春也；以其初出于地，而未渾乎泥滓之塵也。故梅之于木也爲獨清，泉之于水也爲最清，而他木、他水莫得而擬倫焉。

梅泉亭銘并序

廣平毛巨源，往年總戎荆州，構亭别墅，有獨清之梅，有最清之泉。主是亭者逍遥容與，日參乎雙清之間。山南憲副馮壽卿過而喜之，名亭曰「梅泉」。夫梅之清豈有資于泉？泉之清豈有資于梅？而二物者偶相值乎亭之側，亭中之人又與亭側之二物交相值焉。皆得天地之至清，其氣類之相求，蓋有不期然而然者。然非二者之清景，不足以稱斯亭之清；非斯人之清操，不足以合二物之清；非壽卿之清致，亦不足以發巨源之清也。巨源有政事、有文學，持憲節，綰郡符，所至有名聲。予聞之舊矣，今始識之，乃因其亭之名而爲之銘：

幽然一枝，幾玉晴雪；泓然一規，明鏡皎月。作亭者誰？配此孤潔。資而羮之，衆口調適；流而行之，群品膏澤。梅乎泉乎？于以比德。

勉庵銘 并序

勉生于不足，不勉生于足。不足則勉，勉則進；足則不勉，不勉則止。昔之聖賢兢兢業業，孜孜汲汲，不自足故也。世之自以爲有餘者反是。莘縣楊氏代有聞人，行省郎中楊士允學足以堤身，才足以周務。仕登要路矣，而慊慊不自足也。其進而未止，詎可量也哉！臨川吴澄爲作勉庵銘。

硜硜鄙夫，哆然有餘。柴栅厥衷，衷肛爾軀。怙恃孤雄，氣凌萬夫。矜持小黠，術籠衆狙。視今之人，曾莫我如。欲其勉也，不亦難乎？謙謙自牧，欿然不足。深藏若虛，上德若谷。海納百川，如秕一粟；山崇九仞，如簣初覆。視古之人，思蹈往躅。儻其未逮，何敢不勖！

温温楊君，允藝允文。維學是種，維業是耘；維事克敏，維職克勤。弗辭勞瘁，弗憚糾紛。光于世美，懋乃官勳。勉哉無斁，尚永有聞。

王景瑞墨銘

磨研靡堅，點染彌贍。彌堅玄玄，彌贍艷艷。

静齋銘爲學子王章作

群動飛奔，擾擾紛紛。鷄鳴度關，馬跡轍環。智人内觀，净室蒲團。九淵鯢桓，黿息龍蟠。

自如軒銘

自自自，寂無事。如如如，綽有餘。惟委順，靡固必；由由然，坐一室。陳福叟，自如軒。銘者誰？吴澄文。

真止軒銘 并序

老莊氏及學佛之徒言真，三代以前儒家之書無言眞者，周子、程子、朱子始言之。書、易、大學皆言止，而二氏之學亦言止。淮西黄仲亨，儒也，而以「真止」二字銘軒。其取儒家所言乎？抑老、莊、佛所言乎？余嘗聞之矣。真者，實也，曰誠是也。止者，物各得所，不相侵越之謂。于是銘其軒，銘曰：

惟皇斯極，有實無僞。一物一則，各至其至。主敬閑邪，内誠斯存。明究萬微，泒别枝分。如是而忠，如是而孝。天秩天敘，不紊不撓。粤若二氏，亦云悟真。静定爲止，以息外因。視聖聖心，似罔差殊。鑑雖空洞，衡靡錙銖。世遠言湮，此學幾絶。弗知弗蹈，騰駕虚説。儒讀儒書，真止何如？銘示正途，展也匪誣。

寶敬齋銘

吾聞老氏有三寶，提舉薛玄卿學老氏道，而三寶之外有一寶焉，曰敬。夫修己以敬，吾聖門之教也。然自孟子之後失其傳，至程子乃復得之，遂以「敬」之一字爲聖傳心印。程子初年受學于周子，周子之學主静，有如老氏守静篤之意，而程子易之以敬，蓋敬則能主静矣。玄卿之所寶者敬，雖同乎孔氏，而亦老氏歸根復命之静與？

銘曰：

惟周學聖，云主乎静；惟程學周，則主乎敬。惟敬故静，惟静故定。定故不遷，心得其正。定而無適，虚明若鏡。應而無二，公平若稱。湛然澄瑩，不將不迎。斯敬之功，存我恒性。卓哉玄卿，學有印證。所寶非他，上帝正令。

遜齋銘

兵部員外郎崔君字耐卿，名其齋居之室曰「遜」。銘曰：

粤稽商訓，惟曰遜志。聿觀周誥，亦曰遜事。遜之爲言，其意曷謂？謂當卑順，謂宜退避。卑順伊何？順理順義。退避伊何？避權避勢。理義謙謙，致福之原；權勢炎炎，召禍之門。謙君水流，永久滋液；

炎如火熾，奄忽滅熄。心常卑下，不欲尊己；身常退後，不敢先彼。自下者尊，自後者先。一遜之餘，百嘉萃焉。有扁有銘，朝夕警惕。神所扶持，俾爾多益。

游壽翁墨銘

凡木之類，松之壽爲最。其液降而下者爲琥珀，壽可千歲；其氣升而上者爲墨，壽可萬世。惟爾不朽，此所以久；惟此可久，爾所以壽。壽以此乎？壽以爾乎？此壽爾壽，兩相無窮；爾壽此壽，一將無同。莫明初終，問之墨工。墨工爲誰？游卿壽翁。

履齋銘

中有實地，下澤上天。初行其素，終視其旋。毋輕于夬，虎尾在前。大道不徑，履之坦然。余既爲之銘，又爲之説曰：履言虎尾者三，釋之者云：「乾有虎象，兑躡其後，履虎尾也。」然虎尾一也，卦之象履之而亨，四之象履之而吉，三則咥人而凶，何也？一陰不中不正，而當群陽也。履者慎諸！

詹見翁墨銘

以磨則磷，以涅則緇。一時之施，其昭不緇。其久不磷，萬世之信。孰全孰虧？往問詹尹。

和樂堂銘

兄弟二人，初實一身。末俗薄惡，各視其橐。郭氏善門，相好克敦。異株同根，罔有間言。內無私貯，外無私與。或出或處，奚我奚汝？既翕既具，且湛且孺。子孫繼武，瞻此堂宇。

塵外亭銘

身在塵内，塵在身外。身之所在，塵之所在。身不出塵，塵内有身；塵不入身，身内無塵。我身非身，則如太虚。彼塵身塵，而奚乎外？作亭何人？黄氏體元。銘者誰與？伯清父吴。

明極閣銘

佛性如天，佛慧若日。彼哉蒙翳，黑暗抹漆。雲霧劃天，大明東出；蕩蕩晴空，普照纖悉。講僧惟覺，有明極閣。銘之者誰？吴澄所作。

清寧齋銘

純氣晃朗，炯然瑩浄；元形漭廣，頽然安定。斯宙斯宇，斯遊斯處。所戴所履，所用所體，惟虚之極，惟静之篤。心既虚白，命根静復。湛兮獨尊，此不塵昬；寂兮長存，彼自飛奔。西慶之孫，南華之昆；廓廓屯屯，我乾我坤。齋居清寧，薛氏玄卿。誰其爲銘？臨川吴澄。

山鍾琴銘

八音悉諧于律，然律之于鍾名者四，他音不與焉。律豈特爲金之一音設乎？曰，非然也。金者，八音之長也。長尸其名，屬從之矣。金音之鍾可以名八音之律，豈不可以名絲音之琴哉？此琴之所以名山鍾也與？琴自饒而昇，號爲衆琴之甲，前後銘者不一，臨川吴澄復嗣銘之。銘曰：

横理庚庚，流響泠泠。日暖風輕，月明露清。吾志所貞，觸指成聲。如山鍾靈，氣應自鳴。主姓四更，今既昔程，賓一其名，壽百千齡。

黄雲仙墨銘

前湛然，後雲仙，得一研，可千年。

觀瀾亭銘

滔滔江河，浩浩湖海。水天混茫，風力撼擺。雷轟電擊，冰湧雪洒。晴摇目眩，神悸心駭。乾坤一亭，今古萬態。傍觀静觀，大慨永慨。初而漣淪，倏爾澎湃。奔騰哮吼，變現奇怪。

省吾齋銘

吾之爲吾，凝氣成軀。前有深阱，亦有坦途；惟吾所擇，任吾所趍。兢兢惕惕，慎乃驅馳。私邪險艱，省之鉏之；公正平易，省之勖之。己如不疚，内省而愜；彼或不賢，自省而懾。耳聞雷震，吾省斯懼；目覩機張，吾省斯度。曾省者三，皋省則屢。夕省及朝，晨省至暮。晝之所行，夜可告晨；夜之所思，晝可語人。俯仰無愧，心安體舒。省焉若是，吾知免夫。

率性銘

錢原道，字率性，爲之説者奚翅數十，又索余言。余謂率者，循其自然之謂，非人之所以用功也。有志性學者宜如何？其用功有二：曰知性，曰養性。知之精，養之熟，則率而行之，庶其少虧缺歟？爲作率性銘：

仁義禮智，性同一初，隨其氣質，而有萬殊。惟性所禀，湛然粹然；率其所性，無一不全。苟非聖人，其率各偏。或相伍什，或相百千。在物尤賤，窒塞蔽蒙。問有含靈，一罅僅通。物不能人，人則可聖。蓋由乎學，以復其性。復性之學，其功有二：知性其先，養性其次。若何而知？格物窮理。若何而養？慎行克己。知則知天，養以事天；孟子之云，子思所傳。天之自然，率而循焉；人之當然，知而養焉。有實造詣，非虚語言。因孟遡思，勉旃勉旃。

墨銘與袁自心

袁自心墨最晚出，前山後溪幾若一。其堅如石黑如漆，光燄透紙又宜筆。得此玄圭鎮石室，我爲銘之著其實。

又

儒而墨，有此黑。體剛堅，耐磨研。用濡染，發光燄。文印千年，東魯所傳。

丹銘

匪丹之丹，又玄之玄。小則已疾，大則延年。其功在醫，其道通仙。鼎鑪造化，傳自先天。

落月古鏡銘

清池月霽，青萍點綴。月中微雲，如月生翳。葆光混塵，用晦以涖。風刮萍開，瑩净無滓。全體圓明，普照一世。寶匣韞藏，堯舜之智。

緝熙銘

客示「實得實見，緝熙頓悟」八字，予曰：悟未易頓也，見豈易實哉？况于實得乎？

夜光璧一團，夜明珠一顆。奉持常在手，永永不失墮。

耆樂堂銘

弗耗吾神，弗戕吾真。耆匪以天，其耆也人。匪醲而鮮，匪管而絃。樂弗以人，其樂也天。時定時省，百歲永永；歲穫歲耘，四時訢訢。侗然遊嬉，如漢畝翁；泯然識知，如堯衢童。田心逸民，今代皇風。耆樂常春，誰之與同？

舟銘

細藥成九，嘉名曰丹。銘生已死，可温沍寒。却老還少，扶危即安。煉治維謹，功行其完。

杏壇銘遺陳應元

洙泗之上，太和融盎。累士功崇，嘉植天降。元造無聲，花開實成。丹腮艶艶，蠟彈盈盈。暇日從遊，春風歸詠。頫仰静觀，盡心至命。兩間生意，萬古在今。覩物思人，如侍緇林。

新城縣觀音寺鐘銘

歲玄偠，月九會，日丹鼠，煽爐鞲。巧治鑄，隧景帯。金之剛，永不壞。聲遠聞，醒衆瞶。耳悟入，得佛鮮。觀音寺，新鍾成，一吾山，吴澄銘。

菊庭王時可墨銘

黄金盈庭，玄玉韞匵。無價之珍，有待而儥。

崇厚堂銘

猗嗟邃古，巢木冗土。既基既構，層級峻宇。有修其楹，上干杳冥；有累其臺，下絶壒塵。達士苟完，近臨遠觀。仰戴巍巍，俯蹈安安。不棟而隆，不廬而穹；不蕢而覆，不版而築。所崇惟德，其智湜湜；所厚維倫，其仁肫肫。

存齋後銘

存存何事？吾有吾天。孟後千年，斯秘失傳。誰其嗣之？宋代儒先。臧塾揭名，希古聖賢；柴筆摛辭，耀今簡編。聞孫克世，守護彌虔。玉韞于山，珠潛于淵。爲之難甚，言若易然。前修邁美，來者勉旃。

南軒書院山長臧廷鳳朝瑞之先大父扁其書塾曰「存齋」，獻肅公銘之。臨川吴澄復觀遺墨，申之以三章，章六句，繫于左方云。

明德銘

此心此德，如鏡如水；物來畢照，明徹底裏。云胡或昏？塵集風起。云胡復明？塵去風止。

静無撓心，動則察理。明斯昭昭，大用全體。

誠善銘

此性此善，我固有之。是曰天真，而匪僞僞。云胡未誠？或間以私。人所未覩，謂彼不知。神也與俱，豈其可欺？誠斯慥慥，莫顯乎微。

卷五十四　題跋

題程侍御遠齋記後

集賢學士程公十年于朝，日近清光，而親舍迺數千里。今以行臺侍御史得旨南還，庶幾便養。而回望闕庭，又二千里外。日以近者，人子之樂；日以遠者，人臣之憂。此遠齊所爲作也。夫忠臣孝子之眷眷于君親者，壹以朝夕左右爲樂，然亦難乎兩全矣。子之愛親，不可解于心；臣之事君，無所逃于天地間，惟其所在而致其道，豈以遠近間哉？

余既從公觀光上國，又將從公而南。與公同其樂而不同其憂者，思有以紓光之憂焉，爲是言也。或曰：「近多懼，遠多譽。人所樂而公憂之，何也？」之言也，讀易而未知易之所以易，何足以知公之心！

題李赤傳後

宗元之傳李赤，善矣！王韋之門，非大厠溷歟？過者掩鼻，而宗元出入陽陽，則固視猶鈞天、清都也。奇袤之與齒少，自好者羞之，而將倚之，以興堯舜之道，非以厠鬼爲殊麗而妻之者邪？其友之號而捄者蓋有矣，而宗元不悟，竟以殛死，死且不悟。易曰「迷復凶」，于赤尚何罪哉！

題朱文公武夷棹歌遺墨

朱子早年肆其餘力于詩章、字畫，甚雄偉不凡，而晚乃若不暇爲。武夷棹歌，年五十有五時作。吾詹叔厚父得遺墨，寶藏之。夫詩章、字畫妙一世，固人所共愛。而朱子片言隻字流落人間，而人之愛之也，又豈直爲詞翰之工而已哉！萬世之後，有知其解者，是旦暮遇之，而余于其詩與字也夫何言！

題術士彭時觀贈言後

相地、相人二術，一術也，并隷形法家。占筭以推吉凶，則蓍龜五行之支與流裔耳。漢儒序數術爲六種，而彭生涉其三。吁！何其多能哉！彼儒而不通天地人者何如耶？

跋樊教諭六峯

六峯，臨卭山名，邑校先生樊君墳墓所依也。君去蜀四十年，墳墓在萬里而，遂以「六峯」偏之寓屋，以示不忘孝子慈孫之心也。吾求所以藏吾親體魄者猶未獲，而君悠然六峯之思，烏乎！吾目中亦安得見如六峯者哉？

跋吴適可先世誥歷

吴守正適可持其先世誥歷示余，曰：「某之高祖紹興登科，初授迪功，尉臨桂，再授從事，令通城，官至正郎典郡而終；曾祖受澤，爲總領所屬官；祖貢禮部，始由臨川遷樂安；父業進士，教生徒。至某，益貧困，而懼世緒之殞。家藏臨桂誥，身僅存，至兵寇流離之際，身與之俱，罔敢失也。一日至豐城櫪畈，有宗人名演字慶長，就某行囊中索迪功誥一視，因言往年有以從事誥并印歷質錢于先大父者，惻然久之，曰：『固君家物歟？』取歷歸于某。某再拜受，與初誥并藏之惟謹。」烏乎！適可賢矣，慶長又賢也。雖然，爲人子孫，于先世遺物何莫非所當保受？此身亦其所遺也，而視他物爲尤重。適可棲棲旅泊，衣食無所于給，卒不易業，猶以文墨議論奔走士友間，不諂不屈，不爲一毫非僻以辱其身、忝其先，則適可之所以賢于人蓋在此，而不在彼也。

跋胡剛簡公奏藁

宋三百年，權姦之誤國、亡國者五：初亡以蔡；後亡以賈；開禧之敗去亡無幾；紹興、寶慶雖未有亡國之禍，然挾敵勢、貪天功、誣上行私，使不得盡爲臣、爲子、爲弟之道，則二凶之惡殆浮于三凶。

當是時，以小臣而敢于言國家之大事，以扶天地之常經者，廬陵二胡公也。忠簡忠憤激烈，驚悚一世；剛簡援引故實，敷陳倫理，明白懇切，而不危辭，又不牴悟時宰，而眙書以感動之。忠簡之言似簡誼，剛簡之言似陸贄，二公知愛君而不敢愛其身一也。夫人臣之告君，冀其悟爾，豈欲觸其怒哉？夫子之請討陳恒也，所以告其君大夫，嚴正而不迫如此。後之忠君徇國者，其尚有味于吾言。

題樊教諭齋名六峯

教諭樊君墳墓在臨卭六峯之下，去蜀來南，寓臨川，乃以「六峯」名其齋居之室，蓋以故鄉不可歸，識墳墓常在目，其意豈不悲哉！

君昔以辟亂出，時也故鄉淪落于異國，終其身，無復有首丘之望，豈料天下爲一家也？今則東西南北，舟車無所不通，君歸故鄉易易耳，而未之能者，貧故也。觀君之所以名齋，雖夢寐曷嘗不在先人丘隴之側？然轉徙艱難，年踰六十，無五畝之宅、百畝之田以養其生，棲棲邑學椽，苟升合之禄，以畜其妻子且不給，詎能裹糧徒步萬里，而一省其松楸哉？此其所以益重無涯之悲也。

世之仕者，或生中州絶漠，足涉大江南，養生之具取諸寄，種種便利，則依依留戀，市肥田美宅，老子長孫于荆楚，視其所自生之處如棄敝屣。生者是利，死者何知焉？人生天地間，孰無所本始哉？墳墓之思一也，或欲歸而不能，或能歸而不欲，其心之厚薄何如也？

跋黄則陽藏烏樸齋石壁詩

黄則陽出示爲其大父所賦石壁詩，求[一]題跋于人，是欲揚先世之美于無窮也，孝子慈孫之用心遠矣。去之千載，而其言立，是爲有以稱君之心也夫！

題余震伯撰父行述後

予觀分寧余震伯撰其父貢士君行述凡二十條，且以四方之能言者繫其後，仁人孝子之心哉！夫以貢士君之德，宜有立而瀝于時，今而猶可以不朽，子之言立也。雖然，若是而已乎？蓋將進乎是。立如之何？以身不以言也。身立，則名揚而親顯矣。震伯之所以厚

〔一〕「求」，四庫本作「永」，據文意改。

于其親者，庸有既耶？

跋吴瑞叔藏舅氏墨帖

吴瑞叔父祖以上占籍臨川，而母家在豫章，其舅前進士魏君書山谷與外甥洪駒父帖遺之。世謂山谷詩人耳，此帖所言，曰本以孝友忠信，曰養以敦厚醇粹，曰立身行道以事親，曰寡慾寡言以進德，曰思不如舜、禹、顔、淵，曰一日克己，天下歸仁。充是言也，詩人乎哉？惜駒父所到，三未有以副其舅之所期也。魏君謂：「瑞叔因是有省，他日豈止駒父而已？」此意厚甚。瑞叔勉之，毋俾後之議者如今之議駒父焉，則非徒舅家之光，抑亦吾宗家之幸也。瑞叔勉之。

題郭友仁佩觿集

書契代結绳以來，歷幾千年而有郭氏佩鐫，蓋許慎之忠臣、徐鍇之益友。書契代結繩以來，有郭氏佩鐫，豈其家之傳器耶？然前之觿有其名，無其器，而猶有所解也；後之觿有其名，無其器，而亦無所解焉。不惟無所解也，人之解其所以解者，方且累數萬言而未已，何哉？吁！有所解而解人，將以一智智衆愚；無所解而解于人，乃以一智愚衆智。二郭之佩觿孰優？曰：後出者巧。

跋蕭寺丞書梅山扁銘後

先漢梅子真尉南昌，後漢欒叔元守九江，聲迹所暨，人至于今祠之爲仙。有山焉，曰巴山，或謂以叔元之名名之也；有山焉，曰梅山，其亦以子真之氏氏之歟？

梅山有聶氏居其下，清江蕭寺丞山則爲書二大字以貽聶洪父。洪父卒，授其從子詠夫，寺丞公又爲作銘。詠夫卒，乃還畀洪父之孫方春。洪父，耆儒也；詠夫，詩人也。方春年少而才俊，寶藏前代鉅公之字與文，于兹三世矣。雖然，字以人重，文以人重，地亦以人而重也。字之重、文之重，重在彼；地之重，重在此。方春其思所以重其地者哉！故吾舉子真以告，庶幾聞其風而興起焉。

跋誠齋楊先生學箴

「昔人忘言處，可到不可會。還須心眼親，未許一理蓋。詞章特其餘，君已得其最。當知鄒魯傳，有在文字外。」此南軒先生贈誠齋先生詩也。觀誠齋爲陳氏作學箴，其言如此，則其忠于告人也，尤厚于爲己，賢矣哉！

屏山曾君，陳之自出，得墨蹟于舅家，以遺其子。其子志順篤于學，夫苟因鄉先賢之訓而有發焉，雖遠紹先聖之緒以無墜其世可也，是豈在言語文字間哉！他日當驗之于一唯之時。

書秋山歲藁後

壬寅四月既望，于龍溪康氏梅花吟院，觀秋山翁戊戌、己亥、庚子、辛丑、壬寅歲藁畢，翁云：「嗚吾天籟，發吾天趣，若局局于體格、屑屑于字句以争新奇，則晚唐詩也，非吾詩也。」知翁此言，乃可觀翁之詩。昔衛武公年九十五而作抑戒，編詩者附之大雅。翁今七十八矣，至武公之年，猶及見其大雅之作。

題羅縣尉遺事後

羅君士迪辭華足以擢高科，才具足以仕邊郡。夫文士之于同業也，每忌之而輕心生焉；武帥之異于己也，每惡之而慢心生焉。能使所同者心服而不敢輕，所異者心敬而不敢慢，非果有以見于人，其何能致是？惜哉！時命之不偶，而死于盜。葬不備禮，墓石未樹。其子臨抱此戚，不可解于心，切切然圖其不朽，孝矣夫！予未及識之，而詒吾書，頗及當世，蓋亦有辭有才者，士迪爲不忘矣。臨也，尚思所以成行立名其顯其親也哉！

士迪諱惠孺，吉州永豐人，戊辰進士及第，任武昌節度推官、夔湖鎮撫司、湖北制置司幹辨公事，所事參政高公達也。乙亥棄官歸隱，居十年，死之時五十有餘。

題彭澤尉廨後讀書巖亭記碑陰

人子不能行三年之喪久矣，俗頽禮廢之餘，廣平和裕仲寬獨行[一]之。孝聞朝廷，旌其門而授以官。歷三任，爲江州彭澤尉。尉廨後怪石數十，其間有巖，舊傳宋時縣尉石振興宗教三子讀書其下，豫章黄太史爲書「讀書巖」三字。境固奇勝，因山谷字益重名，士大夫多遊焉，石刻姓名具存，率漫滅不可識。後一百餘年，仲寬宴來，芟剔蕪穢，拂拭苔

[一]「廣平」以下原脱「和裕仲寬獨行」六字，據成化本補。

蘚。巖前甃地廣輪二丈許，可列坐。作六角亭于外，賦詩以落其成，翰林侍讀學士王公德淵記之。

大德六年，余如京師。九月朔，舟過彭澤，宿水驛，初識仲寬，遂至尉廨，觀所謂巖亭，盤桓而不忍去。夫今之居官者，務在刀筆筐篋而已。仲寬昔爲人子，而親于親；今爲人父，而知教子讀書之爲美。想慕前修，表顯爲遺迹，以示不朽。蓋有本者如是，其可以爲良臣、可以爲廉吏、可以爲字牧之賢父母也宜哉！

題孔居曾侍圖

古者跪坐席地，夫子如今僧人坐，曾子如今俗人坐，各踞高榻，固古然歟？雖然，此迹爾，觀者得其心可也。相對儼若非一貫，曰唯授受時耶？

題張仲默夢元遺山授詩法圖

張君未覺乃夢，既夢乃覺，恨我不識遺山翁耳。

題董氏家傳世譜後

槀城董氏家傳，元明善撰；世譜，虞集撰。傳詳核，譜簡明。吴澄曰：董氏，世將也，而昌有以哉！孝友于家，忠于國，仁于民。始也啓之，後也報之，天也，抑有人焉！語云：「成難登天，覆易燎毛。」子子孫孫如萬石君世祀宜矣。

題高縣丞去官詩卷

高文琬官于吾撫者再，久聞其廉且賢。由撫而丞南城，南城之民去思如此，則余所聞猶信。

題香遠亭記後

騷人以香草比君子，獨芙蓉荷一品華葉并取，非他品可題。至春陵翁命名君子，遂專美焉，騷所列衆芳悉不得與。夫蘭、蕙、茝、若、薜、葯、蘺、蘼、荃、菊、桂、椒、胡繩、揭〔一〕車、杜衡、留夷，可以纕、可以幃、可以服，媚俱有香也。微風徐動，達于數千里外而益清，諸品有之乎？曰無。然則香固可愛，香之遠者尤可愛。君子孰不有德，而出

〔一〕「揭」，四庫本作「棍」，據文意改。

類者難也。鄒傻千五百歲而后，春陵翁生。憲僉趙侯，君子人也。名亭以尚友，豈志乎近者所能哉？持憲事能洗冤，澤物蓋公之餘用云。

玄玄贅藁跋

玄玄贅藁，吴君信中詩也。平山翁引曰：「復所以遡贅而返玄。」且曰：「一非贅，玄而又玄，斯贅。」吁！玄又玄，玄祖實云，是可贅乎？夫玄而玄，雖贅，不贅也。不然，雖不贅，贅也。芸芸并作，必觀其復。君于祖教熟之，而猶以藁授命，謂余：「試出其贅以入于玄。」玄謝：「非玄聖，奚敢君師？吾里空山翁、平山翁，翁友也，師友固自成一家言。二翁俱往矣，弗獲與語，以大契于玄同。玄玄豈贅邪？復可也。復有二：歛衆妙而一玄，玄祖道經所云也；散一玄而衆妙，玄聖易傳所云也。二而一者也，君迹玄祖而心玄聖，其不達是哉？」

題西齋倡和後

宗弟此民教授待選留京師，張野夫修撰賓而師之。野夫家世文儒，詩詞清麗，固風塵表物。暇日主賓吟詠，多至累百。蓋其意氣相似，才力相當，雲翮川鱗不足以喻甚適，是以無倡而不和也。

余在京師時，察其交道，與苟合强同者逵絶。賓之忠直，主之愛敬，始終如一而不渝。此民得官南還，依依而不忍别。追録主賓倡和之什，猶存五十餘篇，野夫爲之引，惻然興風俗日衰、師友道缺之嘆。

嗚呼！遠矣！古之吟詠，所以厚倫而美化，言辭聲音云乎哉？凡今之交，有如二君者乎？余將進之。宵雅伐木不廢，谷風可無作也

題茅亭詩後

關中白君君舉工詩，余未獲覩其全，有人爲余誦一二，巧妙穠麗，錯諸吴楚歌謡中，幾莫可辨，蓋無復有古秦人之風。風俗與化移易，詎不信然。然君舉嘗似中朝，以直道不容，退居頻山之南、渭水之北，結茅爲亭，朝夕其間，若將終身焉。及再出，而勞郡縣之職，則又能廉、能勤、能强力、能堅忍、能不憚驅馳，略無絲毫驕惰罷軟意，真秦之人哉！非是人，孰可居是亭者？

嗚呼！余讀國風至秦，每一章必三復，或至流涕。其慕秦也，秦故周也。畢原原上翁，不作夢久矣。何當從君茅亭，入紫芝深谷，問園、黄、綺、用，精爽今何如耶？

題曾母墓銘後

故朝諸大夫、監察御史東軒曾公之季子巽申，與予之子衮同年生，生十有七年，已教諭樂安縣學。予見其少有老器，驚異嘆羡。其後每見，則學與年俱進，如春山之木。當路嘉其文行，屢薦之，浸浸向用矣。前應奉翰林文字陳郡閻宏爲其母丁氏撰誌銘，予讀之，又知是子之才且賢也，由母訓而然。嘻！孟子亞聖，以有母故；人稱孟母至于今，以有子故。巽申若希孟子，是使其母爲孟母也，孝孰大焉？勗哉！

同知英德州熊侯墓誌後跋

英德熊侯沈毅重厚，其施于時者，八年教育之德；其垂于世者，六傳編纂之功。若廣東一道，若英德一州，俱未獲展布，而以憂以疾去。昔也！豈天固靳之，而留以遺後歟？内翰修史盧公之敘事約而周，蔚而覈，無飾美，無蔓辭，可謂不愧幽明矣。埴衰絰走數千里而得此，庶其恔于心乎？埴真孝子哉！

九皋聲跋

鶴鳴于九皋，其聲上聞于天，然猶未離乎人間也。倘與飛仙相頡頏于九霄，而其聲聞于天下，九霄之聲又有超于九皋之聲者。廉翁詩挾仙氣，非人間所得留。願洗耳以聽其一鳴。

沔陽尹氏家世跋

自昔荆楚多奇才劍客，其氣勁，其才可用，異于江以南之俗。沔陽尹氏避地南遷，初寓豫章之吴城鎮，繼而居臨川城中。居士君年老，愛仙佛言，不肯阿隨。其子仲富善談辨，優幹略，有排難解紛之長。浮湛州縣從事幾三十年，同時自京襄南來者或至顯官，俱其親故也，而尹氏獨安其分，無攀援嗜進之想。噫！茲其所以爲荆楚之人與？仲富字伯壽，其子孫日蕃衍云。

題徐雲韶雙喜

翾翾蠉蠉，或申或卷，惟蟲能天，任其自然，而無所憂也。既無所憂，何者非喜？

題卧龍圖

謂其卧與？則已見矣。謂其見矣，則非龍也。雖然，能大能小，能有能無，蓋不可測，而可盡乎？斯翁可作，吾將問諸。

跋熊君佐詩

豫章熊君佐嗜好雅淡，能自蜕于一切世味之中，是以詩似其人。若草木生天香，若花盡春容瘦，不事雕琢，而近自然。「細評今古難爲别」，則余亦不能窺其何如也。

跋聳齋集

清江楊氏名其讀書之齋曰「聳」，猶元次山自稱贅叟云爾。其詩詞甚清淳，其爲逃禪翁之諸孫、文學君之令子，真可謂不隤其家聲。以名齋之名名集，表斯集爲斯人所作也，非有意義。而人人因其名以序其文，曰聳曰不聳，曰聳而不聳，曰不聳而聳；或曰聳于俗，或曰聳于命。累十百言，反覆繚繞，而聳之一字不舍置，噫！是豈所以評詩詞也哉？然則作者本爲明順之辭，而序之未免頗僻之見，聳者其誰乎？

皮昭德北遊雜詠跋

秦蜀詩非秦蜀以前詩，夔峽詩非夔峽以前詩，昔之詩人則然。清江皮昭德少學詩，得老杜句法，前作固多佳。大德十年秋如京，明年憂南還，有北遊雜詠一編，視前作逾超。蓋詩境詩物變，眼識心識變，詩與之俱變也宜。非素用意于詩者，何能因外而有得于内若此哉？計其一往一來，半載間爾。往而過吕梁洪也，曰「豈知極深畜幾險，莫倚波面如鏡平」；還而過徐州洪也，曰「洪中平無濤，不見湍石激」。觀乎此，不但詩進，而學亦進矣。

卷五十五　題跋

題厲直之行卷

以孝爲行，以温柔篤厚爲詩，則遠之事君，授之政而使於四方，何施而不可哉！

題吴節婦傳後

余每愛東平李公之文，事覈而辭達，不藉難識之字、難讀之句爲艱深，蓋庶乎可進於古之作者。其序晉城王氏節孝始末旨矣，人知吴爲節婦、寧爲孝子者，公之文也。嗚呼！好德之心，人人所同，苟可以厚人倫、裨世教，君子尤拳拳焉。善善所以示勸，惡惡所以示戒。施之於政，託之於言，其功一也。王氏一門之令德如此，爲政者未能旌表以厲當時，則立言者爲之紀述以厲後世，曷可以已乎？抑聞令德之家有餘慶，起宗，節者之孫、孝者之子，尚思樹立，以光其先德哉！

題廬陵公楊邳徐沛鄆保樓桑涿鹿八詩

三閭大夫既放逐，知宗國之必爲秦所有，感觸憤悶而有聲，盡其辭而後死，讀者至今悲焉。然其時，郢尚無恙也。若廬陵公北行之作，於古今廢興存亡之際，痛慨如割，殆與麥秀、松柏之歌齊其哀，此時此情爲何如，又豈三閭可同日語哉？德庸得此卷於燕之館，伴者讀之，欲不作蒯生瘊書狀，其能乎？

題瓶城軒後記

余有守瓶防城法，即孟子養氣持志之學。夫子之欲無言與無意，則其究也。他日坐瓶城軒中，相視默會此解。

題劉中丞事迹後

故御史中丞劉公，剛正聞天下，鬼神所畏也。自古邪正不相容如水火，彼兇邪稔惡，自知不爲正人所喜，公未深嫉彼，彼已深忌公，意誣搆擠陷公，以至於死。或謂公之死傷勇，嗚呼！此鄙夫貪生惜死、不顧羞耻者之言也。以耳目重臣，無罪而被逮，問浮雲蔽日如此，豈善類可望生全之時耶？使公不死，忍耻以對獄吏，奚翅理色辭命之辱！假而得生，亦臧獲婢妾苟免者所爲耳。若公臨絶之音，豈不毅然大丈夫哉！人孰不惡死，不曰所惡有甚於死乎？公之所以寧死而不辱也。公死之明年，余至金陵，所聞與今霍侯所記合。公嘗持憲江西，有遺愛。其後識公於吏部尚書出使時。讀此卷，抆淚而書其左。

書胡氏隱几堂

胡璉器之築一室，隱几於其中。噫！子知南郭子綦之喪我乎？不知誰是我，復以何爲几？彼無可隱，此無庸隱。我之外有几，爲隱之之具；几之外有室，爲隱之之所。我我相形，將不勝其多我矣，是豈今之隱几者哉？無我，焉用几？無几，焉用室？然則如之何？曰：室之用在無有。謂余不信，請質子綦。

跋晦庵先生禮書

僞學之禁嚴甚，而拳拳禮書弗置。彼李斯之師固曰：「禮者，僞也。」

跋魚圖

荷枯水冷，萬意俱秋，而圉圉洋洋，從容自得如此，知此樂者其誰乎？

跋黄寺薄與媒氏帖 黄帖附

吾儕我輩娶婦，則但願能承宗事，敬禮其上，而慈撫其下。家道既昌，莫大之利。不然，雖堆金積玉，百兩盈門，何有於我哉？嫁女則但願往之。

此帖僅存半紙，吾里寺薄黄先生之門子將成婚禮時，以與媒氏程子建。其言娶婦嫁女，豈特一家一時事，端可爲天下後世家範。所言内外上下，尤足見先生家道之懿。黄氏子孫多賢，而家方昌，豈偶然哉？

題楊開先講義後

爲文辭敷演經意，誦之於稠人廣坐之中而使之聽，謂之講義，蓋自宋末始盛，前無有也。余未暇論其有益與否，而不能不於其辭有慨焉。夫子嘗云：「辭達而已矣。」夫以精深之義理，而託之於辭以暢之，雖甚善於言，難必其不粗淺也。况遺辭而不足以達昔人精深之意，則昔之昭昭，於今而昏昏，奚可哉！余讀建安楊開先講篇，明白諄複，無滯辭，無昧意。説經不得已而用此法若是者，余其可無慨也夫！

題詹慶瑞詩後

詹慶瑞以「環中」名其詩，夫莊子、邵子所謂環中者，苟真有會焉、真有得焉，則詩可無也。慶瑞蓋不溺於俗學，余故爲之言。

跋石鼓歌後

凡古器物，古有之而後不復見者比比，古未之見而後忽有焉者往往可疑。六一公謂石鼓可疑者三，余嘗至燕都孔廟南草莽間，手撫遺迹，踟蹰久之。今又見此刻文，裝褙甚整，附昌黎、東坡二詩于後，余於是而深敬宗茂之好古也。宗茂多蓄古人墨蹟名畫，而家無銖兩貲，處之裕如。吁！是豈可爲俗子道哉！

題謝德和詩後

盱江謝德和以儒試吏，剛廉明敏，持憲者固寵嘉之。其詩如利刃健斧，所向直前，不識盤根錯節，磊磊落落，無絲毫伈伈俔視意。觀此，又可以知其政云。

題歐陽世譜後

文忠公撰歐陽氏世譜，載在文集，行於天下，如揭日月，人所共見。公之子孫留潁，而二百年後，永豐之裔以此石本示余。余何人，余何人，敢贊一辭哉？噫！歐陽受氏以來，歷周、秦、漢、晉、隋、唐，至公譜之，始大顯。復有如公者出，當有續譜行世，歐陽氏子孫勉之。授余譜者，惟梅山人吉翁也。

題撫州陳教授東山卷

上饒陳君隱居東山之下，既出而仕矣，廣平李文郁書「東山」二大字以贈之，官必挾以自隨，是其志未嘗一日不在東山也。夫伊尹之於莘、吕望之於渭、諸葛之於南陽，苟不遇湯、文王、劉玄德，則終其身而已。偶逢其時，行其道，而豈有心於仕哉？陳君兩食學官之禄，而閑散樸野之趣翛然猶如東山時。其仕也，蓋非世之徇物忘己者比。處則負重望，出則致大用，謝安石之東山如此。文郁之贈有以哉！文郁僉江東憲事五年，代者不至，自免去，耕牧大江之北。其交也不苟，觀其所與，可知其人，而不待以他事徵也。

跋牧樵子花卉

人與走飛草木之屬，貌像姿態萬之又萬，莫可勝窮，而無一同者，畫史乃能以筆擬之。清江牧樵子寄予卉實四小幅，遠視真以爲宰物所生也。充齋皮公稱其傳神之筆如化工，且得相人之妙，若鄭圃君子見之，當亦心醉。夫生物之巧自己出，而別其所生貴賤、壽夭、賢不肖何如，易易事爾。然予嘗命畫者畫予，輒閣筆；命相者相予，輒緘口。或强作，終不似；强言，終不應，何也？物之生曲盡其巧，獨予之醜惡，無物可比。蓋大巧所外，則畫者之手、相者之目，無所施其法也宜。抑又安知予疇昔所遇，未有如牧樵其人者乎？何時於清江之上聽牛背之笛、和谷口之歌，以予示之。

題牧樵子花木

宋代經學，公是先生爲天下第一。南渡後作古文，艮齋先生爲天下第一。下至曲藝微巧，如逃禪翁之梅亦然。更數十年，牧樵子花木當與逃禪翁梅同價，何清江才人之多歟！

跋牧樵子鶺鴒

往年冬在京師，日以此充旅食之羞。今得此十數，把玩於手，活動如生。其悦吾目，有甚於悦吾口者。

跋黃祖德廬山行卷

左湖右江，界截地脉，其氣盤欝，無所復之，聳拔突起，而成至高至大之山，此廬阜所以爲江右第一。其峰嶺泉石之奇，晨日陰晴之變，日光月華，雲情雨態，煙霏霧靄，譎怪萬狀，固宜爲仙聖所巢，梵釋所都，神靈之奥宅，鬼物之幽棲，而供高人勝士之遊者也。

余嘗東沿彭蠡西遡大江，舟過其下，思一造其間，以極超絶偉特之觀。荏苒二十餘年，此志竟未遂也。而浮山黄祖德一旦先之，行卷紀遊覽次第及唱酬題詠數十篇。蓋有此遐趣，有此妙筆，然後能追白、蘇之迹於既往。悠然心與境遇，目與心遇累累至前，而誰與領會？誰與發揮？古今遊者不一，而能若是遊者，幾何人哉？附記所見塵間遺蹟，所聞方外異談，一一皆可喜、可愕之事。余雖不獲從祖德後，已若在此山中矣。雖然，非足履身歷，終與親見、親聞者逈隔。余將必遂初志，先至、先知者能爲之道乎？祖德曰：

「諾。」敬題卷左，以訂後遊之約。

題四清堂散人家乘後

大德九年六月八日癸未，居士易君伯壽甫卒，余既哭而退。越三月，其門人醫學教諭鄧焱爲其孤濤來言：「濤將以十有一月十有七日己未葬父於長安鄉福祚里之墓背。父平生大概有自述家乘在，先世名諱，辱先生代書之，卒葬月日不可不補記也。濤斬焉衰絰中，不能踵門，敢因内兄焱以請。」

余惟邑之耆，舊獨居士君暨制參李進野翁俱生嘉定辛巳，衣冠儀狀如商山老人。間暇過從，自樂所樂，蓋雖在世，而實遺世。制參卒之年，余留京，不及哭，今哭居士焉。嗚呼！耆舊盡矣！居士德稱其齒，八十有五，無疾而逝，允好德考終命者。

跋汪如松詩

汪如松詩喜淡，而於花獨愛梅，此趣高甚。養吾李君所摘五聯已得之。集内哭碧梧、哭文山、哭疊山、訪李養吾四題，能效老杜八哀體作四哀，四篇又當照耀千古。

題沛公踞洗圖

古今率謂高帝嫚誠有之，觀其師子房，將韓信，相蕭何，亦嘗嫚乎？無也。然則此畫得其嫚士之一短耳，其知人之長，誰其畫之？

跋樂氏族譜

撫州登科記宋初自樂氏始，少保公十八世孫淵，咸淳末與余同薦名于禮部。嗚呼！古人以與國咸休爲期，今時代已革，而樂氏子孫福澤猶未艾，所謂盛德必百世祀，詎不信然！

題金谿吴節婦黄氏訓子詩後

金谿新田前貢士吴君叔可甫第三子泰發之婦黄氏，年二十七而其夫遠賈溺死。黄氏守共姜之誓，長其二子一女，俾有室有家。年且五十矣，作教子詩三十韻，以勗其子暨從子，辭義蔚然，不忝曹大家。節操、文學兼有，難已！其從孫綬録以示予，予嘉嘆焉。予仲子衮之婦亦生於至元壬午，及至大己酉余子喪時，有孫男一、孫女二，少者才二歲，今各嫁娶畢。此婦與黄氏婦德頗同，但不能文爾。

跋曾翰改名説

乙卯進士李路、戊午進士李岳，往年從予遊，病其名之不雅馴，予爲更今名。更名後，二人各登進士科。或以爲所更之名吉，予曰不然。士之遇於何年也，蓋前定，名之當爲何名也亦然，定皆天也。

觀豫章熊先生夢中爲其門人曾仲巽更名曰翰，其事甚神，斯殆未來之先兆形見於夢者爾。仲巽用所更之名應舉，庚申初試，未驗；癸亥再試，卒驗。熊於夢中更仲巽之名，予於覺時更二李之名，夢猶覺也，覺亦夢也。其名之前定久矣，非熊與予之所能更也。借人之口以發天之機也。仲巽名在泰定甲子進士第三人，既與熊之所夢、所説符矣，他日悉如熊之所期，固仲巽分内事也。熊以仲巽與貢之年五月逝，惜哉！不及見其夢、其説之驗云。

進士唱名竟，吴某識。

跋王令有人耕緑野無犬吠花村圖

金谿令王侯才卿慈祥和粹，十年乃得代，邑之士奉此圖以贈别。「有人耕緑野，無犬吠花村」，何謂也？謂田野闢，盗賊息，于以見侯之德云爾。侯蒞金谿宰龍泉四年，惠愛如金谿。蒞龍泉宰崇仁不數月，羅無妄之禍而去，何崇仁之民獨不得如金谿之民哉？

題郝令德政碑後

大德六年秋，予過金陵，人稱御史之才，必以盧龍郝公子明爲最。聞于天朝，特陞五品，僉江西憲事，按治所及，姦貪悉無所容。二十年來，攬轡澄清之人鮮或有是。十年冬，予至豫章，初識公。公前令樂壽時，廉明敏惠，靡政不舉，民愛之如父母。既去，而有去思之碑。前代御史之官多自親民而選，匪獨國朝爲然。蓋以其諳下情，周庶務，謹密詳審，而非徒擊搏苛察之爲能。是以賢邑令郎才御史也。公於前之撫字也可愛如彼，於後之司臬也可畏如此，夫威奸貪所以慈吾民，其心一而已矣，誰謂今之可畏非昔之可愛者哉？

跋曾氏墨蹟

吾鄉文物之盛，無踰曾氏一門者。南豐兄弟之後，有艇齋景建焉。艇齋之聞孫廣賢幾示先世墨蹟，讀竟，爲之暢然。噫！樂其所樂，憂其所憂，安得復見斯人也哉！

題斗酒集

古豐城有寶劍焉，沈欝地中，其氣上衝于天，光怪四達，至發泄變化乃已。地之靈鍾而爲人，人之未用世，猶劍之未出土也。故近年往往多能詩之人，人人負斗酒百篇之氣，亦其沉鬱於下，而光怪之不能自掩者。方將百篇百篇而復百篇，然則何時已耶？其必遇有識者取去，進之相國，則此光怪陸離於華蟲黼黻之間，其不鏗戛而和璜琚珩瑀之音乎？

跋吴昭德詩

萬松吴昭德奔走宦途，萬里如咫尺，歷落未遇。夫必於進入者，文辭婉軟，嫵媚巧佞，如脂如韋；困於時命者，志氣雕喪，沮抑摧折，如枯如萎。而昭德不然。其堅心勁氣，飽經風霜冰雪而顔色自如，真有似於松也，故其詩象之。仿古作序記，趍時爲駢儷，亦皆可觀。不以其身之未昌，而其言與之俱，余以是而知其中之所有得。未見其言之昌如此，而身有不昌者也。

昭德名德昭，番昜人，蓋番君之苗裔云。

題李縉翁雜藁

往年余見李縉翁詩，而未見其文也。今見之而驚，驚而喜，喜而懼。何喜？喜若人之有斯作也。何懼？懼時人之莫之好也。噫！唐宋六百年間，雄才善學之士山積，能者七人而已，不其難乎？近年人人奮筆不讓，文若甚易，何哉？然其最不過步驟葉氏，孰有肯闖七家門户者？余安得不爲縉翁喜？

而大音未必諧於里耳，則亦不敢知也。余竊有問：「子於何處得之？」答曰：「喜讀大蘇文。」夫如是，宜其然也。雖然，勿矜其實，勿恃其光；益溉其根，益加其膏，如斯而已矣。

題峽猿圖

遷客羈人，偶經是處，忽聞哀啼一聲，不覺心碎淚下，殊無今兹展卷把玩之樂。境一也，而哀樂異何哉？真幻異也。雖然，何者非幻？

題李皆春疏頭後

廬陵李皆[一]春，少喜讀坡文，其文甚似之，而未有知之者。世無歐陽公則已，若有，終必知之。坡初出蜀時，家貧無貲，老泉公自作書，請于當路。竟賴其力，以達京師，而成其名。今皆春之北行也，貧尤甚，老且孤矣，豈復有能爲請於當路者？當路乃能代爲之請於好義之家，此又坡所未嘗有也。是行必有遇矣，其達於京師而成名也，可數日以

〔一〕「皆」，四庫本作「家」，據篇題改。

俟。余願諸君子有以速其行也。

十公遺墨跋

周、趙、楊、朱、吕、陳、崔十公十四帖，楊子真、羅子行家所藏，今廬陵王氏得之。嗚呼！宋季名流，斯其極矣！寶之者豈以其翰墨哉？若人之器業、若人之學術、若人之風節不可得，而見此焉，爲之三復而歔欷。

題野航謝公遺墨後

玉溪謝從一父，以其族父野航公元日詞一首、除日詩四首示予，墨蹟宛然，得見前輩之流風餘韻。更革亂離之際，人間何物能有，而此紙獲存，異哉！從一父之子携以客清江鎮，寄於逆旅主人而他之。大德丁未冬，鎮大火，延燒數千家，主人所靡有孑遺，獨於烈焰中全此以還畀。火後往索，而得之，疑若有守護者。然昔顔魯公字所在，必有雷神。公之清節勁氣視顔無愧，則有神物司其字也亦宜。余之諸大父從公一門兄弟游，嘉定甲戌，族曾大父與公同試禮部；咸淳庚午，予又與公之孫同預鄉貢。而從一父折行輩，與余爲文字交。於謝氏可謂世好矣，故與公之片文隻字，悽然感憶，如見先世遺言云。

跋誠齋楊先生易傳草藁

誠齋楊先生易解板本行天下久矣，王若周得其草藁，有序及泰、否二卦。凡先生親筆改定之處，比初藁爲審。獨初名外傳，而後去「外」字，余謂當從其初。蓋易之道廣大悉備，無所不包。程子被之於人事，所謂一天下之動者。由王輔嗣、胡翼之、王介甫，至此極矣。朱子直謂可與三古聖人并而爲四，非過許也。楊先生又因程子而發之以精妙之文，間有與程不同者，亦足以補其不足。然皆推行易道之用，而經之本旨未必如是。人以國語爲春秋外傳，非正釋經，而實相發明。今先生於易亦然，故名曰外傳宜。

卷五十六　題跋

題劉愛山詩

至後八日，天寒閉扃。有客及門，啓扃出迎。髯翁姓劉，世居廬陵，愛山其字，濟翁其名。諸公貴人，禮爲上賓。以其能醫，以其能詩。醫有還童却老之方，詩有去文就質之章。余愛其方，而不敢嘗；余愛其章，而不敢忘。誦者琅琅，聽者蹡蹡。雖窮冬沍陰，而春風滿堂。昔歐公於詩，尊韓、柳、杜，嘗云：「『老夫清晨梳白頭，玄都道士來相訪』，韓必不肯道。」或應之曰：「『昔在四門館，晨有僧來謁』，非此類也耶？」歐遂語塞。然則杜爲詩家冠冕，固亦以如此詩而鳴於盛唐，况其集中如「黄四娘家花滿蹊」，如「南市津頭有船賣」，此類非一。蓋杜詩兼備衆體，而學之者各得其一長。翁詩不專學杜，而與此體合，聲情自然，不事雕鎸。衆之所同其籟以人，翁之所獨其籟以天。

題孝感詩卷後

於乎！孝豈易能哉！聖門之以孝名者，曾子也。其門人嘗問夫子：「可以爲孝乎？」而曾子以「參安能爲孝」答。曾子之父亦聖門高弟，樂道亞於顏子。曾子之事親，極其孝矣，而孟子僅以爲可，豈謂曾子之孝爲有餘哉？蓋子之身所能爲者，皆其所當爲也。是以曾子終身戰兢，惟恐或貽父母羞辱。逮及啓手足之際，然後自喜其可免，於此見孝行之難也。

晉王祥以至孝之子遇至不慈之繼母，每虐使祥，俾求所不可致之物。隆寒冰凍，而欲生魚，祥惟命之從，將去衣剖冰，而偶獲雙鯉，以塞其母之虐。鄉里甚憐閔之，幸其得解，以爲有天助，故推言其孝感。

至若州守吴侯之賢，暨其子少府可初之賢，吾所知識。一家孝慈和氣藹如，胡可援祥奉不慈之母爲比？圖買魚供親饌，而巨鯉出，適然而然爾。交遊之友附會王祥故事，驚異奢美，稱其孝行之能動天，形諸歌詠，累累諛辭。益友固應如是夫？澄與州侯父子素厚，不敢然也。願少府思孝道之難盡，愈勉其所當勉，而以曾子自期焉。

題鄧立中所得贈言後

吾郡鄧清曠以詩名，其子立中爲臨汝書院諸生，已而試吏，不相聞廿年餘。忽解后于豫章，將赴龍泉典史。出其所得贈言一通示余，其間蓋多隱居肥遯之士。余讀之，曰：異哉！夫巧於仕進者，其求知也，必於有權、有勢、有位之人。今立中不彼之求，而此之好。觀其所與言，類皆理義之談、規誨之語。立中既樂聞之，又珍重之，如護至寶然，於是而知立中之識，其度越輩流遠矣。夫自儒而吏者，一措意乎刀筆筐篋之間，心術變移，與疇昔殆若二人。今立中不以儒之言爲迂，不以儒之行爲拘，方切切求益，而將以之律己治人焉，於是而知立中之識，其度越輩流遠矣。古昔設官治民，司其案牘文書者曰府曰史，繇周以來，未之有改也。國朝又於府史之上設官以總之，典史則一縣府史之總也。百里之内，凡民事之逆復、官賦之出入無不掌，其所繫亦不輕矣。立中之爲人如此，則龍泉之爲邑也，其庶幾乎？余既喜彼邑之得人，不貽彼民懟；又喜吾郡之有人，不貽吾徒羞；又喜詩人之有子，足以爲清曠翁之光，故爲題其後。

題須溪劉太博贈彭真觀爲兩書院復田序後

彭真觀復鄉校久失之田，耕之至今，士賴以養，其功茂矣。此知真觀之小者也。真觀自耕寸田，旦暮不輟。苗而秀，秀而實，觀其自養，不爲養他人口體而已，是豈人之所得而知哉？治己之田，將無暇於芸人之田。不然，何以爲真觀？

跋唐國芳詩

觀子之貌，今人也；觀子之詩，乃如與數百年前唐人相對如夢。偉哉！識趣進，學力進，子詩可仙。

跋文信公封事

信國丞相開慶封事，比忠簡胡公紹興封事尤懇惻周盡。胡初以罪謫，卒以壽終。惟公不幸，值國運之去，他日一節，難於忠襄。以一身而備二忠之事，偉哉！王若周以公手藁示予，讀之泫然。

跋楊補之四清圖

尚書月湖何公之弟之子竹居君好尚清雅，得楊補之梅蘭竹石手卷一於從公游宦時，遍求鑒賞。紹興癸丑，錫山尤公等七人題字于左，而此庵羅公有書；嘉定庚午，吴興沈公等十人題字於左，而梅亭李公有跋。何、羅、李，吾鄉三先達。二次一十六人同觀，皆一時鉅公，至今見其姓字，莫不竦慕。夫補之墨戲有名，不待他人鑒賞而後重。竹居君猶拳拳借重於人，惟恐不及，蓋貴游習氣如此。君後以此轉授子婿袁主一，兩家寶藏之且百年餘，主一又每持以示人，意度一如其婦翁，所謂冰清玉潤者歟？

書何此堂詩後

此堂何先生壯年擢甲科，而有學有文，一時莫不竦慕。尚記戊辰歲，私塾課試，先生選余一論爲第一，所以奬借期待者其厚。惜居遠鄙，弗克朝夕左右請益，先生亦復去家而之官。初任永教，再命江東運司之屬而卒。子始三歲，扶櫬及家，而時事異，家亦毁焉。於是平生著述，漫無一存。子伯大既長，惻然痛父書之不可見。此片紙乃永教時勸進永士之詩，得之如獲拱壁然。噫！此孝子之至情也。伯大質美行粹，而力於學，必將卓然有立，以光其先。余也願與伯大共勉之，以不負先生疇昔奬借期待之意云。

題百魚朝一鯉圖

此圖侍郎李公得之於成都，故以八印印其左。一大服百小，公乃病其未化，何也？夫大猶未離其類，化則出乎類矣。苟至於化，能大能小，能有能無，尚何以一服百之足言！

題侍郎李公畫像

生世何用早，我已後此公。然朝夕升其堂，如見其容焉，固不待拜遺像，而後致予之恭也。

題柳山長墓誌後

通守之子能業進士，與丞相游，如兄弟。然時既革，而家自如。志不挫，身不辱，壽且考終。有子克紹，其可謂吉德之人歟？前年識其子元善，今得丞相之弟所作誌銘，爲識其末。

題陶庵邵庵記後

往年嘗於吾廬之側治一室，寘文成張司徒、靖節陶徵士、希夷陳先生、康節邵先生畫像其中，晨夕瞻敬。後以寇擾弗靖，遷徙不常而廢。吾友國子助教虞伯生取靖節、康節二賢之氏名其庵，與予意豈異也夫？二賢所志、所學有未易窺測者，於其言語文字之遺，時或暫見彷彿焉。至今尚論其人，不過見所能見而已。身之所寓，心之所會，要不可一概齊，而其所以同者一也。予欲合陶、邵而爲一，蓋有世内無涯之悲，而亦有世外無邊之樂。悲與？非有爲而悲也。樂與？非有意而樂也，一皆出乎其天。予又欲并悲樂而兩忘之，陶庵亦可無也。夜根其静，晝握其動；首擊而尾應，風起而水涌。有能從吾惜生控浮游以上征者乎？

紹陵賜楊文仲詩後跋

咸淳間，將作監楊公文仲兩侍經幄，所得賜詩如右。不十年而歷改。「一元肇始，太原壹正」八字皆詩中語，幾若讖語，異哉！喪亂流離中，公之子焱翁罔敢失墜。戊辰已至今踰四十年，奎畫如新。公之孫紹祖出以見示。嗚呼！宋三百年，禮儒臣，尚經訓，前代莫及。雖季世，家法猶未替。天命之與？人文固藐然不相關歟？

題進賢縣學增租碑引

士大夫治官如治家，則何事不可辦？官府學校之間，大率視如傳舍，苟且以俟代去，孰有視如家事者哉？進賢學産隱没虧折，前後學官安視而不經意。教諭萬君始搜括究竟，悉革其弊，學計頓增。然萬君能復其舊而已，非有所增也。什一中正之賦，通古今可行，至今官之取於民者不過此。惟豪民私占田，取其什之五以上，甚矣，其不仁也。而近世公田因之，亦十五以上，耕者不堪，逃亡荒廢者過半。於是官抑配於富户，以取贏焉。學産與公田一也，其賦雖不能如什一之輕，幸未至如豪民之取。而姦民或增租入以餌職掌之人，而求奪佃。予提舉儒學時，凡若是者，必沮遏。夫萬君有功於進賢之學，而予慮規利者不知大體，緣是以增租爲能，則是厲民以自養也，其可乎？故題其碑之陰，一以示勸，一以示戒云。萬君有理財之長，視官如家。爲洪郡學録，值洪學弊極，予欲移其施於一邑者試之於一郡，而同列不悦之，遂不果。

題彭學正圖書講義後

彭方升早擢科第，晚爲學官。咸池浴日之初，在京師版授太常博士。居之數月，棄官而歸。來臨川，示予太極圖、通書講義一編。善爲文辭，以發明朱子注義，敷暢條達，亦多有警於學者。語焉而詳，既有之矣；擇焉而精，更加之意焉。他日所得，又不止如余所觀。

題吴德昭世家譜

世家譜何爲而作也？使爲人子孫者知所本始也。吴自太伯居勾吴爲一初開國之祖，季子邑延陵，爲百世受氏之宗。源同流分，曼衍乎天下。番易宗人以番君譜示予觀之，油然有尊祖敬宗之心。吾夫子稱太伯之至德，太史公稱季子之仁心慕義，俱以其讓也。讓者，禮之端。予願與德昭共勗，以無忝於先德。

題戰國策校本

戰國策字多脱誤，予嘗欲合諸家本校之，而未及。後見鮑本，喜之，然其篇題注義頗有乖謬。廬陵羅以通悉心考訂，定其篇章，補其脱，正其誤，釋其大意，譜諸國之年冠其首凡，鮑氏之失十去八九。讀此書者得此，庶乎可爲善本矣。以通於經亦有見，非止精專此書而已。

題貢仲章文藁後

理到氣昌，意精辭達，如星燦雲爛，如風行水流，文之上也。初不待倔强其言，蹇澁其句，怪僻其字，隱晦其義而後工且奇，噫！兹事微矣。名於宋者五而已，亦惟難哉！仲章江南之英，與吾善之、伯長俱掌撰述於朝，各能以文自見。蔚乎其交蔭，炳乎其争輝，予有望焉。予来京，仲章將有上京之役，示予新作數十，温然粹然，得典雅之體，視求工好奇而卒不工不奇者，相去萬萬也。讀之竟，喜之深，書此而歸其衷。夫上有所規，下有所逮；正有所本，旁有所參。韓、柳氏自陳，其所得甚悉。暇日善之、伯長切磋究之，又必有以起予也。

跋李氏家集

番易李周卿嘗聞詩法於南康三馮，又嘗見莆田劉濳夫，故其詩多可傳。其從孫南甫裒聚得數十篇，而以周卿之兄、之父、之大父、之曾大父，凡生平吟詠可追録者冠其顛，其從祖、祖父及其二從祖兄所作亦附載。四世八人，詩百餘首，標曰李氏家集。汲汲然欲存先世之美，惟恐或泯没廢墜也。予於是而嘆南甫之孝愛遠矣哉！

周卿諱敏膚，其曾大父日新諱楙，大父信夫諱孚，先父君誠諱嘉績，兄宋卿諱敏求。南甫名元，宋卿嫡孫也。至大己酉，予貳國子監，南甫之弟亨充國子伴讀，出其家集視予。李氏累累以儒科顯，宋咸淳間，有提舉江南西路常平茶鹽事諱雷奮，盛德君子也。予嘗辱知焉。八人之中，其一恩補初階官，其六俱由進士貢，特奏名者一，正奏名者一，至于今遺教未替。

亨也不遠數千里宦學京師，他日歸，兄弟自相儆勵，尚知所以光其先世，又有當求諸內，而無事乎外者，謹勿怠。

題蘇德常誠齋

廬陵楊文節公，學行、文章爲一代儒宗，號誠齋先生，孝廟親灑「誠齋」二大字以賜。其注易也，與伊川程子并行，世稱蘇楊詩法。其古文儷語與丞相周文忠公相頡頏，二家各成巨袠，曰廬陵二文文集。晦庵朱子於人多所譏評，少所推許，而於文節公揚其美，贊其詩章書翰，倡和往來，敬禮而凡事之，尊之可謂至矣。惟獨不滿其名齋之義。

南北相去不知其幾千里也，後百餘年，元氏蘇德常又復以「誠」名齋，而采亭楊君爲書其扁。夫古今人同不同未可知，而號則同矣。德常能儒能吏，主縣簿、判録事司，居官廉能。未六十而勇退，則亦有可稱者焉。夫朱子不以文節之號爲可，而予不以德常之號爲不可，豈與朱子異見哉？朱子之意以爲誠者天道，非聖人不能當，是則固然。然誠者，實之謂也。全體之實，誠也；一行之實、一言之實，亦誠也。不誠無物，蓋無一物而非誠，猶水之在地中，蓋無一處而無水。必曰大海而後爲水，可乎？况人之取一字以名齋者，非必以己之有餘，而爲此夸示也。大率以己之不足，而致其勉慕焉耳。誠者，聖之事，人人可以希聖。勉慕乎此，以名其齋，亦何不可之有？

題常道士易學圖

眉山則堂家公如箕子歸周而不仕周，其外孫臨邛常君不肯爲農、爲賈、爲胥、爲吏以賤辱其身，而寄迹于老氏清静之教。公遂爲言老氏所以同於吾聖人之易者，而并及陳、邵、周子之學。所望於其外孫者，不其遠乎？常君籍記外祖之訓，罔敢墜遺，述一圖以廣羲、文八卦之説，可謂不羞其先世、不忝其外氏者矣。邵子曰「老子得易之體」，又曰「孟子得易之用」。進退存亡不失其正，家公有焉；消息盈虚與時偕行，常君有焉。

祖孫之所得於易者如是。邵、周授受之次，則頗與予所聞異。予所據者，邵子文所記，陳授穆，穆授李，李授穆。親授於陳，而非轉受於种也。种亦得陳學之一支，傳於南方，劉牧承其緒。或以周子與牧同出此一支者，非也。周子之學乃其自得，而無所師授。至謂穆傳之周，尤非也。朱子發進易傳表蓋踵訛而失其實，何也？周在南，穆在北，足迹不相及也，何繇相授受哉？雖然，不足深辯也。予願常君忘言而用易，忘象以體易。言可忘也，象可忘也，之瑣瑣者，又奚足云！

題朱巨觀道宮薄媚曲後

「李杜文章在，光燄萬丈長」，惟子瞻贊太白真、介甫贊子美像能得其似。蓋蘇學李，王學杜，知其詩，是以知其人也。金儒朱瀾巨觀效黎園十曲贊杜，有爲予言朱之爲人及出處者，予讀之，悲其志云。

題羊舌氏家傳後

禮：不忘其本，君子謂之仁，何也？以其心之厚也。凡物知母而不知父，衆民知父而不知祖。人之本乎祖也，非心之厚者，其孰能推本而不忘？羊舌受氏垂二千年，武義將軍繇東平徙固安，恐墜其氏，諄諄然命其孫。孫禧承大父志，南走山陽，訪求宗人，旁考譜牒，以明所本。既不獲，則姑述所知，託諸能者著家傳以傳，信用心不亦厚乎？

禧字吉甫，號木訥翁。夫貌木言訥，質之近仁者也。即此一事，近仁可知矣，又奚待稽其貌與言也哉？司業尚文蔚亟稱其賢，故予爲識傳左。

跋趙運使録中州詩

唐人詩無一句一字不切題者，宋詩蓋不能然。夫詩或言志、或寫情、或感時、或即事，固各有當，而詠物尤難於精工。運使趙侯以近世中州集録出七言八句三十七篇，畀王子寧，俾初學不至失於支離，由此可入唐詩門户矣。

題陳德仁通書解

聖門諸弟子聰明卓識者，顔子爲最，子貢亞之。然以夫子之言，性與天道爲不可聞，何也？聖人教人，隨其資質所可到，未嘗躐等陵節而語，此其所以不可聞也。晚年贊易，始發性與天道之秘，率皆當時弟子之所未得聞者。

濂溪周子至於千載之下，不由師授，默契道妙。本夫子贊易之旨，作太極圖、通書，蓋幾於生知，而可比聖門顔子矣。新安朱子訓解周子之書，亦既該備。里中陳德仁篤志於學，道經釋典俱頗蒐獵。又取通書敷暢其言，俾讀者易曉，良可嘉已。予嘉其志之不凡，而期其識之詣極也，故書此以勉焉。

題蔡人傑詩後

人未易知也，蔡人傑清俊好修，余喜其標格，而未知其詩。今始見之，五言若古體、若近體，七言若八句、若絶句，殆無一不中度。恃才任氣，狂呼亂嗷者，豈知其字字句句不苟哉？蓋自后山、簡齋二陳法中來，而無摹擬蹈襲之迹。學詩而若是，庶乎其可矣！彼皓首苦吟，或不能通其解。余言非過，知詩者試觀之。

題宏齋包公巽齋歐陽公遺墨後

玉谿翁嘗登盱江宏齋先生、廬陵巽齋先生之門。予於二先生皆聞其風，而不及識。今見翁所藏六詩一書，如見其人焉。得包之卓偉，則於道可以進取；得歐陽之醇厚，則於非道有所不爲。觀者因是踴躍奮迅，以晞前修可也，豈可但珍其遺墨而已哉！

卷五十七　題跋

題致堂胡公奏稿後

致堂胡公此書忠直敢言似賈傅，至今讀之流涕。清江曾忠節公娶胡公孫女，封新平郡夫人，藏此書藁，藁有塗抹改竄字。易世後弗能有，曾之曾孫以授長樂張圻，得其判而闕其前。其前幅予及見之於豫章蔣鈞之家，二家各寶其所寶，嗚呼！安得好事者合而一之乎？此書建炎己酉歲上。第三己酉歲人覲于第四己酉歲之前二年。人謂臨川吴澄也。

題長豐鎮廟學誌後

以廟貌祀先聖先師，禮歟？前世未之聞也。民間立廟設像如郡縣，禮歟？近世未之聞也。古莫長豐鎮張儀父知綱常所繫歸功于聖人，廟焉像焉，以示報本，郡守、縣令嘉其心。春秋仲月上丁日，分僚屬詣其廟，行釋奠禮。繇是一方之民知所勸，俗爲之移。其於世教不無助也，是以談者尚之。

嗚呼！古者飲食必祭先代始爲飲食之人，不忘本也。每歲八蜡，雖百物之微，無不報，仁之至、義之盡也。有家者祭户竈門行中霤，有國者祭社稷及境内山川，有天下者祭百神。至尊至重者，皇天后土也，夫孰非報本也哉？然而各有分限，何也？曰禮。然夫子之功如天地，豈直四方百物、一飲一食之所可比？王仲淹有云：「太極合德，神道并行。」吾於夫子受罔極之恩，然則人人當知所報也，而報之有其道。張氏之心誠厚矣，而郡守、縣令之嘉之也亦宜。雖然，予之所期進乎是。因報本之心，而求其所謂道者，考文以益其質，循名以得其實；於事之已然、理之當然洞究而無違。知道之在是，而報本之心將日加厚焉，而不能自已，其真見卓識有協于理，蓋不待於予言也。

題晉周平西改勵圖

剛惡之害人類蛟虎，柔惡之毒人類蛇虺。改過遷善之勇，唯剛者能之。周處少年之惡，剛惡也。是以一悔悟間，爲善如此其力。千載之下觀其圖，尚慨想其風烈。人亦何憚而不爲善哉？世之柔惡者，藏戈矛於談笑中，而終身不知悔悟，又周處之罪人也。

李宗明詩跋

予在鄉與豐城諸詩人游，憲使陳公遠矣，若揭養直，若趙用信，若蔡皵、胡璉、揭傒斯，鐵中之錚錚者。來京師，又見李宗明詩，胡、蔡、趙、揭伯仲間也，豈非猶有龍泉、太阿之餘靈鍾而爲人，發而爲詩與？何其詩之超超如此哉？宗明今爲參政公客，晨夕見聞，必有出于詩之外，予將問焉。

馮竇二子善事敘後跋

北平馮、竇二家之子償金辭金，其事與童蒙訓所載包孝肅公尹京時事正同。二家非有所稽而慕倣于所行，偶與之合，蓋良心之天自然而然。時異，而心則一也。然包公之民有此善行，不知其姓名爲誰。馮氏、竇氏因僉憲潘澤民上其事于臺，故至于今有知之者。翰林張仲勉與之同鄉，知之尤悉，往往喜爲人道。而吾祭酒先生劉熙載又爲敘述，以傳于世。三君子之用意厚矣。夫彼之一善，何暇計名爲之哉？而君子能俾其事不至泯没，流布廣遠。萬一貪鄙有聞，緣此愧悟，寧不可以興廉讓之風乎？是則豈惟二氏子之善，抑亦三君子之功也。

跋廬陵公書後

廬陵公魁多士，歷二十年，位不至通顯。蓋其時，非媚柄臣者不可以得志也。國將危亡，猶爲江西安撫，招集烏合之衆入衛。不見容于内，又以江廣宣撫出，未及行，而國事去矣。大兵臨逼，邀宰相詣軍前。陳相遁，吴相泣，不知所措。衆推公爲右相，往軍前祈請，至則拘留。夜逸趨閩，間關險阻，卒以就俘。求死不獲，在拘囚中，乃有鄉人爲求誌墓者，此其答書也，嗚呼悕矣！

題陸傅甫墓誌後

文安先生兄弟六人，其伯兄從政君之孫傅甫粹行遠識，不殞家聞，號燕居之室曰「頤庵」。葬時江西運管黄侯爲撰誌銘，事覈辭達，足章厥美。後復改葬，季子士構自記碑陰，痛惻懇至，允克孝慕，於是知陸之世有人也。士楀字景薦，介特寡合，博記工文。

題河南世系後

大程先生仕金陵，宋淳熙間，祀于學。既而有專祠，既而有書院，猶以爲未也，乃立五世孫奉祠事。再期而殤，又以名幼學者承五世孫後。先生爲往聖繼絶學，而諸君子爲先生繼絶世，亦云厚矣。嗚呼！曾是足以報罔極之恩哉！二百年來，家藏程子之書，又誦程子之言，口説沸溢，或謂洛學盛行。嗚呼！果有一人能明斯道者乎？然則世之已絶而復續也，若可幸；道之已續而又絶也，寧不重可嘆矣夫！

題澶淵孟氏族譜後

昔周公大聖，著大勳勞于天下。元子侯於魯，歷八世十四君至桓公。桓公之庶長子爲卿，傳家曰仲孫氏，一曰孟孫。其别曰孟，戰國時有亞聖大賢居鄒，漢、唐代生聞人，皆以儒學文藝顯，聖賢之流澤遠矣哉！

臨川之孟，其先自澶淵伏道村徙開封長垣縣。開封之初祖，端拱間明經及第，卒贈太子中舍。一傳而贊善，再傳而侍禁，三傳而特進公，南渡，四傳而中太公，始居臨川。臨川之系且八九世矣。自端拱訖德祐垂三百年，仕宦不絶，與宋相始終。而族親雍睦，家庭禮法，藹然聖賢遺風。

臨川故家文獻之盛，未有出孟氏右者。中太公之六世孫濬川寄示其父登仕君所叙族譜，予三復焉。噫！古者公、侯、伯、子、男有國，國統于君；卿大夫有家，家統于宗。後世無建國之封，無立家之任，宗法廢而族無統，是以族之蕃衍者往往散漫不可考。今孟氏子孫雖當更運之後，猶能自振拔，以不隕墜；修其譜牒，明其世次，繩繩不紊，以有俟于方來，用意遠矣。其可謂無忝于聖賢之後者夫！

題咸淳戊辰御賜進士詩後

咸淳辛未歲，予與朱光甫先生同試省闈，試畢，同途而歸，今四十三年矣。其子希一以戊辰特奏名時所得御賜詩墨刻示予，觀之泫然。

題文公贈朱光父二大字後

朱光父先生工律賦，爲舉子師，尤精於校文。少年貢于鄉，五舉推恩得官，又兩與轉運司貢。咸淳壬申，主吉州太和學事。縣學春試時，文公天祥、張公槐應皆家居。春試取中，第一名賦出自文氏，第二名賦出自張氏，人莫不驚駭曰：「暗中摸索而得二掄魁之文，異哉！」其年秋試，文氏子弟賓客投賦卷六十，考校畢，無一中選。文公閱卷，見先生披抹，大敬服，謂遭黜落宜當，遂書「古香」二大字寄贈云。

先生名桂發，古香者，其書室之扁也，官至江州德化丞。子希一醇儒，不墜其家學。

題朱望詩後

父黨朱贊府之孫、友人朱希一之子曰望，年未三十而能詩。不陳不腐，美矣哉！吁！望前來，吾語汝：陳腐，詩之病；强學俊逸語，亦詩之病。望也審諸。

跋梅亭李侍郎二絶句

記曰：「親親故尊祖，尊祖故敬宗，敬宗故收族。」宗子法廢，而族人無所統，收族之道難矣哉！故吏部侍郎梅亭李公爲崇仁達官，其族伯父巨川少嘗從公之王父藏修翁學，長而出贅樂安石陂之鄒，同宗幾不相聞。公自成都運使奉祠家居，而巨川之子春卿來謁，公頗憶幼侍王父時，知有巨川名字。春卿出巨川手抄藏修翁與其兄縣尉外舅周府君倡和詩一編，公覽之愴然，欵留繾綣。其去也，賦二絶句贈别，春卿自敘于左方，珍襲以貽子孫。公不以貴而遺其族，春卿不以遠而忘其宗，蓋兩得之。公之從子濤，孫畬、畿，暨曾孫積，玄孫元昇各有和篇，而春卿之孫善述，曾孫文從、文應、文定，玄孫仁、壽、溥守護遺墨唯謹。中更亂離，屢失復得。前既鎸諸石矣，今又并刻所和之詩，厚之至也，亦以見李氏子孫之多賢也夫！

題先月老人自誌碑陰

達士之自爲誌者有之，而諶君道夫之爲是也，似太蚤計。然予觀世人誌墓，或太豐而涉虚，或太損而失實，孰能如自敘者之覈乎？君胸次明瑩無留滯，故其形于文辭者亦然。懇懇焉恐子孫以多財益過，朂之以力學、朂之以好賢、朂之以孝友，其貽謀訓遠矣。君之子孫宜何如哉？

題安湖書院始末後

漢循吏化潢池弄兵之赤子，賣刀劍買牛犢，史傳以爲美談。吾樂安何侯初登進士科，尉廬陵，已著吏能。署臨江録曹，仕彌進，學彌優。及宰其國，建安湖書院于邑之衣錦鄉，敦以詩禮，能化一鄉素不可化之民，訖今不復弄兵。雖漢之循吏，何以尚兹！於乎！士君子有志斯世，大而宰天下，小而宰一邑，皆可以行志，顧其人何如耳。斯、高用，而盜賊遍山東；林甫、國忠用，而盜賊遍河北，卒以亡秦而亂唐。一郡縣之小，用得其人，則如此；以天下之大，用不得其人，則如彼。人才之有關于斯世豈小哉？天下不難治也，安得如侯者千古布澤郡縣哉？

侯諱時，字了翁，後輩尊稱爲見山先生。采季，侯之同年進士，安撫江南西郡。侯主管嚴宜文字，朝今提舉江南西常平茶鹽事。不及上，未幾銜石填海之志不遂，匿姓名曰堅白道人，市藥民間。數年後還家，以壽終。

題讀書説後

人之異于物者，以其心能全天所與我之理也；所貴乎讀書者，欲其因古聖賢之言以明此理、存此心也。此心之不存、此理之不明，而口聖賢之言，其與街談巷議、塗歌里謡等之爲無益，與己了不相干，宜其愈讀之而愈不知味也。故善讀者如啖蔗，不善讀者如嚼蠟。讀書者當知書之所以爲書，知之必好，好之必樂。既樂，則書在我。苟至此，雖不讀，可也。

跋竹居詩卷

尚書月湖何公盛德尊爵，爲吾鄉之望人；其從子仲躬父清致雅懷，爲其家之賢胄。所居多竹，因號竹居。當時名士竹溪李君爲之賦詩，竹林陳運使、野航謝常卿又嗣爲之賦。

尚書公集中有詩，亦所以狀竹居也。李、聶二侍郎皆屬和尚書公之韻，諸賢辭翰前後輝炳，百有餘年矣。竹居君之曾孫潤襲藏之，以至于今。時運遷革，而故家之流風猶存，見者固爲之驚喜，又以嘉竹居君之有後云。

題實堂記後

曩歲聞人稱江西行省省掾王晅君寶之美，不知其爲何官也。延祐三年冬，盱江饒抃士悦來，言其邑宰之廉。問爲誰，曰王君寶也。于是始信曩歲所聞之不虚。士悦曰：「君寶處新城五年矣，終始如一日。」予于是益嘉嘆焉。近年廉恥道喪，仕者往往爲利而仕，殆如市門之倡、穿窬之盜，失其身犯法所禁，爲人之所不爲，苟可以得利，不顧也，故不能自守者十之九。間有不取者，僞也。僞于初任者，至再任而變；僞于一二年者，至三四年而變。君寶省掾時如此，邑宰時又如此，初年如此，五年時亦如此，則其廉之實非僞也審矣。

君寶惠于民，能于事，多可稱，而予獨深喜其廉。廉爲本也，苟無其本，雖有他善，不足稱也已。君寶以「實」名其堂，有爲之記、爲之説者。予聞士悦之言，因著其廉之實，而附書于左方。

題李伯時九歌圖後并歌詩一篇

九歌者何？楚巫之歌也。巫以歌舞事神，手舞而口歌之。九歌之目，天神五、人鬼二、地示一，俱非楚國所當祀，而况民間乎？物魅一，又非人類所與接也。然則楚巫事之而有歌，何耶？古荆蠻之地，中國政化之所不及，先王禮教之所不行。其俗好鬼而多淫祀，所由來遠矣。三閭大夫不獲乎上，去國而南，覩淫祀之非，禮聆巫歌之不辭，憤悶中托以抒情，擬作九篇。既有以易其荒淫媟嫚之言，又借以寄吾忠愛繾綣之意，後世文人之擬琴操、擬樂府，肇於此。琴操、樂府，古有其名，亦有其辭，而其辭鄙淺，初蓋出于賤工野人之口，君子不道也。韓退之作十琴操，李太白諸人作樂府諸篇，皆承襲舊名，撰造新語，猶屈原之九歌也。

太一，天神也。按天官書中宫有太一星，非此之謂。禮記云：「禮本于太一。」莊子云：「王之以太一。」太一者，天地之始也。主宰之帝，故曰上皇；祠在楚東，故曰東皇，猶秦祠白帝于西畤也。

司命亦天神也。周禮所祀有司中、司命，注以爲星，非也。司命者，萬物之母也，有大有少，在周禮一爲司中，一爲司命。中者，民受中以生之中；命者，陰陽五行化生萬物之命也。東君，日神也。禮云：「春朝朝日。」又云：「王宫祭日祀于東方。」故曰東君。

雲中，非雲神也。周禮祀風師、雨師，而不言祀雲。雲師，雨之屬也，固宜有祀。或謂楚有雲、夢二澤，雲澤謂之雲中，夢澤謂之夢中。雲中君，雲澤之神也。考之歌辭，曰「日月齊光」，曰「龍駕帝服」，曰「猋遠舉」，曰「横四海」，乃天雲，非雲澤也。

湘君、湘夫人之稱，黄陵廟碑、楚辭辯證備矣。

太一尊神，歌辭獨簡質而莊重。擇日辰、盛服飾、潔器物、備音樂，以致其尊奉，臣之修其忠善以事君猶是也。司命雲日，言神既來而遄去，以况君始親己而後疏之；于皇英欲一見而不可得，以况已欲見君納忠，而卒不答也。

河伯與巫既别，而波迎魚媵，近于古者三有禮焉之遺風，而楚之于原不如是，故集注有云：「原豈至是而始嘆君恩之薄乎？八篇并以神况君。山鬼，物魅耳，不可以况君也。故原特變上八篇之例，不作巫語，而作鬼語。言鬼欲親人，而不親之，以况已欲親君，而君不親己也。」夫此歌假設之辭與戲劇何異？而唯恐引喻失當，有乖尊卑之禮，敬之至也。

九歌之後有二篇：國殤者，爲國死難之殤；禮魂者，以禮善終之魂。年十九以下死曰殤，不終其天年而死亦曰殤。春蘭秋菊，終古無絶，四時祖考之嘗祭也。前之九歌，原托以伸己意；後之二章，無所記意，且爲巫者禮之辭而已，蓋與前九篇不同時，後人從其類而附焉。

此畫李伯時所作。伯時，畫妙一世，而或傳此畫若有神助然，蓋其尤得意者。予在洪都，郡守毛侯出示。予既爲作解題，而復隱括九篇歌辭，成詩一篇，與歌之意雖微不同，而明原之心，其趨一也。嗚呼！千載而下，能有契于原之心者，尚有味于予之言！

李家畫手入神品，楚賢流風清凛凛。誰遣巫陽叫帝閽，爲招江上歸來魂。
音紛紛，音紛紛，柱高辰遠聽不聞。扶桑初暾海横雲，二妃淚灑重華墳。
司命播物泥在鈞，洪纖厚薄無齊勾。
公無渡，公無渡，衝風起，螭鼉怒，夜猿啾啾天欲雨。
天欲雨，迷歸路，歲晏山中采蘭杜。
靈修顧，顧復去，莫怨瑶臺神女妬。坎坎鼓，進芳醑，恥作蠻巫小腰舞。
千年往事今如新，摩挲舊畫空愴神，騰身輕舉一回首，楚天萬里江湖春。

題楊氏忠雅堂記後

人之所志有雅有俗，志之雅俗不同，亦猶雅言之于方言、雅樂之于燕樂也。貴游所事，非聲色之娱，則奇珍之玩。而漢河間獻王獨好書，史稱其大雅不群，有以也。楊氏，莘故家，前代嘗掌書監，近年二政府、位中朝、職外服者累累有，亦顯且盛矣。

家不聚貨寶以愚子孫，惟儲書及名畫墨蹟。今郎中士允，曩從其父唐州使君宦四方，又購書二萬卷，并其先世所藏，作堂以貯，扁曰「志雅」，其亦有慕于古之大雅不群者歟？予聞異端者流之訾吾儒也，曰：「儒家器械備具，竟不一用；吾持寸鐵，即能殺敵。」蓋譏儒之博而寡要云爾。博而寡要猶譏，儲而弗用，其譏又當何如？且夫大雅君子之儲書以遺後，固將有所用也。請言書之爲用。

通天地人曰儒。一物不知，一事不能，耻也。洞觀時變，不可無諸史；廣求名理，不可無諸子；游戲詞林，不可無諸集；旁通多知，亦不可無諸雜記録也。而其要，唯在聖人之經。聖人之經非如史、子、文集、襍記、襍録之供涉獵而已，必飲而醉其醇，食而飽其胾。我與經一，經與我一。使身無過行，心無妄思，其出可以經世；使心如神明，身非血肉，其究可以不世。是則書之有功于人，人之有資于書，而儲之者所以有期于將來也。不然，一一垂牙籤，新若手未觸，李鄴侯之初意豈如是哉？楊氏子孫其勉諸！堂有記。

題鶴山魏公所撰二李墓誌後

宋東都二百年間，崇仁未有顯者。南渡後，四吴始以有學有文顯。然居士布衣不仕，國録免解，法身吏部，特恩補官，唯司封繇進士選。僉書羅公、尚書何公、侍郎李公，進士成名者也。侍郎之考次琮父，王考仲實父，所學與三吴伯仲，爲鄉里後進師，宜顯不顯。臨邛魏公爲之誌墓，嘆其不逢。

嗚呼！當時取士，拘進士一塗，而崇仁一邑，若吴、若李數人皆于是科不利，進士果足以得人乎哉？魏公所撰二誌銘高古柳、韓，近代之文鮮有其比，亦李氏一寶也。侍郎之曾孫積出示魏公真蹟，因識其左云。

跋黄革講義後

黄革文炳，别去不翅十餘年，今觀其史評講義等作，辭達理長，俱有可采。革之先君子清節惠政，天所必佑，其多聞子也宜哉！

題約説後

□□□□□□〔一〕

〔一〕四庫本、成化本皆有目無篇。

卷五十八　題跋

題延祐丁巳諸貢士詩

江西省試士，與選二十有一人。省府命其屬吏王君質持檄詣門，禮請赴省敦遣。諸所貢士蕭然清寒，頹簷敗壁，冰雪相看。其禮使人也，各賦一詩爲贈而已。君質跋履辛勤，資屨匱乏，而以氣味之同得所贈詩，如寶珠玉，於是度越時流遠矣。便道過予，喜而書其贈詩之卷首。

題李太白二詩後

太白，詩中之聖，其語有似乎天仙，此二詩尤超逸。然其指歸，不過藉醉以遣累耳。太白嘗見司馬子微，亦聞所謂坐忘者乎？倘得聞之，雖不飲一滴，而百慮俱消，豈必如劉伯倫、阮嗣宗哉？惜乎！其有仙才，而未聞道也。

題鄧希武喪母雜記

儀禮曰：「繼母如母。」其傳曰：「繼母之配父與嫡母同，故孝子不敢殊也。」樂安鄧希武於繼母彭氏之喪，哀疚痛切，情見乎辭。有通乎禮者，有從乎俗者，雖不一一仝於古，而其孝心則至矣哉！史稱昔賢之孝於母，大率皆繼母也。希武質美學贍，彌老彌篤。凡事過厚，况親喪乎？喪過乎哀，不及不可也。觀過，斯知仁矣。吾於希武見之。

題王景淵道書

世祖皇帝焚毁道家説謊經文，此其一也。宜黄王景淵，留意仙學，博覧異書，引用修真語言，多有可采。何不效張平叔、石得之、薛道光輩，自成一編以行於世？又安用依附其所不足依附者哉？紫玄洞賓題。

題習是病中所書字後

臨江習是，六七歲已善書，廣輪或五尺許，運筆如飛，似不經意，而勁健遒美，雖老於觚翰者，嘆獎不已。外省上於朝，一時傾動，達官巨人目爲奇童，發充國學弟子員。予囑博士、助教，令授之業，以大其成。越三年，予以疾去官，是年習生亦以疾還家。其明年，竟死，年十有五，噫！人言早慧者不壽，豈其然乎？顔子賢而夭，李賀才而夭。一藝絶人，而亦不能久於世，何哉？其父悲哀，以其病中所書示予，予亦爲之泫然。

題葛教授家藏雪齋姚公墨蹟後

雪齋姚公辭翰逸邁，近世鮮儷。曩在京師，識公之從子端夫，綽有諸父風今。覩葛教授家所藏墨蹟，把玩不忍去手。於乎！中州遺老如斯人者，不可復見矣。爲之悲嘆，而志其左方。教授得之於其外舅王水監，水監，嘗客公之門者。

跋姜清叟畫

郡人姜清叟工畫，嘗進之翰林學士程公。公曰：「吾往來臨川數數，乃不知有此畫史。」與同遊别墅，留半月。學士公既善之，天師真人又喜之，二人貴且富，蓄古今名畫非一，其於畫品高下，瞭然心目間。得二評，亦可以收名定價矣夫！

題山南曾叔仁詞後

予久聞新城邑長之賢且能，昨歲吾老友山南曾君作詞以美之，已足實前所聞矣。因公事經吾鄉，過吾門，得望其眉睫，聽其言論，察其心胸，益知其人之真有識、有守如此，爲之民者，一何幸哉！他時名位益峻、聲實益孚，苟有良史傳循吏，舍斯人其誰？樂道其善，所以勸也。

跋皮昭德藏李士弘所臨書譜

延祐五年，澄以集賢直學士召。脩撰虞伯生將旨而南，侍讀學士河東李士弘亦被命祠衡嶽，訖事過家。是年五月，與平江州判官清江皮昭德會于豫章，留月餘，欲俟澄與伯生至。澄以疾病，六月始克就道，至則侍讀公行矣。臨别時，以其所臨孫過庭書譜贈昭德，意甚不輕。蓋侍讀於皮氏昔爲故舊，今則婚姻，而伯生與澄素忝其相知。以士弘之俊邁超逸，而於親故慇懃繾綣如此，亦其德之厚也。

題李承旨贈吴璉手帖後

廬陵吴生，儒家子，中罹兵變，掠賣于鄆之蘇家，蘇爲婚娶。生往見承旨李公，告之故，公勉令報蘇待遇之意。藹乎仁義之言哉！生遵所教，不敢有離心。其後，蘇竟焚券放還。吴之知恩，蘇之知義，可謂兩得，然皆自李公發之。有德之言，其有裨於世若此。吴既來南，寢食不忘公之德。藏公畫像，出入與俱，晨夕敬事焉。子昔拜公于京師，今爲識其左方，蓋以嘉吴生之厚，抑以嘆李公之不可復見也。生名璉。

題姚博士與洪汝懋贈言後

豫章四洪，黄太史之甥也。玉父之後有夙慧，文工才俊，繇國學生預貢禮部，蒙特恩，出長東湖書院。行之時，博士姚君所以教戒之者至矣。尚思無負於博士之言哉！

題甘公成詩集

延祐四年秋，鄉試校文畢，於東湖書院見一士，問其姓、字，曰甘公成。示予書二帙，皆律歷度數之學。此雖末藝，然爲士者，往往不知。而能究之不差，可尚已。今又見其詩文一篇，語甚俊拔，噫！才士也夫！雖然，詩文、度數之外，猶有當學者，亦知之乎？

跋馮元益詩

潁川馮元益，詩效陶靖節、韋蘇州。欲其冲澹，自然而然，非求工於一字一句者。元益雖受特恩，提舉江西等處儒學事，而科舉進取之文尤長。且將以才進士名一世，不止於爲詩而已。

跋慈雲庵記

昔番易周君有慈雲庵以奉母，當時鉅公及近時名士俱爲作記。君登進士科，天既報其孝矣。周君之子任翰林、集賢十載，出補郡爲貳乘；而君之孫多賢而文，比比取世科可待，天之報之者未已也。荀子子孫孫能立身顯親，蓋不假夫鉅公名士之記而流芳也。

題吴真人封贈祖父誥詞後

吴真人全節，寄跡道家，游意儒術，明粹開豁，超出流俗。初從其師入覲，大被眷知。遂嗣其師主教，錫號崇文弘道玄德真人。扈蹕日久，特嘉其勞，以翰林學士、中順大夫官其父。越明年，群臣例有封贈，真人恩及二代。生者封一品，死者贈二品。寵光榮耀，儒臣或不能及；制誥諄詳，又前代詞臣所未嘗有也。

真人供給禱祠之臣也，而能致此者，固聖朝之厚恩而，亦有由焉。蓋其立心也異，故其獲報也亦異。其善不可一二數，而其大者，則好賢也夫！天下之善，莫大於好賢；天下之惡，莫大於妬賢。世謂妬賢之人猶妬婦，非特妬其得近於夫者，雖見他人之姝亦妬，雖見圖形之麗亦妬。徐察之，信然。夫治天下者，在得人；相天下者，在用人。用人必自好賢始。周公，大聖也，而急於見賢，一食三吐其哺，一沐三握其髮。趙文子，賢大夫也，所舉筦庫之士七十有餘家。嗚呼！當時周公所見、文子所舉，豈必皆其親舊而有所請求者哉？好賢之臣能容人，而天下治；妬賢之臣不能容人，而天下亂。此大學平天下章所以引秦誓之言，而深切教戒也。真人非居用人之位，非秉用人之權，而人有寸長，惟恐其不聞，惟恐其不達，嗚呼！安得相天下而有是心也哉！故推原真人顯親之由，而歸美其好賢之心，以告夫千萬世之相天下者。

題嚴氏四世家傳後

昌黎韓子曰：「文書自傳道，不仗史筆垂。」廬陵士嚴鳳陽自爲其曾大父夷伯、大父恕作傳，又爲其父前進士逢元作銘。其父之傳及其身後之傳，皆其友朱同孫所撰，雖無史筆書之，而四世有四傳，豈非欲如韓子之以文自傳者歟？其五世之胄嚴有孫復以四傳俾人題跋，若疑其文之不孤傳而外資於人，庸詎知其資於人之文果勝自作之傳乎？有爲之求予文者，予聞命羞恧，禮辭曰：嚴氏蓋欲文之傳永久，以顯其親。揆予之文，與草木俱腐、瓦礫同棄者爾，奚可以塞孝子慈孫顯親之意哉？雖然，欲顯其親者，當務其本。此非予之言也，聖人之言也。顯親本於揚名，揚名本於行道，夫行道也者，持循天理，不使有一毫私意人欲之萌。身心粹然，如無瑕之玉，與世儒浮華務外之學絶不同。漢之黄憲，當時目爲顔子，故以庶人而名載史册。憲亦不過生質純美而已，人稱其淵乎似道。似道且爲人所稱，况真能行道者哉？能行道，則名揚矣；既揚名，則親顯矣。徒欲託文以傳，則歐陽子送徐無黨序之甚詳，文固不足恃也。欲傳莫若行道，道在我，求之己而有餘，無所資於人也。嚴氏子孫其勉諸。

題天文小圖

天如彈丸，歷官范銅爲象，外圓中虚，通竅爲星，於内窺之。或易以繪，其圖有三：上規自北極常見七十二度，際赤道南；下規自南極常隱七十二度，際赤道北；中規以四宫半見半隱之星爲横圖，上際北極，下際南極。三圖若合爲一，則於上規圖外增赤道至南極五十六度贏，此圖是也。一百七萬一千里之圍，而盡之於不滿尺之徑，中外官之名、三家赤黄黑之象靡不具，精矣。老眼昏華，不能細辯。得意忘象，庶其可哉！

題何太虛近藁後

夫言之秩然次序條理者謂之文，文無待於作也。後之人口之於言雜亂無紀，則必締構於思、撰造其辭，而後筆之於簡牘。古之人雖不作文，孔子嘗云辭達而已，此固作文之大法也，而柰何作者之不知此哉？

東漢以來氣弱體卑，無復有善作者，至於今殆千餘年。唐、宋盛時，號爲追蹤先漢，而僅見韓、柳、歐陽、曾、王、二蘇七人焉。若李習之、若唐子西、若張文潛，非不游韓、蘇之門，而竟未與韓、蘇合一也。兹事豈可易視哉？

表弟何中太虛，少負逸才，弱冠已能詩，而亦用意於文。至順二年春，予卧病，顧予於病中，録示近作十數。予讀之，蓋優優升七子之堂矣。予不勝其喜，非私喜也，喜斯學之不孤也。斯學也，雖非儒者之本務，而其格力之高下，實由氣運之盛衰，關繫又豈小小哉？病餘倦於書，喜之之極，不能自已，爲書其後，而還其藁。

跋鍾改之詩

予未冠，已聞永豐鍾改之先生爲名儒。今五十年餘，始識其子士安，而見先生所著之書、所作之詩。嘆慕斯人之不可復得也，乃識其右方。

跋長清趙氏述先録

集賢趙克敬以盧龍世家譜來眎，濮尹趙子敬又以長清述先録來眎。譜克敬作，録亦克敬作也。蓋盧龍之趙，以遼太師衛國公爲初祖，衛公之子十有二，按譜，克敬在第五支下，而子敬述其父祖至曾祖止，以上不可考，曰：「聞之先人出自衛公第七支，克敬所譜不載，故特爲之録，以補其闕。」嗚呼！遼始終二百年，所得中國之地，燕山一道耳。衛公，遼之重臣，子孫世禄不絶。遼之未亡也，必無去其國而分適他國者。盧龍而長清，不知自何年始。其在金人有中土之後乎？蓋不可詳矣。夫文無所於稽，人無所於詢，雖夫子，不能以徵杞、宋之禮，况喪亂流離之餘，而推明一家之繫乎？

長清之趙三世以醫科濟人，慈祥豈弟，而不規利。子敬爲吏廉平，是皆有陰德陰功，宜足以昌其後。而子敬之子有方，進進於學者，繼自今子子孫孫果能使才行聞於時，勳名見於世，自立自成，日大日衍，則長清一盧龍也。嗚呼！由昔觀今，盧龍信有光於長清；由後觀前，安知長清不有光於盧龍也哉？長清之子孫其勉旃！

題盧龍趙氏世家譜後

唐自中葉以降，河朔弗靖。豈無雄傑生於其間歟？抑有之，而沉泯弗獲振奮以見於世與？盧龍趙公思温生唐末，材勇絶倫，事幽燕，而幽燕弗能存；歸沙陀，而沙陀弗能有。值遼室將興，遂爲開國功臣，贈太師、衛國公，子孫蕃衍，爵禄累世不絶。衛公十二子，其五特進延威。特進二子，其二節度使匡禹。節度八子，其七團練使爲翰。團練三子，其長團練使相之，生七子。七之三曰團練使湑，生六子，六之二曰觀察使公爲。觀察之子鎮國鎔，鎮國之子驃騎居常，九世皆仕於遼。驃騎生建春徵士植，徵士生玟，仕金爲三司使。三司生鈍軒逸士鉉，逸士生穆，今爲集賢司直。

以其世家譜示予，予覽之竟，爲之喟然嘆曰：「朱三移唐祚，中原無人，五十三年更八姓十四主。遼人起自荒服之外，乘時拓疆，得中夏燕山一道，年代獨久，屹然與宋氏對峙，爲兄弟之國。金人因之，而有天下之半；皇元一之，而有天下之全。遼、金至於今日，國統三易，而趙氏一家歷仕三國，垂四百年，綿綿若此，何其盛也！中更亂離，諜記湮没。司直君考詳纂述，無所遺墜於，以見其祖宗根本之遠、族屬枝葉之廣，賢已！」司直君字克敬，賢而知學，是以能然。嗚呼！趙氏之昌，其未艾哉！

題曾雲巢春郊放牧圖

春盎郊原，十牛在牧。或奔或馴、或行或息、或前或隨、或飲或食、或鼻浮水、或背負人。各適其適，牛不自知也。牧者亦何心哉？噫！善牧民者，亦若是而已矣。

題毛宗文梅花二百詠

毛宗文梅花二百詠，其開也，曰：「客折一枝頭上插，我遶花邊行百匝。忽然客問花如何，看得入神渾忘答。」其落也，曰：「海風捲水攢飛箭，戰退花神人不見。芒鞋破曉出門看，萬玉枝頭無一片。」昔之詩人一句亦可傳名，今於二百之中得其二焉，多矣乎！

題臧氏家譜後

世稱族之大者，若晋之王、謝，唐之崔、盧，盛矣！然王、謝至唐，崔、盧至宋，已泯泯不復有聞。然則族之大者常有之，大而久者不多有也。臧氏自隋驃騎將軍，傳七世至工部尚書之父，始居饒之浮梁。而尚書七子，布濩流衍，其世爵之延，家業之富，本支之蕃，遂爲江東右族，七百年而未替。可不謂之大而久者哉！噫！三百年之唐，三百年之宋，此享國之最久者。其間乃有七百年之世家，歷唐、歷宋而至於今。傳曰：「臧氏其有後乎？」以今觀之，猶信。

題范氏復姓祝文後

大德十年二月乙卯，真州范之才祝於其先考宣教君曰：「我祖派衍文正，歷世既遠。

考君贅居唐氏，生之才與兄頤。不幸幼失所怙，隨母適周，藉兹養育以成。長大習學藝術，粗賴温飽，以至於今。既感其恩，勉隨周姓。每傷所思，敢忘本祖？姓久未復，罪莫大焉。不幸先兄去春早世，歸宗之義有孤。嗚呼哀哉！我母已往，於周所生一子亦既有孫，克承祭祀，周氏有後，范氏歸宗，無遺憾矣。我母謹藏先世誥命，可以憑依，子孫之幸也。伊我文正公幼隨母適朱，長歸本，宗當時韙之，以爲美事。爰兹末裔，亦舉斯典。今涓吉旦，祠廟復姓，高曾祖考，庶其來格。」

皇慶元年，國子司業吴澄移疾還家，道過真州。之才之子有元從沔陽教授蔣華子來見，具道復姓始末。

澄按：儀禮喪服篇「齊衰不杖期」章「繼父同居者」傳云：「夫死妻稺子幼，子無大功之親，與之適人，所適者以其貨財爲之築宫廟，歲時使之祀焉，妻不敢與。」然則古之隨母適人者，雖與繼父同居，而未嘗易其姓、廢其祀也。後世或有貧不能自存，幼未能有知，依託於人，至於易姓廢祀者，可悲也已。范文正初冒朱姓舉學究，既知所自出，則復范姓舉進士，卒爲宋名臣。今有元克相其父效文正，此舉不亦善乎？然文正所以光其祖、大其宗，不在復姓一事。宋三百年，參知政事凡幾人，而范文正公惟一人耳。繼自今，有元用心立身，一以文正爲法，則人將曰：是真大賢之後矣。不然，不可也。有元其尚兢兢勉勉於兹。是年四月望日。

跋楊顒諫諸葛武侯之辭後

「開誠心，布公道，集衆思，廣忠益，諸有忠，慮於國，但勤攻，吾之闕」，漢丞相諸葛忠武侯語也，可以爲萬世相天下者之法矣。孔明豈不知爲相之體哉？於主簿楊顒之諫也，生既謝之，死又哀之，孔明豈不知其言之忠哉？然而罰二十以上皆親覽，食少事繁，至爲敵國所窺，而慶幸其不久。孔明豈不知愛重其身哉？其若是者，何也？嗚呼！是未可以常情度、淺識議也。

夫知相之體，而未免自勞；知言之忠，而未見樂取；知一身繫國之存亡，而竟中敵國慶幸之計。苟非甚愚者，或有所不爲，而謂蓋世絶人之智者爲之乎？予故曰：是未可以常情度、淺識議也。且當時事勢何如耶？以一木支大厦之傾，事君而致其身，盡瘁於國，遑恤其他，夫豈可已而不已者？楊顒之諫，謂之愛孔明，則可；謂之知孔明，則未也。杜子美詩云：「三分割據紆籌策，萬里雲霄一羽毛。」又云：「福移漢祚難恢復，志决身殲軍務勞。」此詩字字有意，細味之，庶乎知孔明之心，而豈常情、淺識之所能測度、擬議者哉？

齊右王良父嘗書楊顒諫孔明之辭于片紙，其孫出以示人，予獲觀焉。撫卷再三，而不忍釋。嗚呼！前輩或者其亦有感於斯歟？

跋吴真人閤滜山詩

閑閑吴真人，至大、延祐欽承詔旨，兩至閤滜名山。天寵焜煌，照耀下土。山之一草一木，靡不衣被恩榮矣。祝釐餘暇，泛應從容。珠璧之珍、綺縠之文、燦爛於詩章吟句間，又有以增益其輝光。張君省吾親受筆墨之教，紙尾拳拳欲省吾不溺於伎，而知進於道，其意蓋深遠矣哉！

題畫魚圖

昔之達士有云「於魚得計」，夫得計云者，以其潛於淵，泳於川，相忘於江湖，上下隱見，來去倏忽，自適其適，自樂其樂，而不自知其然也。若摭魚之名，借音取義，睎慕榮顯，以悦世之淺丈夫，是欲誘魚以鈎餌，待魚以罩罟也，尚可謂之得計哉？果有達斯趣者乎？試以吾言問諸畫史。

卷五十九　題跋

題孫履常送饒壽可之官後序

壽可之爲人，仁義之心惻如也；履常之贈行，仁義之言藹如也。以仁義之心得此仁義之言，以仁義之言發此仁義之心，充之不可勝用也，何往而不達！今其肇端耳。人之契夫天者未有艾，則天之報人者庸有既乎？於壽可將行之際，書于履常贈言之左。

題朱文公敬齋箴後

敬齋箴，朱子作，凡十章，章四句。其一言静無違，其二言動無違，其三言表之正，其四言裹之正，其五言心之無適而達於事，其六言事之主一而本於心，其七總前六章，其八言心不能無適之病，其九言事不能主一之病。

題朱文公答陳正已講學墨帖後

朱子答正己一書，備述爲學之功，又規正己之失。蓋以其人有志于學，故曲盡其言，懇切之至。厚哉！先覺之用心乎！然澄竊聞之，大功廢業，况服齊斬乎？古人居父母之喪，三年不爲禮，三年不爲樂；斬齊唯而不對，齊衰對而不言。自發一言且不可，况可與人論學哉？

眉山二蘇兄弟，文人爾，而其居喪也，再期之内，禁斷作詩作文，寂無一語，是亦嘗講聞乎喪禮也。正己靳學聖賢，身有母喪，而交書論學，不異常時，則三年之喪爲虚矣。夫親喪，本也；論學，末也。忘其本而務其末，不知所論之學果何學歟？朱子固已箴其失，然舍其大而議其小，或者姑爲之掩覆也耶？

題康里子淵贈胡助古愚序後

士之遇、不遇有命焉，不繫乎學與才也。皇慶初，予識東陽胡助古愚于金陵，嘉其資質粹美，辭章俊拔，意其必遇也。逮今十有四年矣，再見之于京師，方且謁選吏部，受九品初職，而又不諯得。孰不嘆其淹滯，而悼其屈？雖予亦不能爲之慨然也。宋南渡以來，東淛之人物，嫛爲盛，東萊吕子其首也。古愚言論性標格，藹然鄉先達之遺風，不但其文之卓異而已。康里子淵贈與之交，欲進其文於道，期之者至矣。噫！道不載以文，則道不自行；文不載斯道，則文猶虚車也。故曰：篤其實，而藝者書之。子淵所期，將進之吕子之上。彼悼之者，悼其屈於一時爾；此期之者，期其伸於百世也。一時者，人爵之貴，其品秩之升，由人之所畀，而不可必；百世者，天爵之貴，其品秩之升，可躋乎極等，皆我之所致，而非人之所能減削也。苟得是，雖不得人爵，無損也，而天爵亦階之而升乎？予拭目以觀古愚之升。

題范清敏公贈墨工序後

宋嘉定、寶慶間，豐城范清敏公宰崇仁。澄幼稺時，每聽先大父對客談論亹亹，道范公之政神明剛决、公正審悉，不可一二計。蓋自宋初以至季年，邑宰未有能如公者。後爲郡守、部使，其政皆然。澄既熟於耳聞，及見公之一筆於書者，則知公非徒有其政，而又有文、有學、有識也。第所見者不過剖析獄訟之語，而於他文曾不多見。今忽見公贈墨工一序，讀竟，嘆曰：「斯地而有斯人也夫！斯時而有斯文也夫！」

公謂墨工之售墨，不可輕。售非其人，則其墨適足以蠹斯文、蝕吾道。嗚呼！嚴矣！公以此爲售墨者之戒，則用墨者之罪爲何如哉？觀公用此墨以涖官臨民，真無負此墨者。使公得用此墨於皂囊之中、白簡之上，則弼遺補闕，擊奸去邪，上有補於君德，下有裨於國政，是豈小小哉？惜公不得用此墨於彼，而僅得用之彼獄辭訟牒也。公之文既不多見，而此文幾爲人間苞苴廢棄之紙，非吾友陳淵然之卓識高誼，則公之曾孫凱何從而得此家寶也耶？澄之所以把玩不忍釋手，而重嘆斯文之幸而存也。淵然，宋江西提刑諱杰之子，與范世媚。凱嘗仕於朝，爲贊儀署丞。

跋饒氏先世手澤

臨川饒熙則明，奉其父睿翁之手澤過予，言曰：「熙之曾祖家富萬卷，乙亥燬于兵。吾父最喜觀史，火後無書，得之良艱。百計購求，彌勞彌篤。晚年雖稍遂意，然猶未備也。隨所見，有日抄，且囑熙以寶其書。熙不敢忘父命，就曾祖所創西園中構小閣，以貯吾父所讀書。」予曰：「而父賢已！夫得書艱而劬學若是，彼多書而手未觸者，何人乎？令子庋藏唯謹，可謂善繼志矣。子令曾子早中童科，長魁鄉貢，推恩受禄，未顯庸而歷運革；而父精勤，亦不小試。蓋皆福祉以遺後，子其自勉，以光於前哉！」

題得己齋敍記詩卷後

得己者何？有吾之所自有也。吾所自有者何？可以自求，不可以言言也。非不可言也，言雖多，無益也。竊觀夫子之與人言，未嘗多也。若利也，若命也，若仁也，言之亦罕。言不多矣，猶以爲未，而語子貢曰：「予欲無言。」聖人豈靳於化今傳後，而欲無言，何歟？化今傳後，不在乎言也。自漢以下，儒者虛言熾而實功微，流而至於宋之末，虛言之敝極矣。

西浙盛君吉甫，蓋安分知足、無客慕妄想也者。扁其齋居曰「得己」，爲之序、爲之記，銘之、箴之、詩之、賦之者，伍伍什什而彌富。彼官爵貨財，舉世所耆；盛君之操趣，尚且視之如糞土，以其爲身外物故也。而於身外無益之言收聚不少，疑若近名務外之障，或猶略塵粹德之光乎？崇仁崔命君與盛君交契深，俾予增贅其言。予方以是尤人，尤而效之，可哉？辭之弗獲，聊爲推明孟氏之旨。夫孟子所云得己者，不失義之穫也；所云不失義者，得己之種也。而不失義、不離道，二事一事爾。或窮或達，時之遇不同，其所不失之義即其所不離之道，其所不離之道即其所不失之義。道體義用，非有二也。學孟子之學如之何？有實功焉，虚言其奚庸？必也慎獨養氣，靡愧靡怍，行吾正路，動應無毫髮之差，斯不失義矣；必也主一存心，靡放靡馳，居吾安宅，静定無須臾之間，斯不離道矣。實功至是，則吾所自有者，吾自得於己。自玩自樂之不暇，雖聖賢格言，亦可得其珠、舍其櫝，得其思、忘其筌，况人之虚言、蜩甲蛇蜕而已？予今復以甲蜕進，一覽而棄之可也。專乎内，勿恂乎外；勉乎實，勿炫乎名。他日有識之君子将喟然而嘆曰：「斯人得己者夫！」

題梁湘東王繹貢職圖後

味柳子厚睢盱萬狀之辭，益以八荒四極之遠，陰陽奇僻之氣，所産亦猶禹鼎所象之物。古有王會圖，不可得見，此圖南梁蕭繹所作也，當今天下一統，日月所照，悉爲臣民，開闢以來之所未見。殊陬絶域，異服怪形，人所駭慄者時獲目覩，不待索諸圖也。繹圖僅僅二三十國，奚足多哉！或謂蕭梁無有是事，繹作此以欺後世矣。雖陶穀跋語，亦云「斯蓋卑陋蕭梁，臆度立論，未嘗讀史書，考事實而然」。

夫梁雖偏霸一隅，然南朝四代，運祚之短者止二十餘年，而蕭衍一人享國踰於四十年。元魏擾亂故三十餘年，魏人不以一矢相加遺。境内小康，多歷年所，爲南北七代之最。遐僻小邦聞風慕利而來，史不絶書。繹據實而圖之，豈欺也哉？但元魏乃梁敵國。以基業，則魏先而梁後；以土地，則魏廣而梁狹；以勢力，則魏强而梁弱。蕭衍嘗自求和，而元恪不許。魏分東、西之後，元善見始與梁通。以魏列於貢職之首，則欺也。繹於君臣父子之道俱失，而文藝精麗，能詩能畫，此圖之作，乃在極盛將衰之時。不五六十年，侯景兵入，三主皆不得其死，國遂以亡，其事無足稱。而人寶此圖者，却以其畫之工也。觀其摹本有缺落，字或謬誤。梁史所載，若扶南，若林邑，若婆利，若于陁利及蠕蠕、盤盤、丹丹等，并有使至，而此無之，宜借善本完補改正。陶穀跋語亦紊前後之次。

穀初得於石重貴末年之丙午，其年晉亡而失。再得之於劉知遠初年之丁未，庚戌漢亡再失。復得之於郭威廣順之癸丑，明年甲寅，以侍郎充學士，又有跋語。丙午至甲寅九年之間，三姓五君，穀仕晉爲中書舍人，仕漢爲給事中，視易姓易君如置棋，曾不以爲意。而獨拳拳於此一圖之得喪，不知其孰重孰輕也。

題湯漢章爲程周卿治病卷後

周卿之疾，奇疾也；湯漢章之醫，上醫也。微其人之醫，斯疾不可得而愈；微漢章之義，斯醫不可得而致；而微成父之文，則斯事之義亦不可得而知也。湯氏素號義門，其好義也非自今日，其爲義也非止一義，人所不知者固多矣。然爲義者，豈蘄人之知哉？爲之者不蘄人之知，而樂道其善者，惟恐人之不知也。此文人之所以不能已於言哉？

題朱法師求雨應驗詩後

泊然無心者，老、佛之源也。而其流有氣學焉，有聲學焉，以梵聲呪雨呪晴而輒應，西[一]僧至今能之。若夫專一氣以役鬼神、以感天地，南土往往以是相傳，然得其真者鮮矣。予聞建康稱誦心淵朱師求雨之驗，師其得是真傳者歟？師不肉食，甚孝於其母，又推孝於其外祖母。有此苦行，有此至行，所養者完而不挫，氣學之本也。蓋能以志帥氣，故能以氣動氣，而陽召陽、陰召陰，唯其氣之所使，志爲之帥；志之所帥，行爲之本。居畏壘之山而大壤，居藐姑射之山而物不疵癘，此充其學以造於仙者。予雖不能其術，而知其理。樂聞朱師之事，而因勸世之道流以脩行也。彼爲道流，而實非人類者，能無愧於斯乎？

〔一〕「西」，四庫作「四」，據文意改。

題趙中丞述眼醫説後

道濟天下而不有其功，施及群生而不祈其報者，此禹、稷、伊、周之用心，士大夫未必人人能若是也，而況技藝之家乎？古今之流，最莫秦越人之若也。其適周、適趙、適秦，隨時改變，爲老人醫、婦人醫、小兒醫，以迎合其國俗，蓋亦爲利焉爾。故以輕身重財，則列于六不治之一，其志可知也。扁鵲猶然，則於俗醫，庸何責？河南常光明，精專眼科。河北老儒李彦政雙目失明，跬步無進。適相邂逅，惻然憐之，爲之畀之藥，而其疾頓減於昔，髣髴有見，遂能扶杖以行。藝既神矣，又且却所報而不受，厚感其德，拳拳不忘於心。延祐六年秋，客金陵，告之於其鄉達尊中丞趙公。公嘉其人，以至筆之於書，而予亦得聞其事。噫！孰謂技藝之中有能若是者哉？使世之士大夫能以是心爲心，則禹、稷、伊、周之心庶乎其不泯矣。彦政，儒之窮也；常光明，醫之良也。救人之疾而不圖其利，感人之德而不墜其名，二者皆厚之道也。寡情薄義之徒，受人再生之恩如父母，而亦旋踵忘之者，其心之厚薄爲何如也？一觀趙公之辭，而兼顯二人之美，所謂一言而可以善風俗，其若公之言也夫？

題汪龍溪行詞手稿後

書之誓、誥命，古王言也，下逮春秋諸國辭令之善，猶足以折强振弱。漢初制誥，温乎三代之遺風。武、宣不如高、文、景時矣，况東都以後乎？自唐以來，代言之臣至宋二三文儒，殆蔑以加。未能齊先漢也，而駸駸近之。間有才氣之高溢，出法度之外，不無傷於渾厚。然視全句對偶用事，砌甃以誇精致者，相去遼絶也。南渡訖于季年，惟翰林學士顯謨汪公最優。多難之秋，德音所被，聞者悽憤，何其感人之深哉！蓋其製作爲體，不但言語之工而已。今觀手藁六帙，雖一時不經之辭，非大詔令也，而一斑之窺，一臠之嘗，亦粗得髣髴云。臨川吴澄肅讀畢，敬識左方。轉示者，公之遠族孫巽元也。

題劉端夫送萬國卿序後

萬國卿謙厚和易，達練於事，坦坦然有樂爲善之心，劉端夫稱之曰正人。正人之名豈易得哉？劉公天下達尊，蓋未嘗肯輕許可。吾夫子云：「如有所譽者，其有所試矣。」于以知其善善之心長也。國卿爲江南諸道行御史臺屬官，與予始相識，出示劉公贈言。公之行，予所敬服，因公之行，從公之言，則見公所喜之人如見公也，而喜之亦如公焉。

題人瑞堂記後

皇上踐位之初，翰林學士承旨劉公爲國子祭酒。蓋以望實選，不以品秩論。澄由國子監丞任司業，朝夕事公。公爲官長，又年長，恂恂焉視予猶弟也。時公年六十有五，而公之父邢國公年八十有三，顏若童孺，氣若少壯。予歲時執卑幼禮，及門致拜，必抑損下接，不自知其齒德之尊，煦煦爲待予猶子也。其明年，予移疾歸田。雖邈在大江以南數千里之外，而公一身之信厚，一家之善慶，寤寐常佩服于衷也。越七年，邢國年九十。皇上敦老老之仁，特旨錫燕。三宫頒賚，恩貺渥洽，朝臣咸至稱壽，文臣各爲賦詩，而平章政事李公序之，布宣上意，爲邢國爲人瑞。承旨於是以「人瑞」名其堂，而翰林待制鄧侯記之。一時寵榮福祉之隆，君臣父子之懿，賓客僚友之集，京都相傳，以爲盛事，誠曠代所希有者。予不獲供給使令其間，而於江南竊覩鄧侯所作堂記，爲之三復，祇嘆而志其後云。

題李思温舉業稿後

前浙東宣慰司都事李謙父之子思温，往年從予受尚書，凡殷盤周誥、詰屈聱牙，舊注黯闇不明、宿儒嬇嫛難語者，悉暢其義，洒洒可聽，穎然特出，秀于群弟子之中。年二十遊京師，一二鉅公貴人器之，以聞于上，得補國學弟子員。貢舉行，爲應試之文及投贈等作，俱有可觀。假之年，而進進何可量也？不幸嬰疾以歸，竟弗可療。生至元甲午，卒延祐丁巳，年止二十有四。其父痛之不置。卒之明年，予過儀真，觀其遺藁，亦爲之悲感焉。天之生人也，與之才者，或奪其壽，從古以來至于今多矣。是其關於一時之運數歟？抑係於一家之福分歟？嗚呼！

題葦齋記後

齋者，齋居之室也。昔人之名其齋，有曰竹者矣，有曰榕者矣。竹齋者，以其齋外之有竹林也；榕齋者，以其齋近之有榕樹也。齋而名「葦」者則不然。謂以葦爲齋，非若竹齋之在林間、榕齋之在樹側也，而目以爲名也。

葦齋肇於誰乎？儒學提舉李君肖翁所爲也。肖翁種學績文，士流所推服。家于龍興路之富州，嘗教授於州庠，仕而不離其鄉也。及是提舉儒學事於遼陽，則遠違其鄉蓋六千餘里。遠近雖殊，而處之如一。遼東地寒，市葦席障蔽其上與四傍，爲齋居之室，而名曰

「葦齋」。人或哂其陋，而君視之若廣居安宅，然且自爲文以記，謂其中之和如春者，仁也；謂其制之廉隅中矩者，義也。

噫！世之人役外物以奉其身，大率尚華靡而羞簡儉。一有不備，悵悵不自足。衞公子之居室也，其美其完，一必曰苟，無求美求完之心，故夫子稱之。肖翁不欲求完求美，夫豈不能强力以辦一室？而簡儉如此，略不以外物華靡爲意，其識趣爲何如哉？莊子書有「蘧廬」之言，蘧之從草，注者釋爲艸屋。考之字書，蘧不訓艸，艸屋之注疑非。惟從竹之籧，字書釋曰「竹席」，又曰「蘆蕟」。然則籧當以竹，而傳寫之誤以艸也。今肖翁之葦齋以蘆蕟爲之，正莊書所謂蘧廬也與？然莊書以仁義爲蘧廬，今李記以蘧廬爲仁義。予未知其孰賢，必有能辨之者。

肖翁歸自遼陽，與予邂逅京師。予見其所作葦齋記，嘉之如夫子之嘉公子荆，故書此爲其記之左。

題温公日歷藁

温公日歷藁二卷，凡十紙，備見荆公初行新法時事。一卷自正月己未訖二月壬午，一卷自三月壬辰朝訖是月壬子，熙寧三年也。公素善荆公，吕獻可彈文，公甚怪訝。及是，所爲不合公意，始懇懇言之上前，又私書再三往復，公之忠誠至矣。其後公既大用，悉改其法。然荆公卒，猶厚褒贈，且曰：「介甫好處甚多，但執拗爾。」公於國家之政事而故舊之義，始終不踰。噫！孰有能如公者哉？在趙子敬平章家獲覩此卷，因識其末云。

題赤壁圖後

坡公以卓犖之才、瑰偉之器，一時爲群小所擠，幾陷死地。賴人主保其生，謫處荒僻。公嘗痛恨曹孟德害孔文舉，謂文舉不死，必能誅操。其胸中志氣爲何如哉？身之所經，苟有阿瞞遺迹，則因之以發其感憤，此壬戌泛江之遊所以睠睠焉託意於赤壁而不能忘也。不然，夫豈不知黄州之非赤壁哉？「一世之雄，而今安在」，託客之言，公不自言也。水也、月也、道士也，神化奇詭，超超乎遠遊、鵬賦之上，長卿之人何可髣髴其萬一？公之所造如此，而猶不能不有所託以泄其感憤者，何耶？殆亦示吾善者機爾。公視操如鬼，鬼猶可也。當時害公者，沙虫糞蛆而已矣。人間升沉興仆，不過夢幻斯須之頃，公豈以是芥蔕于衷也哉？

魯人范仲寬繪赤壁二賦，而齊人張明德效之。明德儒而通，蓋慕公之文而起者。卷首有東平王間堂承旨敘語。予既因明德之畫而追憶前事，又慨間堂之不可復見也，泚筆而識其左方。

卷六十　題跋

題閻立本職貢師子圖

閻立本職貢師子圖，平章趙公子敬所貯。立本畫品超絶，傳流殆六百年，歷幾貴家，而公得之。是可寶也，亦可慨也。當時此人此獸，中土蓋稀，故圖以示後。今遠方職貢，靡所不有，雖未觀畫，已稔見之矣。

題宣和畫女史箴圖

黄屋之尊，而游意曲藝，筆法精妙，規戒具存。其圖女史箴，與唐開元圖無逸奚異？

昔楚靈王聞右尹誦祈招之詩，爲之饋不食、寢不寐者數日，仲尼嘆焉。今撫此圖，不覺拭淚。

跋葬説後

樂幼成葬説曰：「儒者首當明理。惑於異論，希求不已，累歲暴露親喪，大爲不孝。又買已發舊墳，改掘他人祖宗之骨，而望己之子孫獲富貴，可乎？」斯言有裨政教。夫人子卜宅兆藏親之體魄，以孝先也，豈爲利後計哉？或萌貪欲之心，而便貪欲者之伎；或持貪欲之伎，而蠱貪欲者之心。一則小黠，一則大癡。噫！可嘆已！余是以有取於樂氏之言。

題物初賦序詩後

「吾遊心於物」，此莊子之書述老子之言云爾。後之人曰：「物之初也，物之先也，未有物之時也。」釋「初」爲「先」，訓義乖矣。且未有物之時，而遊心乎是，得無近魏晉清談放曠之習，而使人無所執守、莫可究詰乎？老莊之學不然也。物之初，蓋有所指而言，謂一物之初，非謂萬物之初也。在吾身之內，非在吾身之外也。以吾生身之所從始，故曰「物之初」。遊心物之初者，真人之守規中也。此人身要妙之境，而文士亦或擬之於天地之鴻濛。龍虎山陳自誠嗣老莊氏之學，於此心知既其實，豈徒既其文而已哉！

跋張蔡國題黄處士秋江釣月圖詩

夫言，心聲也。故知言者，觀言以知其心。世亦有巧僞之言。險也，而言易；躁也，而言澹；貪戀也，而言閑適。意其言之可以欺人也。然人觀其易、澹、閑適之言，而洞照其險、躁、貪戀之心，則人不可欺也，而言豈可僞哉？

今讀蔡國張公題黄處士秋江釣月圖詩，超超出塵。言彼之外境，而觀者因以得公之内境也。其澹也、其易也、其閑適也，純乎一真，心聲自然，無雕琢之迹，蓋非學詞章者可到。必其中之有所見、有所養，而後能也，唯陶、韋妙處有此。予敢自謂知言乎？真知言之人，乃知予所知之非妄知也。

題誠悦堂記後

孟子傳子思之學，其言誠身悦親之道本諸中庸。然中庸言順親，而孟子言悦親。「悦」與「順」有以異乎？孟子嘗云：「不得乎親，不可以爲人；不順乎親，不可以爲子。」得親之悦爲得，諭親於道爲順。悦親者，人人可能；順親者，學晞聖賢而後能也。悦者，順之基；順者，悦之極。孟子言悦以該順，蓋通乎上下，而欲使人人可能也。誠身之學則豈人人而能哉？夫一語之不妄者，誠也；一事之以實者，亦誠也。而誠身之學，則不止於一語、一事之誠而已。知性盡心之餘，養性存心之際，仰無所愧，俯無所怍。内省不疚，而無惡於志；愼獨不欺，而自慊於己，夫是之謂誠身。必嘗用力於聖賢之學，乃造乎此。生質之美，素行之謹，雖或暗合，而終有未至也。若夫悦親之孝，則隨人品之高下，人人可以勉而爲。大而三牲八珍之奉，小而啜菽飲水之歡，安其寢處，時其温清；愉其耳目，適其志意，俱可謂之悦也。

東人陳公嚴，家饒財而善事親，翰林學士承旨李公扁其堂曰「誠悦」。以人所可能之孝嘉之，而并以人所難能之孝期之，公之待人也厚矣。公及已逝，子彦微克肖悦親之孝，不忝其人。繼今以往，陳氏之家世世有孝子，加以博文約禮、進德脩業，而至於聖賢誠身之學有得焉，則其悦親也，亦將如聖如賢，又非但如常之人所能者。悦親之賢有若曾、閔，悦親之聖有若舜、文。夫如是，其可謂不負李公之所期也夫！

翰林侍講李伯宗爲陳氏作記，臨川吴澄後識其左方。

王氏瓶花瑞果詩跋

醴泉無原而出，靈草無根而生，世有是事，豈曰無是理哉？瓶水養花，忽結異，果其殆此類也邪？聖人之言垂於經者，皆道其常，而不語怪。惟春秋一經，常者不書，非常乃書。非常者何？變也，異也。

吾觀憲使王侯之先公、先夫人，其於君臣、夫婦之倫，變而不失正，所謂異而非常者矣。有異而非常之人，則其所惑，必有異而非常之物應之，理固然也。抑嘗聞諸先聖君子，於其所不知蓋闕如也，於其言也無所苟。王氏異果之瑞，母之貞節所致歟？子之誠孝所召與？不可得而知也。迹已陳，而推測臆度其由，目不及睹，而想象追賦其事，雖可强而能，然闕其所不知，而不苟其言者，於此亦難乎其爲辭也。

吾欲舍其已往之非常者，而爲侯道其方來之常者，可乎？侯爲義臣節婦之子，朝廷嚮用之意方隆而未艾。侯之德行、侯之功業，宜可傳於千百世之遠，而後無忝於承家之孝、報國之忠，非但齷齪爲廉謹循良吏而已也。夫如是，則侯之一身将爲國家之上瑞，而於一花果之小瑞，又奚足以喋喋多言爲哉？

跋六龍圖

以飛龍在天，騰百川，雨天下，逢此時見此象，而有此妙筆寫之，亦氣數之參會也。蓋建隆庚申後之所作。

再跋曹壁詩後

詩以時論，則周之曹詩殿變風十二之後；詩以人論，則漢之曹詩冠建安七子之先。予嘗爲曹壁序其詩，倐二十有六年矣。曹之年昔三十有八，今六十有三矣。時之易往如此哉！而人之重未可喜也，於是因論詩而論其人、論其時焉。以人歟，不願舉衰漢之人，期盛世之士；以時歟，所願輓下泉之終，復關雎之始也。

題程縣尹光州德政詩後

自封建廢而爲郡縣，郡守、縣令之職猶古之侯伯子男，上之人實與之分土而治其民，民之休戚係於守令之賢否。用得其人，則如擇母以乳子；用不得其人，則如召狼以牧羊也。由漢以來，每以守令之選爲重事。至治改元之初，詔天下舉首令。燕人程侯居仁中所舉，受特恩宰洪之南昌。南昌負郭邑，地大人衆，素號難治。居省府、憲府之宇，雖有長才者，莫能獲展。侯至官，凡有可利於民者，爲之唯恐後；苟有不便於民者，去之不憚難。民有所訴，或曉之以義，使知愧而止；或析之以理，使知不可欺而退。府史不得以售其奸，胥徒不得以肆其横。服屬於官以蠹賊斯民者，咸思棄公役而復民伍。侯之能是者，其美有四：廉、勤、明、敏而已。可謂上不負明詔，下不負舉主哉！

侯之考嘗守洪都，而侯復來宰洪屬邑，其政蓋有光於先者焉。前此侯任德安府判官，以能官稱。會光州有宿弊，民甚困，弊久莫能革。河南省府命侯往治之，侯悉除其蠹根，光民感德入骨髓，爲詩歌以頌者成袠。予過洪，士民談侯之美藉藉。既而有以光民頌侯之詩示予，予喟然嘆曰：「方今主聖臣賢，期措天下於太平。安得如侯者千百人，布滿天下百里之邑乎？」樂道其善，於是書此于光民頌詩之右方。

葬地索笑圖跋

索索索，有心越難得；笑笑笑，無人敢輕誚；
圖圖圖，糢糊復糢糊；跋跋跋，透脱真透脱。

跋任平梁君政績記後

朝列大夫、江西等處行中書省員外郎梁宜彦中，昔爲國學諸生，知其爲美士。公朝貢舉制行，首擢科第。以才優，字牧薦歷數州，皆有政蹟。予於是而喜士類之可用世，又喜儒科之能得人也。

題真樂堂記後

昔伊尹耕於莘野，諸葛孔明耕於南陽，蓋将終身焉。既而被三聘之禮，值三顧之勤，則幡然而改，感激而許，由是出任天下之重，驅馳危難之間。視其前日躬耕舊隱之地若蜩甲蛇蜕，此明出處進退之宜者也。

河間劉君天爵甫，其初非因三聘、三顧而出者。發身儒學，從事政府，遊立治蹟，以至于今，浸浸通顯，且將大用。而悠然舊居之思，乃以躬耕甽畝爲真樂堂記，寫君之心殆無餘藴矣。

夫古人之仕有三：行可，上[二]也；際可，次也；公養，則下焉爾。今人之仕，欲如古之際可，已不可得，而行可何覬也？然則公養而已矣。公養者，不得已而仕也。有志之士，豈以是爲樂乎？而没溺於醉夢，曾不一醒覺者，舉世皆是也。孰有如君之有覺有醒者哉？雖然，仕進榮達之樂，外也；隱退閑適，而假物以樂，亦外也。

劉君自有天爵之貴，其樂也無與倫，蓋不在此趙村之田，而在君方寸間田也。求則得之，在義而不在外，惟此樂之爲真，他樂皆非真也。得此真樂，隱退閑適固樂，仕進榮達亦樂。其爲樂也，不繫乎出處、進退之迹，而根乎仁義禮智之心。斯記之所未及言，君其求之哉！

〔二〕「上」，四庫本作「止」，據文意改。

跋朱文公帖

此朱先生遺金華吕子約書，蓋慶元乙卯之夏也。按先生紹熙甲寅八月被侍講之命發長沙，至中途，已聞近習用事，而憂。比及閏十月，先生去國還家矣。明年春，趙丞相罷。吕子約以論救丞相貶韶州，書云「時事已非所及，不能復道」，則先生之憂可知也。其曰「往者予弗及，來者吾不聞」，乃述屈子遠遊篇中之語。屈子以忠放逐，而蔽君誤國之人方得志，適與先生所值之時同。觀楚辭集注釋此二句，謂「往者之不可及，則已末如之何；來者之不得聞，則世之惠迪而未吉、從逆而未凶者，吾皆不得以須其反復熟爛，而睹夫天定勝人之所極，則安能不爲没世無涯之悲恨！」書中述此二語，而楚辭集注亦成於是歲，先生之意深哉！

嗚呼！忠賢得志之時少，讒邪得志之時多。因先生之書，味屈原之辭，令人悠然感慨於千載之下。後百三十年，大元泰定甲子三月十一日。

題高宗御批後

開封石守信仕周，充指揮、防禦、節度等使，宋初爲開國功臣。子保吉尚主。其八世孫處厚嘗奉高宗御批，以經武郎、閤門宣贊、舍人權發遣袁州兵馬鈐轄，子孫遂居臨江，又徙高安。閤門五世孫珍，字安道，重交游，輕施與，國朝授承務郎、廬饒等處哈喇赤長官。因觀釋典，忽有解悟，脱屣世緣，肥遯家山，築水心道院，延四方三教高人，談空説有，超然出離塵界之外。臨江之士吃吃稱其美。予謂石氏盛大綿遠，前乎宋而已興，後乎宋而未替，非但三百餘年與國咸休而已。人間富貴如春華開落，如浮雲聚散，何足經意？閱歷多者，自能照燭，固不待闍梵師之藩，而後知其爲夢幻泡影也。安道其有見於此哉！

跋子昂寫度人經

予於道家書，自道德、南華二經外，俱不喜觀。今觀此卷，不能不喜也。

題棣華軒記後

翼城張遵信誠之，四歲而孤。其兄篤於友愛，衣食長養之，又俾從師讀書，以底于成才。誠之以其兄之恩，惟恐他日之易志也，請於其師，欲如古人之實生，其以朝夕恒接乎心目。其師侯伯正父名其軒曰「棣華」，而記之以文。

予讀之而嘆伯正父之學，而非記誦詞章之儒所可同也。夫兄弟者，其初一人之身爾，同本而分枝。愛兄弟之身，猶愛己之身也。然本者，吾身之所由以生者。頑夫尚或昧昧而不知愛，况其所分之枝乎？張氏之愛其弟，弟之不忘其兄，皆其良知良能之固有，而豈由外鑠哉？

常棣之詩，周公所作，以爲上下通行燕兄弟之樂歌，樂工歌之於燕飲之時，因寓警戒之意，以明兄弟之恩者也。篇首二言託物起興，而非有深義。鄭箋、孔疏以華之覆鄂喻兄之覆庇其弟，鄂之承華喻弟之承順其兄，則興而又兼比焉。伯正父歷陳末世薄俗傷敗彝倫之事，既足以誅其心，使聞之者愧赧矣。而「棣華」之名，又不專取覆鄂承華之義也。弟之於兄，豈爲其有覆庇之德，而後有承順之恭也哉？天性之愛自然發見，如草木之遇春而生，勃然不可遏也。循性所有，擴而充之，鄉黨稱弟，而可爲堯、舜，亦由是而已矣。幼則敦行厚倫，行其所當然之常；長則傳文窮理，知其所以然之奥。程、朱之爲學蓋如此，誠之其尚反身而求之哉！

跋送范達夫序後

知人未易也。吾有吾之所知，彼有彼之所知。吾能知吾所知而已，彼所知者，吾不能遍知也。然由吾之所知，以知彼之所知，則彼之所知亦吾所知也。豫章范達夫仕廣海憲府有聲，而予未之知。若資陽郭居仁、清江范德機、豫章范舜卿，則予所素知者。昔人之觀人，觀其宗族所稱、觀其僚友所稱、觀其交游鄉黨所稱。居仁、德機，達夫僚友也，而其稱之如此；舜卿，達夫宗族也，而其稱之又如此。以吾所知者之所稱，知彼所稱者之所爲，予雖未知達夫，而今則知之矣。於其慎操守也見其義，於其篤倫紀也見其仁。有義有仁，人道之大綱舉矣。大綱既舉，不待一一見其目之細，而其人固可知也。達夫憲府滿三考，受朝命爲南康佐屬，予又將見其行事之目，以證三君之所稱，猶信。

跋永豐何縣尹德政頌

予家距永豐不滿二百里，雖不同郡，而聲迹常相聞。如縣尹何侯之廉聲政迹，洋溢乎四境之外。予雖在京師，而來自吾鄉之人，亹亹言之不置，予亦獲聞其概。夫今之庶幾乎卓、魯者，同郡有金谿李尹，鄰郡有永豐何尹二人焉。李尹已改除監察御史，何尹之望實如此，匪朝伊夕必爲臺省所奪去。果爾，則永豐之民皇皇以失其慈父母爲戚。噫！吾将何以爲永豐之民計哉？

卷六十一　題跋

題胡志甫墓誌後

往歲於清江皮氏館中，識廬陵胡尚志甫，温然如玉，盎然如春。時已老矣，不知其少年有患難摧折也。讀此誌文，三復惻愴。

題皮濛墓誌後

始予遊南雄之門，濛也方少，氣直量宏，恢恢有父風。豈料其不壽哉！其生之年與吾子同，而月日後，故於其死也尤悲之。孤霖以墓誌示，因識其左。

題思無邪齋説後

程子曰：「思無邪者，誠也。」此「邪」字，指私欲惡念而言。有理無欲，有善無惡，是爲無邪。無邪斯不妄，不妄之謂誠。以大學之目，則誠意之事也。易文言傳曰：「閑邪存其誠。」此「邪」字，非私欲惡念之謂。誠者，聖人真實無妄之心也。物接乎外，閑之而不干乎内。内心不二不雜，而誠自存。以大學之目，則正心之事也。

凡人昧然於理欲、善惡之分者，從欲作惡，如病狂之人，蹈火入水，安然不以爲非；蚩蚩蠢蠢，冥頑不靈，殆與禽獸無異。其次頗知此之爲理爲善，彼之爲欲爲惡，而志不勝氣，間居獨處之際，邪思興焉。一有邪思，即遏制之，乃不自欺之誠也。夫既無邪思，則所思皆理皆善矣。

然一念纔起，而一念復萌；一念未息，而諸念相續，是二也，是雜也。匪欲匪惡，亦謂之邪，此易傳「閑邪」之「邪」，非論語「無邪」之「邪」也。論語之引詩，斷章以取義云爾，詩之本意豈若是乎哉！

豫章熊原翁，以「思無邪」名齋室，或以不二不雜勉之，言固甚美。予疑熊君之未遽及是也。蓋必先能屏除私欲惡念之邪，而後可與治療二而且雜之邪。誠意而正心，其等不可躐。無私欲、無惡念，世孰有如司馬温公？而不二不雜，而猶未至。終身每以思慮紛亂爲患，故程子惜其篤學力行，而不知道。異端氏之不二不雜也，自幼而持戒持律已，絶去私欲惡念故也。不然，諸業未净，烏乎而可以不二不雜乎？

裴朗然詩跋

里中裴顥，資可教，志肯學，才思清俊，而劬於詩。孫履常甫奬之、勉之矣，復以所作示予。顥也，將慕詩人乎？謹循履常甫誘引之意，而進進罔已，其不委蜕插翰而超物表哉？儻欲爲儒，則詩之外，有當用力者。

跋李伯瞻字

伯瞻傳儒術，精國語，又工晉人法書，世胄之良也。此卷以贈昭德，亦其好尚之同者云。

跋麓泉記後

予昔爲醫學余明可教授作麓泉記，今二十五年矣。程承旨、胡司丞有跋語，共作一卷，後被好事者持去。程、胡已亡，不可復得其文。明可以告程之孫、胡之子，就其家集中傳録二跋語。獨予尚偷生世間，於是托欒安邑教來言，蘄爲再書舊記。予因老病，久不秉筆，勉强書之，以答所請。因思程之生月、胡之生年俱後於予，而各先逝，令人感慨云。

跋孫過庭千文

孫過庭所書千文，豫章李衼德明能購得而寶藏之。好尚如此，可嘉已夫！

跋子昂千文

李德明家所貯千文，其一孫過庭書，其一趙子昂書，合二卷觀之，猶二子也。

題遺宋生

青陽公才略術智可以爲能臣，可以爲姦雄，蓋孟德、仲達之流亞。而其所居之時、所仕之國與彼不同，故其所就亦有不同者。然及今三百餘年，尚克傳世。或工辭章，或工技藝，綽綽有聞。豈相國不得遂其志於一身，是以得留其福於末裔與？較之曹、馬，孰短孰長？夫忠厚而光其前，此昭德之所以褒嘉於濟可；英豪而昌其後，亦予之所以欣幸於相國者哉！

題宋列聖御容

嗚呼！自吾父、吾祖而上三百餘年，養生送死於天地覆載之中、日月照臨之下，而不知覆載、照臨之像爲何如也！今於畫繪見之。嗚呼！形不爾妙，萬物之神，如斯而已乎？遺民之子吴澄書。

題朱近禮詩傳疏釋

朱子之注經，詩傳爲最善。學者之窮經，亦唯詩經爲易入。盱江朱近禮喜讀詩傳，隨己所知具疏其下，或有所釋，或有所廣。年未二十，而專攻一經，志可尚已。雖然，經之難窮也，如梯天航海，仰之而彌高，前之而彌無畔岸。繼今以往，志益勵，功益勤；擇而精，語而詳；融會貫通，應無窒礙，庶其可以羽翼先儒之訓傳而無慙也夫！噫！勉之哉！

題畫蓮實卷後

「蓮實大如指，分甘念母慈。共房頭濈濈，更深兄弟思。」讀涪翁詩而觀此，寧不油然生孝弟之心乎？

跋陳桂溪畫册

桂溪陳居士所蓄畫二三十幅，共爲一軸，舊新雅俗俱有。其季子庭祥珍襲之，可謂善保先世所有者矣。

題鍾氏藏書卷

藏書不可以不多，而不可以徒多。洊亂離經之後，人家藏書之多者鮮矣。今聞新淦鍾氏所藏，寧非大幸乎？尚擬過淦，借目録一觀。倘得見所未見，亦此生一快也。

題皮南雄所藏畫

皮南雄得此於徐氏，自識其後，而寶藏之。皮公去世駸駸三紀矣，其子濳示予此卷。予不以見譚之舊畫爲重，而以見公之遺墨爲喜也。

書囂囂序後

金溪余國輔爲其叔弟國瑞作囂囂序，曰：「囂囂云者，内樂重，外樂輕，窮達、得失、遇否不足易其中心素守，優游委蛇，休休然，怡怡然。」予讀至此，爲之廢書而嘆。嗚呼！國輔之識固造於是乎？朱子以「自得無欲」四字推廣「囂囂」之訓釋，國輔乃以三十字描寫自得之氣象，旨哉言乎！聖賢復起，不易其言矣。異時竊窺國輔之學，疑其未透此關。今與國輔别不啻十數年，其學之進，可畏也哉！不然，何其言之精到如是也？

孟子七篇，言「囂囂」者再：一則述伊尹辭聘之美，一則沮宋句踐好遊之非。苟能囂囂，雖聘幣之至，且辭之，惡乎遊？孟子不直沮句踐之好遊，而但語之以囂囂。不明孟子之意者，謂以囂囂而遊也。夫謂囂囂而遊者，猶曰以堯舜之道要湯爾。真知堯舜之道者必不要湯，真囂囂者决不遊也。故其下文有「窮不失義，達不離道」之説，此指囂囂之實而言也。遊也者，儀衍妾婦之爲也，不離道、不失義者肯爲之哉？遊與囂囂之意戾，國輔知之明、言之當，且以固嘗囂囂遊爲悔。學既進，而知昔之非也。然姑爲緩辭，而不遽止叔氏之遊者，殆不以朋友切切偲偲之義而傷兄弟怡怡之情。

國瑞察伯氏之意於言外可也，欲廣其見，不必觀上國故都宮闕山川也；欲壯其氣，不必跋履齊、楚、燕、趙、關、陜、巴、蜀也；欲充其學，不必謁候寓公大人奇才隱德也。向年有遊孔林者，予問之曰：「將何求？」彼應曰：「求孔子之道。」予語之曰：「孔子之道，内求之則在吾心，外求之則在其書，不在孔林也。」夫金谿先覺之第一則陸子也；續千數百年不傳之道者，河南程子也；集伏羲以來群聖之大成者，魯國夫子也。一聖二賢，豈以遊而得哉？難合而易疏，寡同而多異。

國輔備諳遊之况味矣，國瑞其可復襲伯兄之所追悔而不爲者乎？遊之爲遊，外慕妄想也，而曰「内樂重，外樂輕，窮達、得失、遇否不足易其中」，吾不信也。世俗之遊者，曰爲名爲利而已，雖可鄙，而猶不欺也。今以「囂囂」名其遊，詎非借美名以掩其私而爲欺耶？國輔、國賢、國瑞伯仲叔皆文儒，而肯務學，所慮者學末學，而非務本也。倘果能依國輔「内樂重，外樂輕」之三十字而踐行其實，將見金谿之三余猶三陸也，夫何慊！

跋朱子所書陶詩

朱子嘗言：「陶靖節見趣皆是老子意。」觀此寫陶詩四首與劉學古，而卷末繫以老氏之六言，蓋其詩意出於道德經之緒餘也。

跋曾翠屏詩後

翠屏曾先生，先澄之大父二十年而生，大父視之猶父行也。談話數數稱先生名，好誦其詩。澄自幼侍側，熟於耳聞。先生年四十四，預嘉定壬午鄉貢，年五十三時，考官得「江月滿江城」詩，大喜，再預紹定辛卯鄉貢，一時詩名播於遠邇。年至八十三乃終。伯子應鰲預淳祐癸卯貢，仲孫夢魁暨澄同預咸淳庚午貢。後五十九年，先生之玄孫一元持示先生詩藁二帙。感今懷古，爲之惘然，因識其左方云。

跋子昂書東坡王晉卿山水圖詩於熊大樂畫卷後

袁用和得此於鄧少初，甚珍之。然此畫之景非此詩之所言也，此詩之工非此字之所增重也。珍之者，以其畫與？以其字與？以其詩與？

題明皇出遊圖

潞州別駕來歸，定禍亂，安社稷，可爲文皇曾孫矣。友愛兄弟如家人，禮朝罷，每與諸王游。此在開元勤政之初，若未甚害。然古昔萬乘之尊，蓋自省方觀民之外，不輕於出，故曰無非事者。而周公之書亦以游爲戒，何也？防其原也。上無典學之主，下無格心之臣，則視此爲常事而不之怪。嗚呼！豈待天寶之淫侈驕怠，而後可以亡國哉？

題遺廖生

寧都廖國器妻陳氏，生宋嘉定甲申，年二十八喪夫，守節甘貧，以俟其子之長。至元丙子，更革之會，子死於兵，婦亦被掠，僅存孤孫人俊，生甫七歲，劬勞以鞠其孫。孫既弱冠，哀其父死不葬，母去不還，痛苦求之，詢諸遺老，得父骨於叢塚間，聊慰其心焉。零丁徒步往北方，尋訪其母。至揚，知在滄州。至滄，則知母在彼有子，既死而葬矣。欲歸母骨，異父之弟不可，銜哀而復，幾欲無生。而祖母年八十一，再受賜帛恩。及九十有七，公朝旌表其門閭，鄉里咸稱節孝之家。

陳氏康寧無疾，壽未可量。昔陳氏之姑郭得年八十七，祖姑鄧得年九十九。郭没而鄧猶存，陳氏以孫婦養祖姑盡孝。今人俊甚孝於祖母，而陳氏年壽又將過其祖姑。天之所以報，昭昭也。一門之内有節婦、有孝子，爲節婦者，天既厚報之，人俊家禍雖慘，而能爲孝子，天其不終報之乎？或惜人俊未學，予謂不然。夫所貴乎學，豈曰窺鑽故紙、諷誦陳言？下民彝學，莫大乎是也。世之識字觀書，號爲知學，而倫紀墮斁，曾飛走之類不若者，奚足道哉？人俊之孝行本乎天性，若其刻木象母以附父穴，施經侫佛以祈冥福，則禮之所否、理之所無，不爲可也。有人僞作予語以貽人俊，其間不無違經悖教之辭，匪但誣之，且或誤之。甚哉，其不仁也！太府提點孫君好德尚義，以諗於予，爲書此以黜其僞云。

跋陳泰詩後

蘄州路教授陳伯美之子泰，年甚少，勤學而工詩。觀其所作，古、近、五七年俱合度，句有法，字有眼，語有味，意有柢。充而進之，何可量已？雖然，吾之儒學蓋不止此。文者，儒之小伎，詩又文之小技。有最上事業，坦若大路，既有其資，且又有其學，充之夫何難？他伎特其餘爾。詩誠工謹，毋專一伎，而遽自足也。

題文山帖後

益齊鍾先生，與大魁文公同寶祐乙卯鄉貢，此其復書，蓋在初仕之時，故與後來字體大異。用一筆吏，猶且謹審如此，於其小可以覘其大矣。

跋王登甫詩後

豫章王貢士登甫，昔時與清江徐侍郎交游，屢有相倡和之詩。既而時異事殊，宜王詩之多感傷也。夫達於事變，懷其舊俗，此變風之所以見取於聖人。予觀登甫之詩，殆亦古風之已變而又變者與！

跋艾氏所收名公墨迹

鄭郡舊家之居城中久而不衰替者，艾氏爲最。其先貢士君名茂，在宋紹興丁卯、庚午、癸酉三貢于鄉。没而鄉貴侍郎李公墓銘，詩人放翁陸公書丹，倫魁于湖張公篆額，當時稱爲三絶。乾道戊子，以椿年名貢者，其子也。寶慶乙酉、紹定辛卯，兩以彭老名貢，端平乙未與禮部正奏者，其孫也。八十年餘，一門三代，薦名凡六七。既中禮部選而未及仕，豈非天將留其不盡之福以待後人與？淳祐，宋三衢徑畈徐公爲郡守，愛貢士君之曾孫方子、玄孫丑第，獎進甚至，稱其五世盛德。今則其玄孫之孫道孫濟美如初，有子已娶。徐公所稱五世者，且將八世、九世矣。非其積深流遠，何以能若是？

予素聞艾之爲舊家，而不獲識其家之子孫。因見其先世與諸名公交際之真蹟，爲識其左。

題正山詩卷後

詩曰：「淑人君子，其儀不忒。其儀不忒，正是四國。」濟南彭君名淑，字仲儀，而扁其燕處之塾曰「正」。淑者，善之在中也；儀者，美之在外也。有諸中，形諸外，則己正矣。己既正，於正人也夫何難？君任寧都判官，爲政有惠，平寇有功，其亦能知吾夫子之答季康子者乎？

跋文丞相與妹書

一代三百年間，有此臣；一家數十口内，有此女。臣不二君，女不二夫；臣盡節而死，女全節自生；不愧于天，不怍于人，可傳千萬世。卓哉！曼卿出其門，藏此帖，甚珍之。噫！誠可珍也！觀者爲之流涕。

跋張葛狄范四公傳

韓司徒張文成侯、漢丞相諸葛忠武侯、唐司徒狄文惠公、宋參知政事范文正公，四人之功業不盡同，而其爲百代殊絶之人物則一。文成身事漢，而心在報韓仇；文惠身仕周，而心在復唐祚，常人莫能測知，卒克遂其志。故邵子稱其忠，且言忠武扶漢於未造，文正佐宋於盛際，而器局公平廣大，設施精審詳密，心事如青天白日。遭時雖異，易地則皆然。故朱子稱其磊磊落落，無纖芥之可疑也。

張鑑子明類四公行事爲一編，其尚論古人也，識亦卓哉！予是以題其卷端云。

跋唐以方所藏吴司法帖

臨川唐由義以方之高大父貢士君諱必達，字民功，宋紹興二十年庚午預鄉貢，次年不第。又五舉而免解，赴省試，又四試不中而免省，赴廷試，當在淳熙五年戊戌。中間解試、省試之年必有兩科以事故不及試，是以躐至甲辰始赴廷試，未得試而殁于旅舍也。吴定翁仲谷之從曾祖司法君，紹興丙子鄉貢，及此歷二十九年，凡五赴省試，而後登科。唐貢士爲同郡，又爲同年赴對之人。哀其困於場屋，晚節欲就一特科官，而不幸客死。家貧子弱，弗克歸櫬，爲作此帖，懇告在京之鄉人，俾隨力厚薄以助。惻然矜恤之念，形見乎筆墨，至今讀其辭，猶有餘悲，真仁人君子哉！當時署名者二十七，其年與司法君同登科者八，前時登科而在京者五，此外有官而在京者五，不知其官稱者四。計費宜用緡錢六十，而所哀未充其半。二十七人，諾而不讎者有五焉，他人不足責，司法君同登八人之中有其三，所助甚微，而又負己諾。夫事之可哀，孰有甚於斯者？嗚呼！豈其略無仁義之心乎！

由是觀之，范文正、忠宣父子之意度爲何如哉？唐氏襲藏吴司法帖，以示其從曾孫仲谷，谷考之甚詳，又以示予，而予復識其左方。

司法君諱炳若，字文炳。以方尚清雅，不墜文獻之遺。家之方昌，未艾可期也。屈於前者伸於後，理之必然歟？後百四十九年，同郡吴澄書。

題野莊詩卷後

世有身居江海之上，而心乎魏闕之下者；亦有身繫軒冕之貴，而心乎農圃之賤者。一則忠，一則智也。

昔翰林承旨真定董公在家，或聞國政之疵，輒終夜不寐而嘆。野莊圖，凡在宫必攜以自隨，時一展玩，若有意於桑麻稼穡之務而不可得，此豈淺丈夫之所能測哉？嗚呼！世之人跋履崎嶇，衝犯風波，乘危瀕死，而往不休。逮他日追思牽犬聽鶴，則已晚者，其智果何如邪？公之吉德，而姦凶亦娼忌，屢謀加害，賴主知之深，主眷之篤，而彼之計不行。公保身之哲固炳於幾先，所以未嘗須臾忘野莊也。夫其身雖閑退，而其心每憂朝中者，忠臣致身之義；其身雖仕進，而其心樂野外者，智士存身之道。忠與智，公其兩全也。

題袁學正先友翰墨後

昔柳子厚記父友之姓名於父墓之碑陰，使後世知父之所交，皆一時名人也。今袁梅瑞用和於主一君交際往來之人，凡書問尚存者，類爲一軸，惟恐失隊，亦以表其父之所交有若人也，蓋猶柳子厚記先友之意云。

卷六十二　題跋

題遺方生

生物有一本而無二統，恩義有相奪而無兼隆，此理也，亦禮也。理者，吾心之所固有；禮者，古訓之所昭垂。世有不幸當人倫之變，而不得以蹈天理之常，則權其輕重而處之，以復於正，俾於心而安，於義而可，斯已矣。或事勢無可柰何而不能然，將泯默抱恨以没齒，寧復敢宣之於口以語人也？此其志之可悲者夫！

若閩士宗義之二姓，亦人倫之變常者也。宗義宜如之何？曰：從陳族之長擇一人後其舅，而已歸于方。倘無人可以爲後，則於方氏家歲時爲墠，以祭其舅，至終身而止。如是，其亦庶幾乎？噫！東晉以後，南北分裂，果何等時耶？而當時猶有專攻禮學之士，稽諸禮疏所引、通典所載可見也，亦且間有通達禮意之婦人焉。以今日文物盛多之會，承前代義理大明之餘，曾謂無一學禮者哉？噫！

題蕭道士父示兒詩後

身爲道士，弗獲養親，於親之生日饋尊酒，親心驚喜，作示兒詩。傳至予所，遂爲古今世變而發一慨。夫道也者，父子之親居其首。漢初以老氏清静之教爲道，而古聖人設司徒以教人倫，但名儒家，不得預道之名，列在道流之下。雖然，老氏言道，亦曷嘗廢父子之倫哉？其後出家棄親，一效西竺，而曰道士，固如是乎？因子之有饋，父之有詩，而知民彝之不可泯也，是以識于其詩之左方云。

龔德元詩跋

龔德元詩已窺簡齋門户，闊步勇進，由是而升堂焉，而入室焉，可也。

題李伯時九歌後

往歲洪守毛侯以所藏李伯時畫九歌詩本見示，予爲作跋語及歌詩。今譚觀又持此畫至，豈能復措一辭？得善書人寫予舊跋詩于後可矣。然世之好者，好李之畫而已，非好屈之文也，誰更論原之心哉？予言贅疣爾。

跋朱文公與程沙隨帖

朱子手筆，人得之者固多。此書與沙隨程先生，其間質正孝經疑義及易疑義，則非泛泛往復之書比也。沙隨先生經學精深，朱子多取其説。於朱爲丈人行，故朱子以師禮事之。書中所質孝經之疑，程答書云：「近見玉山汪端明，亦謂此書多出後人附會。」朱子然其言，載之於孝經刊誤。夫朱既不自足而質之於程，又不自有而推之於汪。前哲爲學，取長於師友而不自恃蓋如此。

題王晉初所藏畫

予每見好畫，爲程子之戒，不敢收蓄。今觀晉初所寶，頗樂而玩焉。豈亦猶有獵心也歟？

跋朱子慶元己未十二月四日與益公書

聖賢之道不幸不行於當時，猶幸其得明於後世也。朱子以慶元庚申之季春卒，此書貽丞相益國周公，乃己未之季冬，相距四月爾。當時僞黨之禁如燬，殆甚匡人、桓魋之厄。及至我朝，表章崇尚，與元聖俱，何其幸歟？雖然，尊其道在乎上，明其道在乎下。上之人尊之則至矣，下之人亦或明之否乎？夫見此遺墨而愛重焉者，愛重其道也。朱子之道，豈繫此遺墨也哉？有已陳之迹，有常新之心。舍其已陳而得其常新，朱子之所望於来今也。

跋地理書後

大山山人手地理書一卷来叩，予閲之，有舊術焉、有新術焉。掇拾青囊之緒餘，爲是詳說者也。抑聞青囊不如黑囊，山人得之青囊之詳説，而加以黑囊之巧視。大而不遺千里，微而不差一毫。雖昔之楊、曾復生，不過如是而已。山人爲誰？吾里中故人之子，袁其氏。

題李襄公槐圖後

人與物，異類也，而同生天地之間，其氣固流通而無間。治世之人康樂，而物之生也亦豐榮；末世之人勞瘁，而物之生也亦凋耗。大而關於一世之盛衰者如此，小而關於一家之隆替者蓋莫不然。觀田氏之荆，足以驗其家之雍睦；觀高氏之柳，足以兆其家之貴顯；觀王氏之槐，而知其後之必爲三公也。一氣之流通，自然而然者。

江寧李氏，宋南渡前，仕宦之多甲於一郡。太師、襄國公諱宗，慶歷六年進士，内仕至寶文閣待制，外仕至西京留守、高陽關路安撫使。子六，喪其一，存者五。公手植槐一株，垂三百年，柯葉扶疏，一幹而五枝，第四枝尤茂。公之五子曰中奉大夫參、曰光禄大夫路、曰參知政事回、曰通直郎耕、曰奉直大夫若。通直官最卑，而儒業之傳續至于今不墜，槐枝之獨茂，若相應云。

通直之子澤，其孫繼勳，其曾孫如德，其玄孫彌堂。来孫銁，淳祐十年進士，官至承直，質資純雅，明六書，正俗字之訛。承直二子：養源，繇路教授得縣主簿；養浩，不仕。東、桓、棶、彬、森、楚，其六孫也，俱俊秀，可以世其科。

至元間，予客金陵，及識承直，既而識其諸孫，獲觀畫史所寫襄公槐，蔥欝可愛，竊謂類同氣之相感應也，其理異微。物之應者，氣動志也；人之感者，志動氣也。承直諸孫才矣，儻其臻於體信達順之道，而不局於言語文字之學，則一身之和、一家之和煦嫗充溢，無物不欣欣焉，槐其一爾。應而復有感，感而復有應，李氏之隆，殆不止如今所觀。然此未易爲寡見謏聞者道也，尚因予言而究極之哉！夫如是，承直其有孫矣乎？

跋陳氏丘〔一〕隴圖

中原之族，墳墓至今猶古也；南土之葬，墳墓得聚于一處者鮮矣。蓋其偏方土薄水淺之地，不得不然。雖仁人孝子之心有所甚不安，而卒亦莫能變其俗者。其説甚長，未易一言盡也。

盧陵陳君景福，宦遊無寧日。始家于吉，後寓於贛，葬其母於贛。每以二親之葬不得合一爲戚，又以不能在家守墳墓爲憂。形而於圖，時一展視；聲而爲賦，辭極悽惋。藉是聊以塞其戚、紓其憂，此其中心孝慕之誠不能自已者也。仕東廣憲府，上事於臺，予在金陵見其所繪之圖、所作之賦，惻然憫之，而不能爲之謀也。

噫！古者仕不出鄉，不得已而去墳墓，則踰境必哭，以喪禮處之。今四海一國，無踰境之事矣。然宦遊去家之遠，幾同昔人去國之悲。終身爲田舍翁，浮沉閭里則可；苟有

〔一〕丘，四庫本原作「邱」，因避孔子諱。現徑改，下同。

四方之志者，其悲殆不能免，固末如之何也已。陳君姑竢他日宦成而遊倦，息肩贛寓，母墳旦旦在目，父葬不出三百里外，時往拜掃，無難也。四時祭祀得如常禮，而於心無不安焉。於斯時也，此圖、此賦焉攸用？

題李太白墨迹後

昔年嘗觀謫仙所寫愛酒、大夢二詩，喜其豪宕邁逸，因嘆其仙才美。但意其於仙道或未之聞，人頗不滿吾言。今又獲觀元丹丘歌墨蹟，神奇鬼怪，尤怪其然其然。信乎！超出八極之表矣！嗚呼！世亦安得復見斯人哉？仙才也夫！仙才也夫！

題耆英圖後

至治壬戌，上距元豐壬戌二百四十一年矣，至今尊慕洛社耆英，何也？韓、潞二相元勳碩望，極品大臣，重厚謙降，略無一豪富貴態。同會九老，里居常流爾，而温温接待，未嘗懈慢。盛德如此，其位冠一時、名香後世宜也。小器易盈之人，名位未崇，驕倨已不可近，視二公相度爲何如哉？瞿然一寒，坐次最下者，不數年間亦踵韓、潞相業，無他，德相似也。

跋趙子昂書麻姑壇碑

顔魯公麻姑壇碑在吾鄉，舊碑爲雷所破，重刻至再，字體浸失其真。今觀趙子昂所書，妙筆也。顔字、趙字并出於王，或勁正如端笏重臣，或俊媚如時妝美女，二者各臻其極。然顔學王，而字與王異；趙書顔記，而字與顔異。非深造閫域，不能知也，後之君子必有工於評者。

劉時中、王豈岩俱學書而善書，此帖趙以畀劉，劉以畀王，蓋其所好、所識相伯仲也，是以轉相授受云。

跋洪母熊氏傳後

翰林學士元明善作臨川洪耕母熊氏傳，明善於人不輕許，其文不易得。有此特筆，洪母蓋賢矣哉！書者翰林承旨趙孟頫，篆者集賢大學士郭貫，允謂三絕。澄與耕同郡，故識其後云。耕今提舉江西等處儒學。

題湯教授復學田詩後

昇學沙洲之田，近年有權勢者奪取以畀其下，一時職教者甘心奉之。在後竟不復問，無它，罷嫚者不能，畏懦者不德，亦或因之爲姦利者有焉。今教授湯君至，慨然以剔蠹剗敝爲己任，謀復其所失。要路有人主之于其上，故其復之也始雖甚難，而卒若易。田既復，諸儒咸喜，歸功於教授，作詩以美之。教授曰：「上官之賜也，吾何力之有？」噫！

湯君之於是事能有功，而不自有其功，是可嘉也。其善不可以不書，故書於諸儒美詩之後。

題趙子昂臨蘭亭帖後

馮昌大世扁、倉之業，而書羲、獻之字。以趙子昂今之羲、獻也，得其所臨蘭亭帖，寶之如金玉，其伎藝家之清流也已。

題皮疇小字四書後

皮疇病在膏肓，而其父以其所寫小字四書示予。父之慈，宜速求善醫、善藥以療疇之病。俟病愈，予有與之言者。

跋牟子理感論

或毁仲尼，吾徒曰：「人雖欲自絶，曾何傷於日月乎？」世有謗佛之人，使佛之徒能如吾徒一語足矣，奚事多言？疎山雲住師寄示此編，予觀之，蓋近時所撰。牟子者，寓言爾，非真有是人也。

跋張丞相護佛論

宋東都之季、南渡之初，儒而最通佛法者有二張焉，丞相商英、侍郎九成也。今觀侍郎之言，精神飛動，不作佛説，而能使人恬不自覺以入于佛。若丞相此論，則厲聲色，與人争辨矣。不知二張於佛所得孰深，住師其以告我，噫！人苟知佛法如天，又何以護爲哉？

跋章貢嚴盾書説

書經惟後晉增多二十五篇之文明白曉易，其先漢伏生所傳者則詰屈難讀。章貢嚴盾篤志嗜經，博覽深探，於書有説，略述梗概，如金屑花片，雖未底渾全，然嘗鼎一臠，已可知已。予也猶願覩其書之成。

跋黄縣丞遺迹後

宋樂安縣丞黄先生特科出仕，清介自持，晚節避世，不污全名以歿。宋末之小官能如是者鮮矣。予嘗客其門，耳聞正論不一；觀所著辭章，概可見其志操。此編自述先世名字行次、生死年月與其葬處。施及傍親外戚，蓋唯恐子孫日遠日忘，而有所不知也。孝慈敦睦之情，藹然溢乎筆墨之外，其厚於倫紀爲何如哉？又欲效柳子厚作先友記，肇端而不及竟，其叔子革謂先君手澤唯此僅存，將刻石以貽永久，俾世世適長孫掌之，幾不墜遺。予反覆三，而嘅前脩之不可復見也，欷歔而識其卷尾。

題東溪耕樂圖後

至治癸亥，趙公季明偕予待命翰苑。其年四月，季明至官；迨秋，遄以疾去。六月，予始至官；越三年，泰定乙丑秋，亦以疾去。予家于野，農夫晨夕雜處。丙寅之春留邑，偶值連日雨，喜膏澤霑足，土脉憤興，思欲歸視畎畝犂鋤之事，阻泥濘，未行。有客來自許昌，携示東溪耕樂圖，圖後繫以季明詩賦四篇。玩誦之餘，悠然有契於心。耕田歌謡練農業，可與豳風七月并傳。能憂衆人作苦之勤，又樂一己田居之逸。憂與人同，樂非己獨，庶幾先天下而憂、後天下而樂者乎？顧予老病無用，雖不獲久相從於玉堂雲霧之間，繼今倘遂北游，共談稼穡於東溪烟雨之外，亦此生一快也。

題蘭亭臨帖

用剡溪紙臨蘭亭詩序，字法雖與他本不同，好事者俱收并蓄，亦可以充寶玩之一。若必欲追考其所由来，則不可知矣。

跋臨本蘭亭

蘭亭真蹟不在人間，所傳臨本不一。以上十紙字體各殊，互有優劣，有眼人擇其逼真者而學之，斯可矣。

跋徐僉書御製後

豫章徐可携示宋思陵所賜徐僉書俯宸翰一幅，及僉書之仲子榕所受誥命兩通，此其近祖；宋初散騎常侍鉉，則其遠祖也。徐氏歷五代至宋南渡，代有聞人，鼎臣、師川俱以文學著名，垂後不泯。於今猶存前朝所賜、先世所受，蓋難矣。可字可聖，敦樸多藝能，亦不忝其先者乎！惜年踰五十而無嗣，所存家寶，其尚擇族從中之賢子而畀之哉！

題秦國忠穆公行狀墓銘神道碑後

故太傅、録國軍重事、開府、宣徽使、大司農、太醫院使、贈推誠佐理翊戴功臣、太師、上柱國、秦國忠穆公，西域竺乾國人。自少得侍禁密，眷注甚隆；歷事四朝，尊爲國老。官至極品，生榮死哀。今臨江郡侯，其第五子也。以公所受制命及行狀、墓誌銘、神道碑萃成一編，鋟木以傳。

夫公之行事，國史載之矣，而郡侯又顯揚之若是者，將俾遐陬遠民咸知公之盛德大業也。嗚呼！秦公，國之忠臣；郡侯，家之孝子。澄忝嘗預史官，見公一門忠孝之美，樂於道之，是以識其編末。

公諱鐵柯，郡侯名益馬云。

跋陳吾道贈言後

陳吾道善琴，昔年嘗聽其聲，唯恐妨吾到空同之夢而不欲聞。自後塵緣不斷，混混埃𡎺中，竟未能償吾願。今十有九年矣，而吾道再至，無可掩吾之羞，乃謂之曰：「吾且詣廣成子所，一見遄復。子其携無弦之琴而来，吾將以無聞之耳而聽，當賞吾之知音，不待黄金鑄鍾期也。」

跋皮氏所藏蘭亭

皮氏一門，若尊若小俱知寶此，子孫其將世有善書者乎！

題伏生授經圖

伏生所授二十八篇，真上世遺書也。東晉後以增多之書雜之，今之儒者或莫辨別，闇亦甚哉！

題采薇圖

韓子曰：「當殷之亡、周之興，武王、周公，聖也。以天下賢士與天下諸侯往攻之，未嘗有非之者，伯夷、叔齊乃獨以爲不可。殷既滅矣，天下宗周，耻食其粟而餓死，夫豈有求而爲哉？適於義而已。聖人，萬世之標準也。二子獨非聖人而自是，信道篤而自知明，特立獨行，亘萬世而不顧者也。微二子，亂臣賊子接迹於後世矣。」韓子之言如此，後人復何言哉？采薇之歌，其辭鄙淺，蓋好事者托之，太史公輕信而誤取焉。

題南廟王太尉禮神文

昔三閭大夫見楚巫樂神之歌鄙褻，於是更定其辭，九歌是已。今郡邑皆有東嶽祠，祠以王太尉配食。崇仁縣南之祠尤靈異，徼福者朝夕奔走。太尉不知何時神，嘗聞鄉先生寺簿黄公云，蓋王文正公旦也。文正公太平宰相，功在社稷，澤被生民，唯天書一事，律以大人格心之道，不無憾焉。扈從定陵，東封岱嶽，恩陞太尉，其食於嶽祠也固宜。

友人吴叡作禮神文，實寺簿公之説，其辭雅，則其祀匪淫，亦屈原九歌類也。江西等處儒學提舉司吏目彭壽繕寫成帙，而以示予，爲誌卷末。

跋趙武德墓誌後

趙書記神明之胄，今爲清門。獲覩其先世武德公墓誌，百有餘歲，周、楊二鉅公手澤如新，猶可想見風流餘韻。嗚呼！天之未喪斯文與？書記之不墜其世也可尚已。

題臺山遺稿後

余讀宋待制金陵李襄公詩，至神宗挽詞，喟然嘆曰：君者，臣之所天也，資於事父方喪三年，其義不亦重乎？公於君臣之義著矣，當時文章妙一世者，或有所不如。何哉？夫詩以厚倫爲本，倫之不厚，詞之工也，何取焉？未聞臣之於君而可薄也。公其得詩之本與？公之第五子通直最工詩。詩有唐人風致，七言絶句尤長。

予於其家見所謂臺山遺藁，吟諷累日，志其左方而歸之。通直諱耕，字耕道。

跋江徵君書思無邪三字

曹南江君玉藏其伯父徵君所書「思無邪」三字爲家寶。古人誦詩三百者必達於政，「思無邪」三字，又三百篇之綱要也。君玉官于郡、掾于臺，政俱可稱，其受用此家寶者與？徵君嘗仕侯藩，號觀察使。至元之間徵至帝庭，以直言忤時而退。素名善書，玩其心畫，亦可想見其人。

題孔檜圖

孔庭古檜，舊聞夫子手植，叔世遭燬，疇不爲之感傷？得其燼餘，或刻以爲像，或斲以爲器，尊之、貴之、愛之、重之，而又圖寫贊詠，以相傳播，于以見魯俗之厚也。雖然，聖人所以遺後，猶有大者也。假諸物以像聖人之形，未必得其似；求諸己以會聖人之心，即可得其真也。其可尊、可貴、可愛、可重，蓋超出乎形器之外，豈徒一木之所遺者而已哉！有能思及於此否乎？

卷六十三　題跋

跋静安堂銘

古今人言「静」字，所指不同，有淺深難易。程子言「性静者可以爲學」，與諸葛公言「非静無以成學」，此「静」字稍易，夫人皆可勉而爲；周子言「聖人定之以中正仁義而主静」，與莊子言「萬物無足以鐃心故静」，此「静」字則難，非用功聖學者，未之能也。大學「静而後能安」之静正與周子、莊子所指無異，朱子以「心不妄動」釋之，即孟子所謂不動心也。孟子之學先窮理知言，先集義養氣，所以能不動心；大學之教窮理知言則知止，集義養氣則有定，所以能静也。能静者雖應接萬變，而此心常如止水，周子所謂「動而無動」是也。安則素其位而行，無入不自得之意。

予讀静安堂銘九十六言，最喜「艮止其背，萬物之鏡」八字爲其義，竊觀長沙易先生於書之禹貢、禮之周官，説皆精緻，卓然度越諸家。而程子所續孟子不傳之學，則有未數數然者，故予每取其所長。

鐔津文集後題

儒者之學，一降再降，而爲詞章。漢賈、馬，唐韓、柳，宋歐陽、蘇，遂挺然獨步，得以稱雄於百世之下。佛教自達磨西来，離去文字，真露真秘，由是悟入者，一彈指頃，超詣佛地，卓乎其不可及已。其徒口舌機鋒，銛利捷巧，逢者披靡，莫之敢膺。然未有操弄豪管，若儒流之滔滔衮衮演迤於詞章者。

鐔津嵩仲靈，生值宋代文運之隆，與歐陽、曾、蘇同時。才思之瞻蔚，筆力之横放，視一時文儒不少遜也。噫！世間多少魁傑人，在佛氏籠罩之内，如嵩者，豈易得哉！其文之行世久矣。疏山住半間，重繡諸梓以傳。蓋喜其教中之有是人也。昔歐陽公一見而推獎之，予亦曾聞而嘉嘆焉。倘論詞章，當爲佛徒中第一。或問「嵩佛法何如」，予儒流，弗能知。弗能知，請俟它日質之半間師。

跋婁行所敕黄後

廬陵婁天章藏其八世祖奉議公敕黄一通，出入與俱，罔敢失隊，爲人子孫當如此矣。今日六品官以下，所授敕牒與前代敕牒其文同，其用黄紙書亦同。然昔也有敕，而又有誥，今則無誥，而但有敕，存之可以考古今沿革之殊，可以表子孫保守之謹。天章年甚少，才甚俊，文藻麗而思泉湧。值今貢舉取士之時，擇科階仕易易爾，方將得今日之新敕，豈但存先世之舊敕而已哉？抑又有説：敕者，人爵之榮，於其舊者而能存，於其新者而能得要，皆身外物也。人之一身，先世遺體，天爵之貴具焉。保守其身，不尤重於保守身外物乎？夫子言孝，立身爲大。立身者何？行道於今，揚名於後。有天爵之貴，非止人爵之榮也。果能立身而揚名天下，世世稱之，曰婁之後有聞孫，其光於奉議也，殆將百倍於常人。天章字行所，才可以及是，故予諄諄焉督其進。

跋徐侍郎文集後

宋兵部侍郎清江徐公，文章政事俱可稱。遭值末運，言不獲用，志不獲伸，國亡而身亦隕。平生著述因兵亂散軼，公之子幼學百計蒐輯，十僅得其一二。予嘗序其篇。後十有七年，公之孫鎰持刻本過予，曰：「先人錄先人侍郎集，未竟而卒，鎰暨弟九成重加釘定，成三十卷，集外所遺及大學、中庸説候續纂爲一編。」予披玩三日，凡公未用之言、未伸之志，莫不洞見其底蘊，不特嘉嘆其文章而已。嗚呼！名臣之後有子有孫能若是，侍郎公爲不亡矣。復識其左方云。

題聚星亭贊後

聚星亭贊，朱氏爲考亭陳氏作也。今脩江陳氏得此圖於朱子門人胡伯量之家。澄按，宋紹熙之季，趙忠定公汝愚將立寧宗，時韓魏公之曾孫侂胄知閤門事，嘗令白事高宗吴皇后宫。事成，侂胄謀建節。忠定以爲右戚不當言功，侂胄怨恨，群險朋附之，遂傾趙相，竄永州。慶元丙辰春，殞于非命。趙之死，由侂胄也。

士人敖陶孫有詩閔趙曰：「九源若遇韓忠獻，休問如今幾世孫。」趙相既死，韓權益熾。朱子褫職罷祠，號僞黨魁。此贊之作在庚申春，未屬纊前兩月。所謂「仕守之難，古今共嘆」，蓋爲侂胄發也。

澄舊題二詩，其一曰：「真人此日暫東行，曾柰黄星漸次明。二姓聞孫竟如許，一天瑞氣落西營。」其二曰：「魏公勳業照乾坤，太史曾占五色雲。三拉敖家詩裏淚，始知亭贊意殷勤。」適再見此圖乃寫前所題二詩于左，而歸之脩江之陳。

題東坡所寫墨竹

雖細稍低葉，下近塵土，而鉅竿老節，慣傲雪霜。于時，坡翁居多竹之地三年矣。

題子昂仁智圖

「仁者樂山，智者樂水」，先儒謂非體仁智之深者，不能如此。雖然，仁者見之謂之仁，智者見之謂之智，各隨所見，均是仁智，豈必與尼山、泗水同哉？子昂所圖、子昂所見爾，以遺太乙劉師，别有見。玉笥仁智堂道士從劉得之，又玉笥仁智堂之仁智也，師劉者羅環中。特以示予者，羅之徒孫周常清。周而羅，羅而劉，劉而趙，曰仁曰智，其見同乎？異乎？予弗及知也。方將循其支、探其本、遡其流、尋其原，以上達尼山、泗水。

周今往上清，上清之山水奇矣，其中高人仁智何若？予亦願參焉。

跋玉笥山圖

名山道宫，其形勢之奇、人物之盛，可與上饒龍虎山儔儷者，江西有二，俱屬清江：閤濶也，玉笥也。余夙有山水癖，又喜共方外畸人語。五十年前，於驛路望見龍虎山；四十年前，曾至閤濶；二十年前，至玉笥之傍所謂太秀洞天者，而獨未能一至玉笥焉。

道士周常清持示玉笥承天宫圖，覽之欣欣，若游於其間然。予之游山，非但樂其形勢，亦欲識其人物。向游太秀，亦爲尋訪隱者，不遇而退。承天有超世之士，爲誰？常清一一告我，予將往問。

跋謝尚書墨蹟後

宋南渡後，古文清江謝尚書爲首稱，而其文無集，不可悉見。龍山西福寺，謝公平昔熟游之地。嘗爲撰雲海衆堂記，文刻在石，而墨蹟照寺，中間流落它處。大德丁酉，寺僧充齊再得故物於既失之餘，襲藏唯謹，可謂知所重者。齊又醫藥濟人，是能以佛慈惠心爲心也。齊之上普慧，通儒佛書，副講主席；其上師乘，又其上與俱。俱師號不群，乘師號梅山，慧號愚泉，齊號石厓云。

跋劉忠肅公與朱文公帖

劉忠肅公，朱先生之父黨。先生以乾道丁亥冬除密院編脩官，劉書稱先生爲編脩，當是次年戊子之秋作。劉公憂江淮兩浙水旱，豫爲歉備。其年建寧亦饑，且繼之以水災。又明年秋，而先生丁母憂矣，此書蓋在前也。

跋李公釋尚書帖

李公釋尚書初年受發運使楊佐薦改秩，公推其友劉琦。佐曰：「不見此風久矣。」遂并薦焉，議者兩賢之。當時且以公之讓善爲難，而况于今？適值廬陵李一初二公手帖，因藏書而及公此事。千百世之下，亦有聞公之風者乎？

跋鐔津文集

鐔津文戢戢如武庫兵，汹汹如春江濤，僧契嵩所箸述也。在宋慶歷、嘉祐，正當文運之隆，敢出其技，馳騁章甫逢掖之林，肆口而言，肆筆而書，縱横雄放，莫或能嬰其鋒。噫！天之生才也，何所限極哉！佛家者流，而有如斯人者乎？踈山雲住師取其文鋟諸木，期以傳久遠。蓋喜同類中之有是人也。噫，誠可喜也。雖然，文儒則可，佛法則未。

跋吴君正程文後

往年予考鄉試程文，備見群士之作。初場在通經而明理，次場在通古而善辭，末場在通今而知務。長於此或短於彼，得其一或失其二，其間兼全而俱優者，不多見也。金谿吴氏家世以儒科顯，君正出示程文一編，三日所試之藝悉具，純美暢達，無施不宜，可謂俱優兼全者矣。不特程文然也，於文能儷語，又能散語；於詩能近體，亦能古體。才贍而學周若是，倘命足以符其才，豈有不遇者哉？君正名應子。

跋子昂楷書後

至元丙戌冬，予始解后子昂於維楊驛。明年在京，每日相聚，爲予作字率多楷書，不令作行草，與今此卷字體一同。人但見其後来寫碑文之字，乃疑此卷非真，是未嘗悉見其諸體字様也。

題四君子贈疏山長老卷後

李俞、周昶、薩德彌實持憲江西，可稱無疵，蓋鳳凰中之鷹隼、麒麟中之獬廌也。在都中予未及識，然禪解盈紙，其出世間法，不知與世間法何如？四君子是同是異，而於疏山雲住師俱厚善，畢竟各有同處。

又跋朱子墨蹟

朱子葬母祝令人之地得之西山，蓋其家每欲得葬地，則必求之西山也。

跋朱子書後

此朱先生母令人祝氏與其内親，而先生爲母代書者。

題耕樂室

鄭子真耕於巖石之下，鄧子真慕之，而扁其室曰「耕樂」。苟樂矣，耕可也，釋耕而仕，亦可也。非以耕爲樂也，雖耕，亦不害其樂也。子之樂也如之何？

題韓魁公墨蹟

嘗觀東平府學碑，富鄭公書，其字端謹莊重，不作嫵媚婀娜之態。韓魏公此帖亦然，而加勁健。二公事業不在於字，而觀其字畫，亦可想見其爲人。

跋李公遺墨

制參李公年二十有四擢進士科，五十有六而值歷運改，浮湛隱約，吟詠自怡，垂三十載乃終。里中易先生伯壽甫，儒而逃於醫，與公同生嘉定辛巳歲，相好如兄弟，過從倡和，未嘗旬月疏逖也。公之手簡往來，意真語質，雖待先生之子濤，禮視朋友，不以父黨自居也。濤收拾公之詩詞手簡大小百餘紙，集成一編。不惟它日易氏子孫得見當時二父交契之情，而鄉人觀之，亦足見前輩慊厚之風，可以敦薄而寬鄙，於世教非小補也。濤字景源云。

題崔氏孝行詩卷

真定崔使擢卿相繼宰兩邑，建平而崇仁，俱有美政。昔得之傳聞，今得之親見。適一二客来過，周行東西南北之人也，頗通四方政俗，善評一時人物。相與聚談，其一曰：「崔侯何以能若是？」其一曰：「史侯，喬木故家也，同知真定路總管府事之孫，兩浙江淮漕運使之子。史、崔，真定巨室，二姓世爲婚姻。侯，丞相史忠武公之孫婿。其舅兩道宣慰使，則丞相之從子；其外祖五路萬户，則丞相之昆弟也。内外兩族，仕宦赫奕，世德可師，家範可采，固與寒門新進之居官者不同也。」

而予之子文留邑，日從侯游處，携侯孝行詩卷以歸。蓋侯初仕常孰州判官，居家養母，寧不赴官。士大夫嘉其行，有詩頌美者累数十，余獲觀之。夫以天性之愛根於心者爲重，人爵之貴加於身者爲輕，古人之常事，今世則希有。侯能爲今世之所希，由其資識之超於人也。孝者，百行之首。居家而孝於親，則居官而慈於民者，餘事爾。侯之行爲孝子，其政之爲循吏也宜。

題李氏世業田碑後

青塞李氏，其先魯人。宋靖康、建炎間避金難，轉徙而南。顛頻十數年，始履吉之境。當時閔恤流民，令所在郡縣安養。李氏自出力闢曠土，得田四百畝。請于官，官畀之爲世業，於是自記官事，勒石以貽永久，期與子孫宗族共享公上之賜。又推所餘及親故，處心蓋廣且遠。并載給田守倅令佐姓名，示不忘所自。時維紹興八年，記之者李興時，書之者其族父知建昌縣李德祥也。終宋之世，田屬李氏。

大元營田司立，乃奪而歸之官。李之子孫輸租耕其田如昨，舊碑亦被人竊負而去。幸猶有墨本存焉，裔孫業圖再刻石，以不墜祖之所付託，而予爲書于碑陰。嗚呼！紹興而至元，百五十年爾，田之有予有奪，彼一時也，此一時也，爲之民者如之何哉？事之已往者已矣，未來者自勉可也。業其倡率宗族，人人强爲善。苟爲善，子孫必有興者。其興也，將有光于前，而四頃之田、一片之石已失者，又奚足芥蔕于懷也哉！

題夏幼安更名説後

蘭谷夏幼安於其舊名有所不安，而一更之，遂以字行。勇矣！予嘉其更名一事之勇，而慮其施之於他事皆然，則不能無失也。謂之曰：人能勇於去其所不安，可也；而輕於就其所安，不可也。蓋勇而重者多得，勇而輕者多失。勇固可尚也，然識爲先，勇次之。勇者去其所不安而不吝，識者就其所可安而不誤。審其所安，的見其可而後遷，有識有勇者能之。不然，一時之輕，他日之悔。見其不安，則將又更之乎？此易之頻復所以不勉於厲也。慎之哉！勉之哉！

跋吴氏家乘

金陵吴梓之大父德和甫，暨父堯章甫，暨母王氏夫人，俱得當代能言者銘墓，繫之以名勝哀挽之辭爲一編，藏于家，志顯親也。不唯是，日夕孳孳，工文飭行以思自厚其躬，其於顯親也，又有大焉。吴氏有子哉！

跋金陵吴承信建炎四年户帖

此帖百八十三年矣，而保之至今，吴氏子孫其賢乎！噫！承信公之所積可知也。宗家子其謹識。

題剛簡胡公印歷

往年於剛簡公家，見其奏藁，讀之流涕，爲綴數語于後。今在洪，又見其印歷，觀畢愴然。

跋李平章贈黄處士序詩後

平章政事李公以公輔之尊而友處士之賤，贈之以詩章，重之以序引，可謂忘勢謙己者矣。然君子之言皆寫其心之實，表裏無二致也。公之詩云：「逃名君笑我，伴食我慙伊。」善哉言乎！蓋亦一時姑爲是言而已，非實以人之笑、己之慙而懼者也。使公果能惕然於人之笑、慊然於己之慙，則其相業宜不止如後来所觀。序所謂「終當借五湖舟，訪予於空明渺漭之際」，晚節而踐斯言也，豈不高出一世也哉？噫！

跋河南程氏外書

昔大程夫子仕上元縣，故建康有明道書院，以祠二程。近年行臺治書侍御史郭俟，嘗命山長趙晉之重刻程氏遺書於既燬之後。今錢塘沈天錫嗣長書院，而曰：「有遺書，無外書，是二程夫子之遺訓猶未完也。」乃續刻外書十二卷，以補一家之言。余嘉其知崇先哲以啓後覺也，再爲識外書之左方。

題吴山樵唱

吴伯恭弟叔從新能詩，古、近二體之態度聲響俱占最上品。充極所到，何可當也。曰：天與吴門産絶奇，喪予曾爲景曾噫。如何長吉敦夫死，又見恭從二妙詩。

卷六十四　神道碑

元贈中奉大夫吏部尚書護軍清河郡元孝靖公神道碑

孝靖公姓元氏，諱貞，字器之。通奉大夫、湖廣等處行中書省參知政事明善之父也。始者，澄識參政於其少壯時，視其才氣壓群，於諸經諸書爬剔糾結，貫穿端杪，其吐辭也雄以則，期其文學必爲中州第一。後十餘年，被遇先帝，選充宮僚。繼入翰苑，歷侍制、直學士、侍講、侍讀，即除禮部尚書、參知中書省事。兩典貢舉，凡所選擢，悉自聖衷，浸浸向大用。

元之系，蓋出拓拔魏，其先或云河南人，後徙魏之清河，累世積善。孝靖公仕爲小官，有才不獲施，有德未獲報。水木之有原本，一旦發，於是生者貴，而死者亦貴，以公爵榮。公之王考諱興，王妣彭氏。生三子，其季，公之考也。考諱海，誠篤和厚，與人無兢。嘗攝官政，多所全活，年八十有六而終。妣高氏，淑範遠識，豫知其孫必顯，每指示人曰：「此孫骨氣非常，他日能大吾門。」年七十有五而終，合葬清河祖塋。生五子，最幼者公也。

公讀書起家，受將仕佐郎、杭州在城酒使司知事，再受蘆瀝鹽場管勾。蒞官爲政，耻儕庸流，著廉能聲。然韜藏深廣，人莫能窺也。至元己丑三月廿有三日，以疾卒於蘇州，年四十有七。夫人弭氏，同縣人，公卒之次月十有四日亦卒，享年如公之數。生一子，二女。子參政也。女，適王、適李。大德甲辰十月某日，葬清河新阡，從遺命也。

公孝親，友於兄，仁於宗戚。高夫人盛夏病背疽，三月不愈，公夫婦衣不解帶，養不離寢。子吮瘡去膿，婦以手掬糞，見者稱嘆，目爲孝子孝婦。至大庚戌，參政任翰林侍制，恩贈公奉議大夫、驍騎尉清河縣子；弭夫人清河縣太君。延祐丙辰，參政任禮部尚書，特旨封贈二代，加贈公中奉大夫、吏部尚書、護軍，追封清河郡公，謚孝靖；弭夫人追封清河郡夫人。而公之考贈嘉議大夫、秘書監太卿、上輕車都尉，追封清河郡侯，謚貞惠；公之妣追封清河郡夫人。延祐己未，參政自中書參議再爲翰林侍讀，自翰林侍讀出參湖廣省政事。其明年春，新天子遣使召入集賢爲學士。澄已病留江州，邂逅水驛，謂將樹碑於孝靖公之墓。以澄之舊也，令爲文。既不可辭，乃敘其世次大概，而繫之以詩。參政娶李氏，初封清河縣君，再封清河郡夫人。其子晦，有旨特授將仕佐郎、通事舍人，特遷承務郎、典瑞院判官；明年，又特加奉訓大夫，皆殊恩也。幼曰暠。女一。其詩曰：

繄昔郡公，才鉅志崇。養疾致憂，孝出天衷。卷韜金綸，尺未試分。
卑卑小官，而不緇塵。天嗇其躬，身後則豐。有爵有勳，有謚有封。
壼儀媲美，上曁考妣；烜赫綸恩，光耀閭里。我原其初，施腆報腴。
維善之積，維慶之餘。允也貞惠，口活萬死。爰逮於公，彌厚厥祉。
皇澤沄沄，孰大吾門？維公有子，貞惠有孫。維公有子，維帝嘉止。
窮碑勒辭，百世有煒。

大元榮禄大夫宣政使領延慶使贈推誠佐理功臣太師開府儀同三司上柱國齊國文忠公神道碑

公北廷人也，諱潔實彌爾。曾祖父某，贈資善大夫、中書右丞，追封高昌郡公，謚康懿；曾祖母某氏，追封高昌郡夫人。祖父博察脱忽鄰贈榮禄大夫平章政事，追封齊國公，謚莊靖；祖母拜撒納追封齊國夫人。父伊蘇鼐爾，贈銀青榮禄夫夫、司徒，追封齊國公，謚恭惠；母巴爾德濟追封齊國夫人。

恭惠生五男，其二伊德實是，公之仲兄；其三，公也。年十八，其仲兄年二十三，俱詣京師。伯父引見世祖皇帝，仲兄在帝左右，敕公給事東宫。公恪勤謹愿，朝夕常侍，裕宗説，賜鈔二千五百貫俾受。部人實訥有二女，長女妻公仲兄，而次女爲公之夫人。中書省奏立延慶司，授公朝列大夫、同知延慶司事。裕宗嘗謂公曰：「高昌回紇人皆貪，惟女不染污俗。倘日用不足，於我乎取。」一日覲晏，裕宗問故，對曰：「有家書來，詳詢父母安否何如，不覺遲久。」裕宗曰：「何不將父母就養乎？」公對曰：「人子之心孰不懷親？奈相去萬餘里，資粮屝屨之費重不能辦也。」奉旨馳驛往迎，一歲乃至，遂得終養以盡孝。

省臺有機密事，裕宗令傳旨，公辭不堪任使。裕宗曰：「以汝沉重，言乃不漏泄，是以命汝。」裕宗升仙，事徽仁太后。成宗踐祚，太后命公送顯宗就國。公亹亹具道太祖皇帝、世祖皇帝宏模遠範，及往古近代所行善行、美德可法可鑒者，顯宗然之，賜衣一。公還白太后，大喜。成宗曰：「汝善處吾兄弟之間。」陞嘉議大夫，賜玉鞶帶、香串帶各一。太后升仙，成宗駐蹕柳林，亟召公。謂公曰：「汝今當以事吾父母之心事我。」授資善大夫、同知宣政院事，領延慶使。

宣政所掌者僧，往往黷貨狥私。公一新拯飭，凡事如省部例。人曰：「宣政院爲御史臺矣。」成宗聞而嘉獎，謂：「裕皇篤眷此人，真有知人之明。」臺官嘗欲擢用，公以不閑風憲辭。成宗得末疾，公與尚醫理御藥不暫離。夜不就寢，寢不解衣。或數月，或期年留中。盛夏病暍，人勉其還家治疾。公曰：「聖體尚未康，爲臣敢愛身乎？」惟啜淡粥，數日自愈。其事上聞，有旨曰：「濟蘇穆爾一心愛君，寧不愛身，此人所難能。又廉介甘貧，賜平江路田五十頃，以贍其家。進授榮禄大夫、宣政使，領延慶使。」至大初，命譯佛經，賜鈔五萬貫。興聖太后謂公爲先太后舊臣，復令領延慶使。辭以年老，不許。延祐間，議錫國公爵，辭以無功，乃止。於是但仍舊職，而升延慶司乃正二品。

公忠於君，孝於親，敬以事兄，廉以持己。常戒諸子曰：「兄弟宜和睦，永久毋分異也；儒書宜習讀，財利毋耽嗜也。」延祐二年十月十六日薨，年六十三。其明年二月十二日，葬大都路宛平縣之漆園。至治三年，贈推誠佐理功臣、太師、開府儀同三司、上柱國，追封齊國公，謚文忠。夫人埒克封齊國太夫人。子男三：達爾瑪實哩，榮禄大夫、宣政院使；薩克纖，翰林侍讀學士、中奉大夫、知制誥、同修國史；蘇蘇，資德大夫、湖廣等處行中書省右丞。女二。孫男五：阿南達實哩、阿裕爾巴喇、伊瑪克塔實哩、伊拉瑪實哩、阿裕爾實哩，女二。

公之仲兄，官於功德使司，初以奉訓大夫爲經歷，未幾同知司事，轉少中大夫，繼受正議大夫、同知總制院，又受正奉大夫、宣政副使，而同知功德使司事并如前，後乃同知宣政院事，轉資政大夫、資德大夫，贈存誠秉德功臣、太傅、開府儀同三司、上柱國，追封齊國公，謚忠穆。

維文忠公來自遠域，以廉勤慎密結主知，恂恂然有周仁、石奮之風。諸子皆賢，能至顯達，擬於世勳之家云。予與公之仲子侍讀在翰林國史院同僚，以其將樹碑於公之墓，遂乃爲敘公家世官秩，而繫之以詩。其詩曰：

若昔裕皇，毓德青宫。前星昺明，勳放華重。攀鱗附翼，海會川同。

譽旄萃止，濟濟清忠。齊公西英，翩然來東。帝曰予嘉，咨汝往從。

比于坊寀，汝職汝供。維公敦敏，夙夜靖共。裕皇徂方，聖子御龍。

天實儲才，敷遺成宗。帷幄舊人，金玉宸躬。至大延祐，眷渥彌崇。

曾未耋耄，奄逝匆匆。四朝左右，一節始終。生死俱榮，褒贈有隆。

錫之九命，國以上公。詵詵良胤，卓犖麗鴻。聿爲時彦，咸代天工。

奕葉其光，增賁前庸。銘詩不朽，如勒景鍾。

元榮禄大夫平章政事趙國董忠宣公神道碑

董氏在河北，號勳臣家，其先諱俊，起自畎畝，勇力絶人。金末應募長民兵。既歸國朝，知中山府，以敢戰先士卒，授龍虎衛上將軍、左副元帥。後攻金歸德，死城下，追謚忠烈。再世諱文炳，令槀城二十餘年，有惠愛，數立戰功，以參知政事從丞相巴延平江南，功最諸將，進中書左丞相，贈金紫光禄大夫、平章政事，謚忠獻。

公諱士選，字舜卿，忠烈之孫、忠獻之子也。至正九年，忠獻築兩城於正陽，以遏宋兵。十年，宋將來争。霖雨淮漲，舟師薄城。忠獻與戰，矢貫左腋，創甚，不能弓，城幾危。公年甫二十一，代父臨陣，獲宋一將，敵退，城遂完。忠獻發正陽，趨安慶。十一年，與丞相大兵合。十二年，公敗宋師於洪河口丁家洲。大兵順流而東，抵焦山。宋人聯絡大艦絶江，劍戟蔽天，衆憚莫敢前。公大呼突擊，挫其前鋒，諸將繼進。兩軍皆殊死戰，聲震山嶽，飛矢如雨。戰自寅至午，宋軍力疲，敗走。是夜，聞宋將逃入海，公乘輕舟追之。舟小不勝浪，亡其維楫。衆大恐，公色不少變。俄頃風便，適與大兵會，衆咸喜。公曰：「神天相佑也，爾何知？」

海寇張瑄有衆數千，自宋時獷悍。忠獻命公偕招討使王世强招之。公單舸造瑄所，諭以威德，瑄降，得海舶五百艘，却其餽遺。忠獻奉丞相約，分道趨宋都，既至，諸將争趨財物府。公秋毫無犯，慰安士民，市肆不易。諸將猶出郛抄掠，公言於忠獻，下令禁止，遠近帖然。丞相歸奏功，授公宣武將軍、管軍總管，佩金符。

宋臣以二王航海，次福州，閩尚爲宋守，公從忠獻定閩。十四年班師，扈車駕幸黑城，進秩明威將軍，改佩金虎符。十六年，立前衛親軍，進授勇大將軍，充都指揮使。建議設廬舍，開屯田。由是居者得安，行者有養。千夫長以下，自擇者參半。樞密院以斷事官爲公之副，公以其不由軍功，進表千户姜廷珍代之。

師討日本，自願效力。世祖曰：「士選勳臣之子，他有委任。僻遠小夷，無勤其行。」二十三年，僉湖廣行樞密院事，移疾去官，以指揮使讓其弟士秀。二十四年，世祖征納延。公聞有召命，先期率數騎詣軍。世祖大喜，謂公曰：「使汝父在，朕可不自至此。」

軍中多夜驚，丞相巴延奏用董士選宿衛。公領漢軍夜直，軍令肅然。世祖曰：「朕得安寢矣。」戰捷還京，是時權姦僧格置尚書省，以專國政。公雖居閒，常得預機密事。世祖指公示僧格曰：「此人廉直，汝知之乎？」公持正，不履權門，雖不樂公，亦不能加害。

二十八年，世祖將誅僧格，夜遣近侍召公入，謂公曰：「僧格讒慝貪婪，朕不私一人以病天下。」命平章博果密與公商度，僧格及其黨皆抵罪。

時相獨庇江淮省平章賽富迪音，復立行泉府司，俾之典領，以徵舶商之輸。謂國家出財資舶商往海南貿易寶貨，贏億萬數。若賽富迪音黜，商舶必多逃匿，恐虧國用。世祖信其言，公曰：「國家竭中原之力以平宋，不得不取償於南方。然新附之地，人心驚疑。初，阿哈瑪特以約蘇穆爾賊湖廣、庫克新賊江淮，民曰：『此聖上未之知爾。』及二賊誅，民曰：『聖上果不知也。』僧格以賽富迪音賊江淮，其毒甚於庫克新，民怨之入骨，又曰：『聖上亦未之知也。』今僧格之黨皆逐，而賽富迪音獨留，恐失民心，民心一失，收之甚難。得財貨之利輕，失民心之害重。何況海商家在中土，其往必復，行省自能裒其所有，何以賽富迪音爲？」世祖瞿然曰：「此言是也。」再三嘉獎，賜公白金五千兩，授驃騎衛上將軍、江淮行省左丞。

陛辭日，問公：「讀曹彬傳乎？」對曰：「嘗讀。」世祖曰：「彬止是不殺降一事，汝父之功過於彬。汝效汝父，足矣。汝父清苦自勵，平宋不戮一人，至今民感其恩。今命汝，江南之民見汝，猶是汝父。汝其悉心蘇凋瘵之民，以稱朕意。」

先是，楊僧立司於杭，總攝僧教。貪淫驕横，莫敢誰何。公受密旨，明正其罪，械之於市，士民聚觀稱快。公興利除害，惟恐負臨遣之命，同列多不協，歸覲於朝。世祖與語，自日晏至夜。且曰：「卿以同列非人而勇退，彼自爲惡，汝自爲善，焉能浼我？」改僉江南行樞密院事。

浙有澱山湖，聚衆流之水。豪民塞湖營居，水無所瀦，汎溢蘇湖間，爲居民害。有議及者，輒受賂而止。公令有司撤其居而復爲湖。

成宗嗣位，授資善大夫、江西行省左丞。贛屬縣有狂民爲亂，公往平之，得所籍鄉兵姓名十餘萬。公曰：「此蓋脅從良民。」焚其籍。賊巢近地之民阻山爲砦以自保，公屏衆，單騎登山，遣人諭之曰：「知汝皆良民，懼官軍戮爾身，俘爾孥，是以固守。今省官親在此，汝宜出見。」民皆釋然，執壺酒迎拜，曰：「天遣公來活我。」公曰：「汝可率妻子復業。」諸砦之男女悉從公下山，約束無得擾害，贛民以寧。有誣告富户數十與賊通謀，公使掾元善鞫之，自伏其誣，杖死。於是無敢污衊良民者。公離贛，民數萬遮道拜送，曰：「父母生我人於有生之初，今公生我於既死之後。我無以報德，惟天能報公也。」遂立生祠祠公焉。

遷南臺御史中丞，入僉樞密院事。時軍政蠹壞，卒兩之長應畀職而無賂者，遲遲弗畀，淹滯數百餘人，連歲旅食，甚至凍餒乞丐。公視例當予者即日發遣，俾各還營壘。殷輔貪黷不公，悉遭決罰。汰裨校冗濫之員者，省征夫重難之，以紓軍力。會御史中丞博果密卒，朝議難其繼。時相有所舉用，成宗曰：「廉介公正，誰能出董士選之右？惟此人可。」特授資德大夫、御史中丞，領侍儀司事。

公言：「昔阿哈瑪特、僧格敗，世祖嘗謂臺臣緘默。今御史舉劾，必令有司覆實。蒙古翰林院、宣政院及僧司，所行多壞法亂紀，而御史臺不得預，是沮遏臺臣不使之言也，非世祖意。宗正處斷大辟，但憑言語口宣，無吏牘可覆視。人命至重，寧無枉濫？合如諸司，詳具獄辭。御史臺審覈無冤，乃可施刑。臂鷹隼、飼騙馬之徒，擾民特甚，宜嚴禁戢。京畿平灤等處饑，請弛山澤之禁，而禁釀，穀價得不踴。

江西富家有親子，而立異姓子爲長子，藉其資以游俠，傾動朝野，致位行省參政。其親子既長，懼不得久專其家，異姓子之弟結寇夜入，殺其親子而歸獄於無辜之人。賄遍中外，勢援盤結，其屈莫得而伸。或訴於臺，公究治明白，以其狀上聞。異姓子之兄弟俱棄市，復其故姓，而家資悉歸於親子之子，公論韙之。

左丞劉琛以征八百國之利惑時相，公入諫，成宗曰：「朕意已決，卿其勿言。」公曰：「臣居言職，事關利害，豈敢阿徇！遐荒不靖，當遣使誚詰。設有不服，興兵未晚。今其過惡未著，師出無名。暑天瘴癘，山路險遠，征行之苦、轉輸之勞，奚啻動百萬衆！竊慮變生意外，他日臣有不言之罪。」成宗曰：「朕不汝罪也。」又見時相，言：「損有用之民，取無用之地。」時相曰：「彼地出金，何謂無用？」公曰：「國以民爲寶，不以金爲寶。糜爛其民，而圖得金，豈國之利哉？」時相不悦。師遂西。果大衄，供饟道斃者亦數萬。成宗曰：「吾愧見董士選矣。」召公與省臣議。公曰：「首將非才，貪兵冒進，其敗宜也。惟當赦遠撫近，厚恤死士之家，斬劉琛，罪其誤國殄民而已。」又言：「近年以來，星芒垂象，霜殺蠶桑，饑饉洊臻，災延太廟，上天之譴告至矣。皆執政非人，澤不下究。宜蠲積弊，與天下更始。」

出爲江浙行省右丞，徙河南，不赴。武宗立，除河南江北行省平章，亦不赴。仁宗初，與弟士珍俱召，除榮禄大夫、陝西行省平章。歲餘謁告，得旨給驛還家。灌園種田，琴書自娱，賓客過從，談笑終日，世事了不關心。卧疾五載，竟弗瘳。至治元年正月二十三日薨，年六十九。二月二十三日葬於九門先塋之東，贈某功臣、某官，追封趙國公，謚忠宣。夫人張氏，無子，封趙國夫人。諸妾有子者，各以子貴受封。子男十：守恕，懷遠大將軍、前衛親軍都指揮使；守愚，先卒；守愿；守慤，少中大夫、太常禮儀院判官；守思，奉訓大夫、保定路遂州知州；守惠，命爲弟士秀後；某；某；某；某。女二：一適資善大夫、典瑞院使張某，一在室。孫男九：鑑、鏐、欽，其六幼。孫女：一適千户王某，其餘幼。

昔忠獻内範莊栗，言笑不苟，一作一息，無非義方。公少而就傅，漸漬詩書，閑練禮法，坦明易直，沉毅雄偉。南征北討，大小數十戰，臨難勇赴，應變奇捷。義死不以爲懾，倖生不以爲榮。既解軍柄，請還虎符，世祖不許，曰：「雖位至宰輔，猶佩之，以旌伐也。」處大事，決大議，色和而語壯，必斷之以經術，惟以國之利病、民之休戚爲心。它有弗便，弗顧也。異己者雖甚忌公，然私竊心服，曰：「正人也。」里人爲不善，畏公知之，族人詣公辨曲直，望門輒止。受累朝寵錫，歸必分賚宗黨之貧者。軍中所俘獲，遺命命諸子悉縱爲民。家徒四壁，立意豁如也。比其終，廩無遺粟，庫無遺財。嗚呼！真古所謂大丈夫哉！

澄也嘗辱公知，公歿之三年，承乏史館。公之諸子将樹碑墓道，乃遺書公行事大概如右，而詩之於其左。公所居之縣曰槀城，屬真定。其詩曰：

槀城之董，三世殊勳。忠獻有子，忠烈有孫。
維忠宣公，弱冠即戎。損軀而前，莫當其鋒。
忠臣報君，孝子從父。不殺如彬，底定南土。
折衝奮力，洸洸武夫；立朝正色，侃侃文儒。

衛率重權，推讓介弟。閑退七年，常預密議。
苟利民社，知無不言。驟忤貴倖，百挫不遷。
入司宥府，軍政整肅；出釐省務，吏姦戢縮。
薦賢爲國，匪市恩私。公不自多，衆或鮮知。
視彼有善，若己所能。舊家名冑，汲引同升。
士出門下，類成大器。微而卒史，咸至膴仕。
秉心如鐵，堅莫可摧；赴義如川，勇莫可回。
其廉於身，一介不取；其惠于人，千金亦與。
涖官可畏，嚴嚴秋霜；居家可愛，藹藹春陽。
資用屢空，志氣靡慊。生甘澹泊，死乏葬歛。
猗嗟殄瘁，星隕山頹。千載九門，墓石崔嵬。

故光禄大夫江南諸道行御史臺大夫贈銀青榮禄大夫江浙等處行中書省左丞相上柱國魯國元獻公神道碑

公忙兀氏，名伯都。高祖畏答兒薛禪，事太祖皇帝，敵所愾，戰大捷，腦中流矢，踰月隕命。論功封萬户。太宗皇帝益以泰安州二萬户封其子忙哥爲郡王，與十功臣并。曾祖鐵木合，祖唆魯火都，從征伐，立殊勳，數瀕於死。父博魯歡，初爲斷事官。世祖皇帝命翦李璮，有功；又治大獄稱旨，進昭勇大將軍、右衛親軍都指揮使，加金吾衛上將軍、中書右丞。取江南時，統軍下淮東諸郡。宋平，益封桂陽，僉書樞密院事。繼授甘肅行省平章政事、江南諸道行御史臺大夫，病免。乃牙叛，率五諸侯討之，益高郵五百户真食，以江浙行省平章政事終於位。贈推忠宣力贊運功臣、太師，謚武穆。而公祖父贈推忠宣力佐運功臣、太尉，謚忠定。曾祖父贈純誠保德翊戴功臣、太尉，謚武毅。三代并階開府儀同三司，勳上柱國，追封泰安王。

母王氏，封泰安王夫人。故母怯烈真氏、札剌真氏、祖母唐古真氏、曾祖母瓮吉剌氏，俱追封王夫人。

公自幼穎出，不以貴戚世家自滿。比長，學不怠。事武穆王，克修子職。或勸之仕，以不忍違親遠去辭。王終，事母夫人王氏益謹，人稱純孝。伯仲間欲析異，故產任其自取，悉弗與較。捐己資以嫁諸妹。上而朝議，下而士論，靡不以公爲善人，無一可疵者。大德五年，御史府上其才行，擢爲中順大夫、江東道廉訪副使。十年，改中議大夫、江南行臺侍御史。明年，江南大饑，遣屬驛聞，請以十道贓金罰鍰賑濟。轉少中大夫，僉書樞密院事。至大二年，進階資善、江南行御史臺大夫。四年，進階榮禄，遷治陝西行臺。武宗賜玉帶一，及錢五萬緡，公固辭不允，則受緡錢五之一，又不允，然後受。延祐元年，授光禄大夫、甘肅行省平章政事。時米直踴甚，公通治粮道，其年直頓減，明年又減，計歲糴之費省緡錢四十萬有奇。兵饟既足，民食亦饒，仁宗嘉其功，賜錢五千緡，及海東名鷹、甲胄弓矢。三年冬，關陝有變，公抵岐王府謀議，檄各鎮兵執叛黨，修武備，得民間馬五百匹，以助進討。四年，遷江浙省，治以不擾，民情大悦。仁宗賜珠衣勞獎，召爲太子賓客，輔道靡有缺違。上書陳古先聖帝正心修身之道，仁宗嘉納，賜衣一，復除南臺御史大夫。興聖太后以賓客宜朝夕侍儲宫，止其行。既而公目疾作，辭官退居淮南之高郵。

英宗至治元年，又命爲御史大夫，以目疾不拜，詔以平章禄養於家，仍飭内臣馳馹江南，求空青治其疾。二年春來朝，賜金文衣及藥一缶，復南還。三年，賜錢五萬緡，及西酒西藥。公辭謝，謂：「曩膺重寄，猶懼弗稱。今已病廢，豈敢濫叨厚禄，且受重賜乎？」竟不受賜，并歸所給平章禄。

今天子泰定元年，公再來朝。疾愈革，上遣侍醫診視，賜駝乳、良藥。卒不起，薨於京師。贈銀青榮禄大夫、江浙行中書省左丞相、上柱國，追封魯國公，謚元獻。朝議公無生業，母老子幼，賜錢二萬五千緡。臺臣又奏賜錢三萬五千緡，仍以前所辭平章禄給之。其夫人固辭，曰：「始夫子仕於朝，且不敢虚食廩稍。今歿矣，苟是禄，非夫子意也。」夫人治喪悉從古制，又築室買田，顧護兆域。踰時太夫人王氏亦喪，夫人毁戚殊劇，人愈嘆公德之其刑於家者如此。夫人瓮吉剌氏，右丞太納之女，生男一、女一。公歷仕四朝，顯揚中外。然謙抑不居以故聲譽，不赫赫表暴於世。薨之日，橐無遺金，椸無鮮衣，聞者莫不嗟悼焉。

翰林直學士馬祖常狀公行，而朝之人俾前翰林學士吴澄文其墓道之碑。澄固常聞公德美，於是敘列所狀如右，而作銘詩以綴於左。銘曰：

堂堂世卿，欿然弗矜；優優才能，退然弗勝。

克孝克誠，先德是繩；友弟恭兄，靡訐嗇嬴。

内行之完，治移于官。不劌不園，吏戢民安。

累朝眷遇，匪頒異數。或受或否，具中節度。

晚違望苑，歸卧淮甸。臣衷慕戀，一再入見。

入見之時，皇心孔怡。天不憖遺，疇不吁譆。

帝哀耆舊，送終從厚。而公良耦，陳誼不苟。

搢紳聞言，嘉嘆貞堅。謂公忠賢，教始閨門。

猗公盛美，嗚呼已矣。彰于百世，史氏所紀。

元故中奉大夫嶺北湖南道肅政廉訪使鄧公神道碑

故中奉大夫、嶺北湖南道肅政廉訪使，姓鄧氏，諱文原，字善之。其先蜀人，寓杭甫再世。蚤慧工文，年十有五，已中進士舉。逮南服歸國，市隱弗耀，訓授生徒，以給親養。雖處窮約，事生喪死，必盡歡竭誠，未嘗肯輕出謁。鉅公敬禮，每造其廬，當路多知名。

年三十二，浙省檄充杭學正。大德戊戌，部注崇德州教授。越四年辛丑，授應奉翰林文字。越五年乙巳，陞修撰。至大戊申，考滿進階，仍舊職。越三年庚戌，出任江浙儒學提舉。皇慶壬子，又爲國子司業。延祐丁巳，遷翰林待制。明年戊午，僉浙西道肅政廉訪司事。又明年己未，改江東道。至治壬戌，召爲集賢直學士。癸亥，進階兼國子祭酒。泰定甲子，直經筵。其冬移疾去官。明年乙丑，以翰林侍講學士召。又明年丙寅，除湖南憲使，俱不赴。致和戊辰五月二十二日甲申，終於杭，年七十。

子衍書來曰：「先君不幸至於大故，既葬矣，而墓石未銘也。先生知先君深者，敢以爲請。」澄適卧病，得書而哭。病小間，乃追憶舊事。

初，至元間，吴興趙承旨孟頫子昂爲澄歷言其師友姓名，而善之與焉。及善之爲翰林應奉，澄始識之。繼由翰林待制出江浙時，澄官胄監，得餞其行。又其後，以集賢直學士兼祭酒時，澄承乏禁林，次年同預經筵之選。嗚呼！孰謂後予十年而生，遽先棄予而没乎？哀哉！

善之丰姿温粹，儀矩端嚴。其教於家塾、鄉庠、國監也，從學者皆有長益。詩文淳雅，瑩潔如玉；字法遒媚，與趙承旨伯仲。趙既逝，欲求善書人，舍是殆無可。應詔持憲兩道，涔伸民寃，至今有遺愛。祠苑代言，史館修書，悉合體製，在儒臣中聲實相副者也。有文集、内制藁、讀易類編具存。官階起將仕佐郎，至承德奉訓大夫，至中奉。

曾大考從黼，妣楊氏。大考昭祖，累贈嘉議大夫、成都路總管、上輕車都尉、南陽郡侯；妣雍氏，追封南陽郡夫人。考漳，累贈中奉大夫、四川等處行中書省參知政事、護軍、南陽郡公；妣孫氏、游氏，俱追封南陽郡夫人。其配南陽郡夫人徐氏，前一月卒。

子衍承父澤，儒林郎、江浙等處儒學副提舉。女子子柔嘉、柔官，石洞書院山長史公埜、司徒府掾史戴孟淳，其婿也。孫男萊孫。其葬七月十三日癸酉，其宅湖州路德清縣千秋鄉百寮山之麓，徐夫人祔。系本衛鎮西將軍苗裔，去秦入蜀，居資，徙居綿之彰明。參政公避蜀兵難，始寓杭云。銘曰：

岷峨鉅儒，前有相如，王楊三蘇。宋遷南裔，若李若魏，卓爾拔萃。繄吾善之，蜀産之遺，際今明時。藝精點染，文熖爍晱，輝映琬琰。帝制皇墳，撰述討論，身没言存。澄清攬轡，伸枉出滯，驅螋殄猘。提誨諄諄，承學彬彬，具稱聞人。中朝望竦，宸極優寵，急退何勇。天祐耆賢，未應奪年，曷爲其然。刻詩墓隧，昭示來世，知者墮淚。

上卿大宗師輔成贊化保運神德真君張公道行碑

周之中世，至人、神人出焉。其心有得於天地之所以廣大，造化之所以長久，而以無爲自然爲道。見而傳之者，關尹氏；聞而傳之者，蒙莊氏也。其説之衍，自周之末，閲秦之亂，至漢之初，遯身而避世之士，往往能髣髴其緒餘。故張留侯受教於下邳之老父，曹相國受教於膠西之蓋公。一則以之佐高祖而創業，一則以之佐惠帝而守成。孝文承其遺風，玄默恭儉，俗化篤厚，民底殷富，天下太平，幾於刑措。明效章章如此，是以漢初知老子、關尹、蒙莊之道，而鮮獲知有堯、舜、文王、周、孔之道也。當時敘學術，以道屬之老子，目其徒爲道家者流，列於儒家者流之上。學術既裂，宗孔氏者謂之儒，宗老氏者謂之道士。儒不得以與道之名，而道士得以專道之名。夫通天、地、人曰儒。儒而不通天、地、人，其不與得道之名也固當。名以道士，而不稍闖無爲自然之藩，其得專道之名也，寧無其實不稱之慙乎？唐宋間，道士名存實亡，况其教與世而俱降，視無爲自然之道霄壤矣。

皇元太祖皇帝開基時，則有全真道士託老子長生久視之説以自神。逮世祖皇帝混同海宇，而神德真君張公入覲，上悦。即兩都皆建崇真宫居之。公鶴身虬鬚，川行山立，晨夕密勿，欲清静簡易，與民休息，所言深契宸衷。於是寵遇日隆，比於親臣。俾公號天師，公辭避。命議公稱號，必極其尊。廷議曰：「上卿維宜。」乃號公上卿。夫天子之卿六，而冢宰第一，爲上；諸侯之卿三，而司徒第一，爲上。冢宰者，天下之相也；司徒者，一國之相也。以古天子、諸侯之相稱公，尊之極矣。公之少，嘗值相者，謂公位極人臣，神仙宰相。至是而其言果驗。未幾，又號元教大宗師。

成宗朝，加同知集賢院事。武宗朝，加大真人，同知集賢院事，位大學士上。尋加特進。仁宗朝，進開府儀同三司，陞輔成贊化保運勳號，玉刻玄教大宗師印以授。故公掌教幾五十年，天下宫觀賴公徭役之奏、慈儉之化者，其何可言。及厭世，而英宗皇帝嗟悼，遣大臣臨賻，勅有司禮葬於縣之南山。公歷事五朝，聖眷如一。越十年，而今上皇帝特封神德真君。

昔公之存也，宫禁邸第、鉅族故家，待公如神明，朝廷館閣大臣、達官，禮公如父師。際會之榮、尊貴之極，從古以來未之有也。而公視之若無，未嘗萌絲髮滿假之意，瀟然山間林下之臞仙。非其天質之美冥合老氏不欲盈之道，何能若是？且有長在己而不自矜，有功在人而不自伐，丁時之盛而不處其盛。都本教蔑加之名，躋官階極品之位，而逡巡殿後，斯所謂去甚去泰不敢先者乎？累聖錫公，皆范金爲冠、集寶爲飾，衣裳縷金織文，佩綬劍履，貫珠絡玉，其直不貲。而公平居常服，取其澣濯。上尊之酎、大官之膳日有餽，而公飲食菲薄，不逾中人。觀乎此，則知公以服文彩、厭飲食者爲非道矣。

予固怪公卑抑之過，而公終身弗改其素。接人不問貴賤少長，俱致優重，略無慢忽。噫！不可及也已。老子言：「王公以孤寡不穀爲稱，道之好下賤也。」南華言：「博大真人以濡弱謙下爲表，道之惡驕夸也。」公其亦然歟？

公之弟子薛玄羲以予之善公、喜公也，蘄予述公道行。予故摭公之行凡侔於老子之道者書，而道外之物烜赫一時、炫耀流俗、人所共嘆羨者不書也。

公諱留孫，字師漢，信之貴溪縣人也。其徒入室升堂，予所及知者：嗣大宗師曰吴全節；行嗣師事曰夏文泳。有職掌者：余以誠、何恩榮、孫益謙、李奕芳、毛穎達、舒致祥。主御前宫觀者：薛廷鳳、丁應松、張德隆、薛玄羲。餘百十人，載蜀郡虞集所撰公墓志。集曰：「公門人多聰明特達，有識量材器，可以用世，而退然謹守其教。師友間雍雍恂恂，如古君子家法。」則公之道，其可以淺近議哉！澄於公之道行既書之如前，復詩之於後。詩曰：

聃也猶龍，玄天爲宗。本賤基下，忌高畏崇。欲焉不盈，維道之盅。

輓世還淳，遡彼皇風。漢初救敝，爰躡遺蹤。休息瘡痍，民和年豐。

皇元混一，俊乂雲從。有方外臣，自外留中。治務清静，謀協淵衷。

出入禁闥，天寵日隆。聖子神孫，眷渥齊同。惴慄尊榮，感幸遭逢。

純誠報上，隨事獻忠。五朝一心，善始善終。緊神德君，卑讓謙恭。

不居其誠，不有其功。敦兮若樸，符德之容。懿兹行實，與道混融。

愧修孔道，疇克如公。述公道行，以勗我躬。

卷六十五　墓碑

有元同知東川路總管府事孫侯墓碑

至大四年十月朔，同知東川路總管府事孫侯以疾終於家。其明年十二月將葬。前溆浦縣尹蕭君以書來，爲其孤福齡請徵文以表墓隧之碑。孫，蕭親也；蕭，予舊也。其請不可違。孫，鉅族也；侯，美士也，其美有足揚者，遂不復辭。謹按：

孫氏有三：其一姬姓，衛公子惠孫之後；其一羋姓，楚令尹叔敖之後；其一嬀姓，齊陳無宇曰孫柏子，其曾孫武奔吴，爲闔閭將，著兵法十三篇。唐末有百將，率師駐虔虔化，留而弗去。虔虔化，今贛寧都也。孫氏爲贛寧都人自此始。

在宋有介夫者，與蘇文忠公遊。侯之曾大父汝成，大父延休，父德成，世世韞德，至侯彌昌。

侯諱登龍，字壽甫。家饒於貲，身饒於文。早年以進士貢，平生嗜利如羽，嗜義如渴，凡凶荒死喪、患難危急，不問戚疏邇遠，周之拯之惟恐或後。橋梁道路，苟病於跋履，必爲完治，雖費不計。聖朝兵及江南，山藪遐僻乘時嘯聚，侯扞衛井里，獲全生聚者不啻數十百家。行省擢充南安路儒學正，考滿，敕授慶遠南丹溪洞等處軍民安撫司儒學教授，一以周孔之教變殊俗。

休暇之日，引古援今，懇懇以告司政之官，多所匡救裨益。大德九年，轉授同知歸仁州事。越七年，而有東川之命，由將仕佐郎陞登仕郎，不及拜命而卒，年七十一。初娶張氏，生男二：清臣、獻臣，丁丑歲俱殲於兵。再娶揭氏，以其子延臣歸，侯子之若子，名在吏部八品選中。父有庶子九齡，侯亦子之若子，父命也。三娶曾氏，生男五：福齡，敕授瑞州路上高縣長官；禄齡；壽齡；高齡。女六：適趙、適楊、適唐、適胡、適朱，其季許適蕭。庶子順孫命爲延臣之子。孫男曾孫，孫女一。

嗚呼！侯富康而壽考，子孫才賢而蕃衍，浸浸顯榮，非好德之福、積善之慶乎？

「心潛於義理，文雄於場屋」，誌侯之墓者云耳。「文章不及鳴於館閣，政事不及福於當道」，狀侯之行者云耳。予夙聞侯譽，又稽狀與誌，而序其概如此，繫之以銘。銘曰：

恂恂文儒，行服鄉閭。善累惠周，天人交孚。
晚毓英胄，緊德之符。小試儒官，施未寸銖。
進貳郡牧，何不須臾？時用之嗇，後慶之腴。
穹碑厚趺，百世弗渝。若稽前美，允休允都。

元贈亞中大夫輕車都尉懷孟路總管武功郡侯蘇府君墓碑

府君諱偉，字大用，其先自忻、代徙順德。大父元，仕金，官號猛安謀克；大母栗氏。父清，金拱衛指揮使，皇朝贈中順大夫、上騎都尉、同知延慶使司事，追封武功郡伯；母李氏，追封武功郡君。中順二子：長傑，仕於廣平路；府君，其次也。

孝友寬慈，篤厚信實，涉獵子史，尤喜藏室漆園之書。收貯時賢詩文爲家珍，采拾善人言行爲身範。不求榮進，勤力治生，家用饒裕。量一歲所入、所出幾何，羸餘悉以賑貧，歲有常數，凶歲則倍，官所勸率不與焉。内而族親，外而鄉閭，饑者食之，寒者衣之，病者藥之，死者棺之。孤寡無依者居之養之，婚姻失時者室之家之。惠加於人，不自以爲德。或忘恩負義、横逆來侵，待之如常，略不介蔕。

追孝其先，事亡如存，晨夕必面，朔望必薦，雖隆寒盛暑、疾風暴雨，不廢。勉勵子孫，謂：「吾自幼知讀書爲美事，理家勞疾，無暇時可學，抱憾終身。汝等庇蔭之下，飽暖逸居，不學，將何爲哉？」子孫承命，競勗學業。名卿巨儒踵門，隆禮尊崇，諮訪爲善之方，竟日不倦。諸子出外，備防禦之器，則喻之曰：「寇盗豈欲成害人，利其財耳。設有不虞，舍財全軀，彼如我何？且爲善有福，爲惡有禍，汝輩但勉爲善，終不蹈危厄。」凡訓戒之言，中倫慮，達義命，往往類此。

至大甲午二月八日卒，年六十八。以子貴，贈亞中大夫、輕車都尉、懷孟路總管，追封武功郡侯。夫人劉氏，淑慎寡言，内嚴外恕，諸婦敬畏。子孫遵守家法，三世同居，大德壬寅四月十四日卒，年六十九，追封武功郡夫人。子四：思温、思讓、思敬、思義，克紹前志，輕財好惠。自大德乙巳至延祐己未，十五年間，以米賑施及減價平糶不啻數千斛，楮幣五萬緡。置局市藥，所得子錢修藥劑以濟貧病之人，不取其值。有戚屬不能自贍，出貲俾飯鬻逐利，因是豐足者數十家。思敬，繇廣福提舉陞廣福監大監。孫十二：楨、椿、楫、森、植、樸、材、杞、桂，其十蘇同，字仲元，名木旁區，準史遷稱趙談爲趙同例也，其十一曰栗，其十二曰桐。楫、潹、仲元，俱仕中朝；樸，嗜文學，別立在長蘆鎮。曾孫：志學、志道、鶴童，志學仕爲長史。大監兄弟將刻石府君之墓，仲元求予文文之。予謂府君積善樂施，獲報於天，身存而富，身歿而貴，流慶衍迤未艾也。福善之理，豈不昭昭也哉？乃序其事，而系以銘詩。詩曰：

順德之蘇，徙自忻代。爰逮亞中，浸浸豐太。惻彼空窶，猶已寒饑。衣食所贏，棄捐如遺。施不責報，實謂陰德。天酢其獻，如稼必穡。錫命寵光，賁于九泉。世胄繩繩，霄翮聯翩。富貴在天，維以福善。勒名表阡，彌久彌顯。

元中子碑

元中子黎氏，諱立武，字以常，臨江新喻人。年二十入太學，二十六擢進士第三人，大父母、父母俱存，一時榮之。授承事郎、簽書鎮南軍節度判官。明年，奉四親之官。又明年秋貢，校文撫州。又明年，除太學録。又明年，通判袁州，就任轉宣教郎。明年冬，除宗正寺簿。明年夏，兼莊文府教授；召試館職，除秘省校書；冬，轉奉議郎，以祖母憂去國。明年春，除佐著作；夏，轉承議郎；秋，除著作，赴國難趨朝。明年春，除軍器少監、國子司業。且將大用，而國事去矣。間道來歸，備歷艱險。自是閒居三紀，逮事二親猶二十年。

北來達官聞譽望覩風采，禮之如天人，諏訪相屬，或延致，或就見焉，意度安舒，威儀整暇，不待交談，人已起敬。清言亹亹，每至夜分。雞鳴復興，了無倦色。少年高科，常懷謙抑；篤志嗜學，一如未仕。

處太學時，有同舍先達，捐介人也，數舉前修格言相警發，持己接物，資益維多。佐洪府時歲饑，有同僚言殺一牛活萬蟻，欲籍富户賑貧民。駁之曰：「萬蟻固何憐，一牛何罪而死？」衆稱善。噫！有德之言哉。

官秘省時，閱官書，愛二郭氏中庸。郭游程門，新喻謝尚書仕夷陵，嘗傳其學。將由謝沂郭以嗣其傳，故於大學、中庸等書間與世所宗尚者異義。生平著述，積稿如山，演繹舊聞，敷暢新得，有圖、有贊、有講義，諸篇悉鋟諸木，當路好事者往往取去。年六十八，微疾端坐而逝。越六十，歲在單閼，日次星紀，月離天街，啓殯葬于堨莊之原。祖考瑛，迪功郎。考士雲，宣義郎。祖妣黄氏、妣蕭氏。娶黄氏、敖氏，俱封孺人。子男三：本强、本正、本成。女四，壻胡、簡、徐、敖。孫男五：元衍、公衍、宗衍、師衍、祖衍，女六。

伯兄立言，國學進士，好讀易，纂諸儒所傳成一書，澄撫州校文時所貢士也，後三十八年，始拜座主於清江之客舍，一覿容貌，心醉神融，喟然曰：「世有斯人歟？世有斯人歟？廊廟器也，福德身也。」蓋雍容和粹，氣象彷彿河南程伯子云。昔關西張子卒，私謚明誠，中子質之程伯子，司馬公弗可，遂止。黎之孤暨門人援王文中〔二〕爲比，以元中易名。伯兄詳其事，爲狀傳於世；諸孤約其文，爲誌納於壙矣。噫！孟有貞曜，陸有文通，河汶而後已。然澄亦門人也，而弗得與斯議也，乃稽狀與誌，最其凡，以碑爲墓隧。銘曰：

維德之奇〔三〕，玉色山立。師詹鳳儀，疇泫麟泣。斯焉斯逢，斯逢斯豐。猗與元中，有百世公。

耿縣丞封贈碑

高唐，齊邑也，幼讀孟子時知之。今升爲州。至元間嘗過其地。在京城識學士閻公，高唐人也。

〔二〕王通，隋末大儒，門人弟子私謚爲「文中子」。

〔三〕「奇」，成化本作「中」。

越三十一年，在金谿識縣丞耿君，亦高唐人也。君名居簡，從事廣東宣慰司都元帥府。考滿，受勑命，初任將仕佐郎、臨江路知事，再任從事郎，丞金谿。欽遇聖朝待臣之厚，官七品得封贈及母、妻。恩綸將下，欲樹碑二親墓隧，徵文於予。竊觀耿君，自爲吏入官，靡所玷缺，仕每稱職，臣之忠也；拳拳焉以追贈其親爲榮，子之孝也。孝者，仁也，仁者必惠；忠者，義也，義者必廉。夫苟忠於國，孝於家，廉於己，惠於民，則爲人之大端具矣。予安得不嘉其已往而勸其方來也哉？

君之父諱潤，贈某官；母李氏，贈某稱；妻劉氏，封曰某。別書於左。

故右衛親軍千户武略岳將軍墓碑

宣授武略將軍、右衛親軍千户諱元鎮，姓岳氏，古修人。涉獵書史，氣渾厚，志雄邁，處家御衆有法。父雯，自國初仡仡效勞，任景、獻、陵三州判官，至北京録事而終。將軍應募從戎，戎帥以其父克勤王事，俾長百夫，從攻江陵，拔砦，矢中股；從攻樊城，先登，矢中頰；從攻漢陽西壖、從攻鄂州東南隅，俱有功。又於岳州湖口獲數十人，俘百餘人以獻。中統以後，從征李壇於濟南，又有功。至元五年，充右衛總把。天朝方有事於南方，從攻安慶，從攻淮安五河口。十二年，授忠翊校尉。十三年，又戰於淮安而勝，帥府以功上，陞忠顯。江南平，軍使知其嫻習軍務，令督軍器局。十五年，佩銀符，陞忠武。樞府調往上都，率卒供土木役。役罷，進長千夫。二十四年，佩金符，授武略將軍，宿衛十餘年，年六十八致仕。

娶李氏。男四：長蚤逝，次信，次貞，庶子順。女二：長適萬户之子高某，次適右衛千户鄭銓。信，以敦武校尉、百户，戍嶺北，後讓職於弟貞。貞在嶺北屯田，軍食饒裕，還守信安西永清壁，迄今二十餘年。

介國子學生姚紱來言曰：「貞賴先人緒業，從事兵間。念吾祖、吾父盡瘁報國，備著勞績，恐久遂沈泯，願勒文於石，庶其不朽。敢以爲請。」予謂：「皇元自開國至於宋亡，用兵百有餘年，以殺獲攻戰立功者多矣。而父被堅執鋭，蹈死弗顧，名歸於主帥。而能追念而父，蘄其名之存，孝子也。」乃爲敘其事迹如右。將軍之兄弟凡九，安鎮喜文學，朝列大夫、江淮榷茶提舉；崇鎮，河間路樕充景州奥魯鎮撫，餘不仕。銘曰：

天朝用兵，虎視龍驤。掛名尺籍，半化侯王。

将軍忠勇，未大顯揚。勒銘晾後，永世用章。

元贈少中大夫輕車都尉彭城郡劉侯封彭城郡張氏太夫人墓碑

至大二年夏，天子推恩於其臣，尚書省右司郎中劉安仁封贈二代，祖考贈中順大夫、上騎都尉、彭城郡伯，祖妣贈彭城郡太君。考贈少中大夫、輕車都尉、彭城郡侯，母封彭城郡太夫人。

越十有三年，太夫人卒。其明年，郎中自江西奉母喪歸葬，與臨川吴澄邂逅於建康，衰絰涕泣而言曰：「安仁之祖若父積善種德，生不享其豐隆，荷國厚恩，賜爵於身後，未能立石其隧，以光昭天寵。今吾母歸祔吾父之兆，蘄一言垂不朽。」且曰：「吾父諱誠，東昌堂邑人。古貌美髯，儀觀甚偉，淳謹和易，長厚忠信。嘗訓安仁曰：『吾寧忍貧，不使汝殖生肥家，使汝就學者，欲汝親師敬友，培植漸漬，知立身大節，嗜義若芻豢，避利若蛇蝎，以無忝其先世。今人率曰毫芒之得，致負丘山之累，亦由父母不訓以義、而責以利故。然以貨財殺子孫，吾不爲也。』安仁年二十四爲行省掾，始得禄。繼任衡州路總管府知事、南康路建昌縣丞，將母就養。至元之季征交趾，馬價會增，安仁官滿留家，餘一馬，買者償價五倍於初值。吾父曰：『兵將買馬，爲國出力，止依初直售之。』鄉閭嘆服其義，因訓安仁曰：『家之饒乏由乎天，多取馬價，奚爲哉？汝祖父有言：「士不能忍窮，一事不能立。」汝今食禄矣，但守「公廉勤」三字，何所不利？凡事宜加堅忍，堅忍則處大患難不懾，處大富貴不矜，始可謂大丈夫。苟得於一時，遺臭於久遠，汝其戒之。』又五年，安仁任饒州路餘干州判官。大德二年六月二十一日，吾父終於家，年六十有三。七月訃至，安仁奔赴成服，葬於侯堌鎮南原之祖塋。吾母張氏，同邑里，貞靜懿淑，表裏一實。孝養祖父母，事吾父敬順不違。待賓客竭家之所，有缺則借貸以給。安仁六歲讀書，母晝促其學，夜課其誦。予未成誦，母已先記，曰：『汝襁抱中不聞啼聲，人謂異於常兒，長必可教。家雖貧，不廢汝學，期汝燭理循義，雖凍餒無憾。若夫榮達，則有命。』安仁年十九，從師江淮，母寄書以訓，謂宜明綱常之道。除潭州路治中時，寓居建康，吾母七十有七矣。慮大江、洞庭泝流四千餘里，風濤險惡，欲辭職侍親。吾母訓曰：『汝起白屋，際明時，三歷州縣官，入朝掾中書，擢工部主事，由御史臺監察御史陞都事，由尚書省右司員外郎陞郎中，先世受贈，我亦受封，其何以報國？徒以我年老而欲辭官耶？奉職養親，忠孝兩得，神所祐也，舟行何懼焉？』皇慶二年正月二十四日發建康，行近蕪湖西北，雲集風起，并力牽拽，先客舟而行。鹺賈巨航在前弗讓，母曰：『勿争先也。』彼航牽纜忽斷，航流而下，我舟遂得先進。夜鼓一更始泊，未幾，雷電風雨霰雹交作，厥明問之，後舟多有損者。又行，日亭中，舟人曰：『過此無可泊之所。』母曰：『雖早，可止。』舟甫定，大風浪及暮，大霹靂雪雹與雨雜下，三晝夜乃已，他舟亦損，此獨無虞，若得神祐云。既至長沙，吾母訓曰：『劉門素以積善聞，汝歷官十餘任，舉家食君之禄，又獲封贈之榮，合思報稱。汝父常云：「惟廉勤可逭吏責，惟公平可服人心。」汝宜堅守不移。』在官六年無代，值歲荒民饑，吾母訓曰：『民爲邦本，本固邦寧，民不得食，猶己饑之；邦本不保，汝心安乎？』於是移文上司，未奉明降，先開官倉，減價賑糶參萬斛，又勸有穀之家貸拾萬餘斛，施一萬餘斛。吾母喜曰：『汝職分所當爲也。』由是饑民得濟，野無餓莩。就任改除江西行省左右司郎中，奉母沿洞庭出大江，順流而下，入彭蠡，泝流而上，以達於洪。居洪三年，而天降割。至治元年十月十一日，吾母終於官舍，年八十有五。安仁才劣學淺，叨禄四十年，幸免缺敗，皆父母遺訓所及。無以答罔極之德，惟立言君子賜之撰述，俾遺美不隊，不肖孤之願也。敢以請。」

澄大德間始識郎中於京師，交誼二十年如一日，竊嘗謂郎中行己守官，庶幾古名臣之風。今聞其家訓如此，則熏沐成就固有所自，乃爲秩序其言如右，而詩之以麗於左。

郡侯之考郡伯諱義，妣太君王氏。子二：長，郎中也；次某，力農治家。孫男五：長祚，先殁；次禧；次禎；次祐；次禑。孫女三：長適郭；次適杜；次幼。詩曰：

累胤陶唐，支遠流長。漢訖宋金，簪紱相望。我侯之劉，蘖自東昌。
爲庶于今，弗耀弗彰。閟禄斯發，楙毓省郎。鬱鬱檟梧，顒顒圭璋。
帝降恩言，予臣孔臧。爾祖爾父，被予休光。有官有勳，錫爵昨疆。

哀死榮生，用勸忠良。于維郡侯，舊封若堂。維郡夫人，新祔兹藏。
嚴嚴遺訓，孤也敢忘。子子孫孫，春露秋霜。穹碑崒峩，天寵煇煌。
永世垂輝，徵此詩章。

卷六十六　墓碑

趙郡賈氏先塋碑

揚州路總管賈庭瑞蒙恩封贈其祖父母、父母，將勒石先塋，以揚天子之寵光，謂國史院官吴澄曰：「庭瑞家趙州柏鄉縣，祖父諱受，不仕；祖母魯氏、李氏。父諱諒，以學業爲鄉里師，不幸蚤世；母滑氏，自誓靡他，父母不能奪其志。長育不肖孤，教之以父書。比長，出而從事，誤爲故丞相順德王答剌罕所知，始終服屬，未嘗離出。丞相行湖廣省事時，任檢校，又任都事。丞相行江浙省事時，任都事如在湖廣。逮丞相入朝總百揆，庭瑞主事刑部，遷吏部，繼除樞密院都事、户部員外郎。大德季年，贊丞相定國大計。丞相既終，除兵部郎中。尚書省立，除同僉宣徽院，改除度支少監，以忤近侍，棄官養親。

尚書省廢，而庭瑞居母喪。服闋，除楊州路總管，又以不能嫵媚去職。逮遇聖時，錫命及二代，祖父贈亞中大夫、順德路總管、輕車都尉，追封武威郡侯；祖母并追封武威郡夫人。父贈嘉議大夫、禮部尚書、上輕車都尉，追封武威郡侯；母前時嘗以貞節旌表，今追封武威郡夫人。竊惟國家之厚於臣子，蓋以勵忠孝。顧庭瑞何以報稱？然君賜之榮，世世子孫弗敢忘，吾子畀一言文諸碑，以慰先靈，以觀来裔，庭瑞之願也。」

澄夙聞賈侯剛直不撓，涖官能爲人之所不能爲，既廉且勇，允矣良吏，非其先世所積而然與？則諾而述所聞，以詩之曰：

洵直賈侯，如百鍊金。遇事諤諤，愧彼瘖瘖。昔忠愍王，天下名相。
維侯是好，好莫或尚。醝司挾怨，寘人于辟。侯往平反，寃者獲釋。
官給民監，數重難酬。侯爲減殺，民瘼以瘳。鄂營梵宫，畚土躋山。
逆耳苦諫，念民孔艱。布十五萬，一邑困瘁。懇請上聞，三免其二。
佐杭保釐，政治靡墮；使閩通變，邦用靡虧。脩隄展期，農不失時。
督征發隱，貴不得私。運值危疑，孰匡社稷？國倚元臣，侯贊密畫。

鍾亡絃在，郢没斤存。牙音奚聆？石能曷伸。强暴侵陵，惡必懲忞。徑堯帝聰，豈攝權勢。浮亢蠹耗，職務節縮。殫竭愚忠，遑計身辱。作牧淮海，興利除害。公論去思，裳有遺愛。侯謂余今，先慶所積。爲子爲孫，欲報罔極。煌煌寵錫，光徹九泉。爰斵聖珉，刻詩墓前。皇澤如天，身拜稽首。永世弗諼，式𧩚爾後。

大元故朝列大夫僉燕南河北道肅政廉訪司事趙侯墓碑

侯諱思恭，字仲敬，相安陽人也。淹貫儒術，精通法律。試郡從事，以才行見知張左丞、何平章、侯宣慰、劉中丞諸先達，名聲日超。擢掌刑部、農司、宣徽院吏牘，勑授從事郎，轉承事、承務，充照磨、主事、經歷，三任俱不離宣徽。又轉承務郎，出爲燕南河北道提刑按察司判官，陞奉直大夫，入爲監察御史，制授奉政大夫、大司農司經歷，改僉河北河南道肅政廉訪司事，進朝列大夫，徙治燕南。元貞丙申十一月十五日以疾卒于大名公館，年五十五，歸葬吴村原先塋之左，郡守張孔孫爲之志墓。泰定乙丑，余自京師還，過金陵，而侯之子天綱爲江南諸道行御史臺掾，持侯墓志又自述逸事狀一通，詣余請曰：「先人以清白自將，有猷有爲，體魄歸于土三十年矣，而墓碑未樹，深罹平生德美久遂泯没，子職之缺莫大焉。先生閔人子懇切之情，而畀之文，以光其幽，生死俱有榮也。」

余察其情誠孝於親者，乃按昔所志證今所狀，而章其所可稱。侯之曾大父温、大父德俱潛晦，父仁孝友勤儉，明律學，金朝選調鈞州司獄。侯敦志節，勵廉隅，脱去邊幅，樂於從善。不長尺寸生業，室廬僅庇風雨，家無婢妾，自奉菲薄，屢空晏如也。其爲御史也，權相方抑臺憲。有奇衺裒斂民財迎佛，侯糾以法，彼交通權門求援，召侯至政府，奮怒詰責，將坐以沮壞善事之辟。侯從容枚舉侵擾之實以白，氣平理直，權相孰視沈思，竟弗能罪也。山後興州諸路饑，移文請賑救，省臺就命侯往，隨便宜設方略，活數萬人。其爲經歷也，從司農長官造闕庭，陳務農重本、闕民休戚數十事，以答清問。其憲河南也，條列孝弟忠信、禮義廉耻之訓以諭愚頑之民，俾之趍善而不麗于罰，民翕然從令。及治燕南，亦如之，先德後刑，凡事務存大體，平反寃滯，審辯無辜輕重囚生死獄不可勝計。雖中心長厚，然自能懾伏百司，鎮安所部。歲終考績，嘗爲諸道之最。讀書尤喜義理之學，陸宣公奏議、真文忠公大學衍義、許文貞公文集，玩繹未嘗去手。聞人有善有能，不吝薦舉，而人鮮知，蓋出自公心，非以市私恩也。

内子焦氏，澤州進士茂才之女，貞静淑慈，自鑒書史，待幼御下，具成家範，年八十三乃終，至治辛酉歲也。子男三：侃，年十九而殤；天綱，由國子生貢充儒吏，由户部遷行省掾，由滑省遷行臺掾；天經，以兄之讓受父廕，主獲嘉縣簿，再任冀寧録事，没官所。女二：適屯留縣主簿王蔚；適滑西廉訪僉事傅汝礪。孫男三：植早逝；次構；次楷。女一，適譙郡昝。一門子孫振振，已仕者能官，未仕者知學，侯之餘慶也。余既敘侯之美如右，而又繫之以銘詩。詩曰：

若稽臬司，衆刻寡慈。綽綽儒流，允也吏師。眈研理趣，謹飭名檢。
緊許文貞，是式是範。由中曁外，宦三十年。一寒如初，環堵蕭然。
食蘗飲冰，匪甘維潔。儀鳳鳴鸞，維祥匪孽。賑饑讞獄，百萬生存。

陰德比于，昌爾後昆。吴村之原，刻文在石。永世勿堕，仁者所宅。

有元懷遠大將軍處州萬户府副萬户刑侯墓碑

宣武將軍刑答剌忽台，以處州副萬户鎮撫州，世武弁而好文儒，教子治進士業。前貢士于應雷爲述其考懷遠大將軍之歷官行事，而以請於余曰：「先君雄毅忠壯，威名綽著。自爲偏裨，已稱勇敢，摧鋒蹈陣，勢如破竹，撫納降附，頑擴革心。宦轍驅馳，東盡海島，南極閩嶠。卒伍憚之如嚴師，氓隸戴之如慈父。棄于時逾三十載，而宰上之石未建。儻蒙賜之銘詩，以賁泉壤，豈惟生者得逭子責哉，死者亦增幽光矣。」屬余赴史院之徵，未能有以塞其請。貽書至再三，其請彌篤。余嘆曰：「人子之孝於其親，固有若此者夫！」謹按其狀：

侯諱聚，般陽路萊州人。父德由蘭陵簿長千夫，以懷遠大將軍治屯田，在淮安戰死。侯之官，初檄充百户、巡檢、總把、千户、總管等職。至元十四年，勑授忠顯校尉，佩銀符；未幾，制授武略將軍、管軍千户。十五年，轉武德，又轉宣武，陞總管，佩金符。十八年，轉明威，陞副萬户。二十四年，制授處州副萬户。二十七年，進階懷遠大將軍。侯之勳攻東海、漣海有功，從秃魯罕元帥耴東海、漣海；從丞相南征，略通、泰，破常州，定沿海温、福、興化、泉州未附之地，往福之永福縣招諭潰軍。隨日本行中書省官至耽羅山，抵倭國界；領軍船守平户島，收輯福建八郡所轄諸山洞寨，手號軍萬三千七百人。詣海洋、松門等處隄備平台寇，以寡克衆；又獲仙居縣寇千餘。先鎮岑江，繼鎮澉浦，遷鎮鉛山。二十八年八月疾，二十七日卒，年六十三。明年歸葬萊州掖縣方北村。元配劉，三男，長福，宣武將軍、管軍千户，卒，無嗣。繼室張，二男，長答剌忽台，處州副萬户，今鎮撫州者也。妾之有男者三。

嗚呼！中統、至元間，龍驤虎視，群策其力，雲起風生，各效其用，而侯之樹立若是，三世將家，子孫方昌，因所報推所施。侯之爲將，其崇陰德，而抑陰謀者乎？固宜銘。銘曰：

勇冠千軍，爲國虎臣。表終質直，壹是情真。功存百戰，亡陟三品。

殁三十年，生氣凛凛。有子襲爵，有孫劬學。三世將門，繩繩後昆。掖郊舊墓，秋霜春露。聿昭斯銘，邢氏之興。

元故濬州達魯花赤贈中議大夫河中府知府上騎都尉追封魏郡伯墓碑丁卯

故濬州達魯花赤遠哥察兒，西夏人也。歷事三朝，以子貴，初贈奉議大夫、汴梁路治中、驍騎尉，追封南樂縣子；配康里氏，追封南樂縣君。維郡中議大夫、河中府知府、上騎都尉，進封魏郡伯，南樂縣君進封魏郡君。

維郡伯世爲河西著族，父哈石霸都兒善騎射，饒智略，臨陣摧鋒，所向無敵。太祖皇帝嘉其鷙勇，錫名霸都兒。母篋里吉氏，以癸巳生郡伯，體貌魁偉，器識英邁。少親行伍，長益練。器甲堅整，馳驟勁鋭，應變赴急，奮不顧身。定宗皇帝選直宿衛，謹飭敏給，甚稱使令。從憲宗皇帝征伐，不避艱險，不憚勞苦，凡所俘獲，悉不私有。丙辰歲，以功受濬州達魯花赤。時軍旅繹騷，徵役繁重，中州凋弊，土曠民稀，而能惠愛撫綏，如古循吏。於是流逋四集，田野而日闢，竟内稱治。中統壬戌，山東作亂，奉詔扞禦南兵，斬將二人，奪馬二匹。捷聞，賞銀百兩，回賜所獻二馬。在官日久，與濬民相安。

世漸平定，無意仕進，買田築室藜陽山下，治生教子，二十二年乃終。終之日，至元甲申之歲正月壬戌也，壽五十二，葬藜陽山。康里郡君儉勤理家，至老不倦。子哈剌哈孫讀儒書，通文法，大德庚子授承事郎、江西等處行中書省左右司都事。郡君授禄養，壬寅正月甲辰終于官所，壽六十九，歸柩合葬。

郡伯卒後三十五年，當延祐戊午，子改授奉議大夫、同知江州路總管府事，始蒙恩封贈二親。又十年，當泰定丁卯，子以中議大夫、漢陽府知府致仕，再蒙恩加贈加封，具書諗于臨川吴澄曰：「哈剌哈孫生甫四歲，先父郡伯已不仕，莫能詳其施政恤民之實，所聞於先母郡君者百不一二。然承天渥，榮賁泉壤至再，倘無文追述以示方來，非孝子也。是以竊有請焉。」

余素知江州貳侯之賢，今又得知其先世累功之因，信乎水木之有原本也，乃不辭而敘次其世如右。孫男三：脱因泣，江西行省宣使；納嘉德，從事郎、潭州路安化縣達魯花赤兼勸農事；其季鄉貢進士教化，將父命詣余求文者也。女一。曾孫男五，女二。詩繫左。詩曰：

皇元啓運，群力蝟奮。虎貔效猛，鷹準兢迅。桓桓魏伯，西土奇雋。先朝舊臣，育此胄胤。入厲禁庭，恪守忠藎。出陪戎路，卓寇行陣。皇選爾勞，宅牧于濬。濬民父之，千里河潤。晝省夫耕，夜息鬼燐。有牛濈濈，無犬猌猌。世皇龍御，雷燁雷震。將同軌文，首削方鎮。爾爪爾牙，可布可信。沐浴泰和，勇退怯進。乃治田廬，乃釋綬印。閭里相歡，歲月一瞬。英嗣間興，克邁肯訓。秩秩訏謨，廓廓游刃。游斧盤根，徐櫛亂鬊。繼乘貳車，爰倅列郡。身名屢遷，家聞益振。帝制榮視，光被幽襯。階職煌煌，勳爵崇峻。生若沈溟，没也燚焮。才猷在昔，人用弗盡。遭遇在今，天報罔靳。窮碑勒美，百世不磷。不磷維何？子孝孫順。

大元少中大夫江州路總管贈太中大夫秘書大監輕車都尉太原郡侯王安定公墓碑至順壬申

公諱彦弼，蠡之博野人，今亞中大夫、潮州路總管元恭之父；故懷遠大將軍，贈定遠大將軍、武備鄉、上輕車都尉、太原郡侯忠惠公諱興秀之子也。王氏世力本務善，國朝兵至河北，忠惠率三十村之民迎其帥，師授以幟。及蠡陷受屠，三十村之民獨免。從大兵狥地，長千夫，長萬夫，授懷遠大將軍、招撫使，佩金符。後領人匠都達魯花赤，年老退閑。公襲父職，善譯語，尚氣任俠，嘗欲持匕首爲友報仇，因自殺，衆止之。選監尖家倉，提領東平路鐵，治俱有績。時於八處關隘各置提舉宫，譏察竊馬互市之人，授公奉直大夫、潼關大使。處十二年，發擿奸伏不一。浚關南禁溝，至今人蒙灌溉利。忠惠亦就養關下，至元六年卒，奉喪歸葬。

起復中順大夫、黄州路宣課都提舉，課額最一道。知安豐府事，流民来歸，墾淮甸荒田萬餘頃爲執田。其後創立屯府，公之功居多。陞少中大夫、南康路總管，督諧縣定民産高下，徵役，視農事急緩，在前民不堪命而流止者悉復業焉。三歲再蝗，冒暑率民吏驅瘗，不能爲灾。煅石脩朱文公所造江岸石閘，以禦風濤，商旅泊舟得安。改江州路總管，除前官。勵政暇日，詣郡率及濂溪、景星兩書院，勉勵士學，咨詢民瘼。郡庠日就摧壓，學計不足以興脩。公課之群儒，出學廪之粟各二百斛，畀四士分任其寘，一瓦一木不以煩有司。斧者、鋸者、鑿者、杇者，衆工兢作，或革或因，不逾月，自禮殿，從祀講堂、門廡，焕然一新。郡城北瀕大江，城壞無敢完補，公慨然興築。其夏水大至，郡民皆曰：「公實生我，倘如衆議，吾屬魚矣。」

蜀人范先生大性數十年寄隱，公造其廬，命子事之以師禮，鋟其所著易輯略以傳。江州任滿，還鄉，不復仕。謂元恭曰：「吾欲買田建義塾，教鄉里子，爾能遂吾志乎？」元恭應曰：「不敢隨遺。」規地四畝，構講堂及兩廡，延鄉之名德爲師。有田二百四十畝，歲供廪食。外設大門，中設燕居，旁竪一樓，以庋書籍。每日誦讀不輟，鄉里藹然興孝讓禮義之風。

至大戊申正月八日，公年八十九，終于里第。二月十八日合葬太原郡夫人鄭氏、張氏之兆。子男三：元德，忠顯校尉、安慶路管軍總把；元恭，由承務郎、翰林都事、承直郎、高郵縣縣尹、廬州路總管府推官、奉議大夫、江西等處行中書省理問遷亞中大夫、潮州路總管。女五：長適金紫光禄大夫，平章政事，鄂國公史弼，追封鄂國夫人；次適中梁路總管陳柔，追封潁川郡夫人；次適六合縣尹董汝楫；次適中慶路蒙古字教授薛良；次適吕元魯。曾孫男：遵，丞直郎、大都右警巡院副使，進丞直郎、南康路總管府推官；達，未仕；道，中書省蒙古必闍赤；暹、遇，俱未仕。女孫：長適盧信；次適真定路趙州判官李某；次適奉訓大夫、廣州路增城縣尹董仲玉；次適丞直郎、江浙行省左右司都事鄧巨川；次適史某。曾孫男亨用，中書省宣使，餘幼。

公之考暨公，蒙恩追贈制曰：「懷遠大將軍王興秀可贈定遠大將軍、武備卿、上輕車都尉，追封太原郡侯，謚忠惠；少中大夫王彦弼，可贈太中大夫、秘書太監、輕車都尉、追封太原郡侯，謚文安。」逮至順壬申，公之子元恭自潮貽書臨川吴澄，請文墓石，距公卒葬之年二十五年矣。澄以孝子之榮哀其親也，不辭而爲序次其行事大概，繫之以詩曰：

王氏之初，執其簞壺。先識迎師，全活里閭。挺生英嗣，繼世膴仕。
早負俠豪，晚作循吏。老而歸休，桑梓優游。期化鄉人，世于魯鄒。
靡玷靡疚，神所扶佑。詵詵胄胤，綽綽遐壽。綸恩焜煌，加賜官勳。
胙之侯爵，易名彌尊。有韙潮特，追孝誠篤。勒文堅石，用顯前躅。

皇元贈中順大夫禮部侍郎上騎都尉天水郡伯趙府君墓碑

朝散大夫、雲南諸道肅政廉訪使趙成慶昨任山南憲副時，考府君垠祖，贈中順大夫、禮部侍郎、上騎都尉，追封天水郡伯；妣夫人胡氏，贈天水縣君。今將赴雲南，過家立石墓前，以表上之恩，以章親之榮。貽書臨川吴澄，俾文諸石。澄耋耄疲癃，非能馳騁筆墨者矣。然廉訪使此舉，臣之敬上也，子之孝親也。一舉而臣、子之道兩得，樂於爲之言，是以勉力承命而不辭。

趙氏，東川著姓，家于銅山，素羸於貲，輕利好惠。府君少共子職，母嘗病劇，拜醫籲神，誠意懇切。苟可已疾，靡事不爲，母竟獲瘳。其後天兵下蜀，母已不存，奉父如渝，渝亦受圍。又值歲饑，饘粥已度晨夕。越數年，父遘時疫，願言歸骨鄉里。及父喪，偵伺兵退，跋履險艱，間道扶柩返喪，與母同兆。時蜀言及父難孔棘，宋東川帥百計支柱，府君亦署百夫長，尋即退間。宋亡蜀附，居民始紓。府君每念遭逢世運之厄，能復業者有幾？夫婦合志，信禮佛像，雖重費不吝。惻惻懷哀閔群庶心，賙恤救助，厚施而不蘄報，有負無償者弗責。自奉甚約，縷絲粒粟，戒勿暴殄，勤勤於小物，肫肫於大倫，衆口同稱善人。翰林侍讀學士李原道所撰先塋碑紀述備悉，兹不再書。

府君卒大德戊戌九月四日，年六十八。其夫人卒皇慶壬子三月七日，年八十二，并葬郪縣富國鄉之東山。子男四：成桂；成芝；成憲；成慶，季子也，其仕始行省理問所知事，至廉訪使十四任，其階始將仕郎、至朝散大夫凡七轉。考妣受贈官亦三矣。女三，婿牟仲保、王文德，中女疾，不嫁。孫男七，女七。

靖惟趙之先德所培者深，故其施于後嗣所發者茂。廉訪使遍歷中外臺省，公忠清謹，粹然無瑕之寶，有用之器。聞著當今，光被既往。國之良臣，家之良子已。且復遠徵老拙之文，人子愛親之孝罔限極也。雖然，澄之文，虚言爾。欲顯其親，在立身揚名；恐辱其先，在脩身慎行。廉訪使所慎、所揚固已寡過多譽，其尚彌勗所脩，彌堅所立，行無怠於終，則名有加於初，垂二親不朽之聲，延百世未艾之祉，在己不在人也。己之實行可傳，其比藉人之虚言而傳者，豈不相去萬萬哉！

有元朝列大夫撫州路總管府治中致仕李侯墓碑 元統癸酉

朝列大夫、撫州路總管府治中致仕李侯之子輔，自洪郡至撫郡之遠鄙，水陸五百里，觸冒盛暑，造吾門請曰：「輔之先君，生戊申年七月三日，延祐乙卯六月二十七日終，年六十有八。天歷庚午七月十一日葬磁州滏陽縣南之祖塋。先夫人隴西郡太君陳氏，生辛酉年十一月二十一日，至順壬申四月一日終，年七十有二，將以某年某月日歸鄉祔葬焉。痛惟先君棄世已十九年，而墓石未建，不肖孤弗克立身揚名以顯其親，懼久遂湮没，敢蘄一言以發潛幽，則先君雖死猶生也。」

維侯嘗官于撫，予雖不及識，聞其爲循良吏。其子能以儒術起家，以時才獲用，而予識之舊矣。其情懇切，誠孝於親者，是以不辭而爲之，敘次如左。

侯諱璋，字君用。曾祖定，祖均，世爲汴梁杞縣人。考實，避金亂，徙廣平路磁州滏陽縣。生三子，侯其次。至元六年，舉兵攻襄樊，伯兄留綜家務，而侯從軍，以能通書計，充軍府令史。天下既一，擢廣西宣慰司都事。未幾，從湖廣行省官往海外四郡建安撫司。行省官，宋舊人也，狃于故習，任意輕殺。侯執法抗議，全活數百，以功陞化州路判官。時權姦柄國，仕者率由賄進。侯久勞廣海，理宜優敘，以不阿媚，至元十八年，左遷潭州澧陵縣尉；二十二年，授將仕郎、象州路總管府知事，未任；選爲湖廣省掾，從鎮南王征交趾。自陸路深入，官軍失利，陷没者半，獨侯所領百衆力戰三日，獲其偏校以還。隨上官詣闕，條陳軍中利害，請以戰艦，由海洋擣其巢穴，因是交趾内附，朝貢至今。尚書省更至元鈔，二十七年，除常州路平準行用庫提領，鈔法流通，官利民便。元貞元年，授承事郎，尹贛之興國。明年，有妖賊作，致動重臣大兵殄捕。侯躬率民義嚮導，遍榜諸鄉，諭良民棄砦寧家，以別於賊，而不罹玉石俱焚之禍。先是，邑中豪民惑於其妖，各餽牛酒金帛，以表崇信，賊酋籍其名姓百餘家。及寇平，得其籍，侯憮然曰：「此愚民無識而然。」畀之於火，竟無罥[一]罣。重臣亦嘉之，獎其勞來安集之功，而薦諸朝。民懷其德，立祠報事。後聞侯喪，莫不感涕。大德四年，改授吉安龍泉尹，化民爲善。有兄弟争田財，數年不決，侯閉門自責，累日不視事。其民羞愧，願改過，自息其争。脩學校之廢，正版籍之詭。開墾係官荒田若千畝，歲收三千餘斛，存貯以備饑歲，民免艱糴。縣瀕大溪，當行人往来之衝，每春漲浪急，渡舟常多覆溺。造浮梁百餘丈，利涉無虞。在任六年，既去，民猶思之。至大元年，授承務郎、撫州路推官，平反寃獄十餘。行屬邑審囚，咸稱其平恕明决。年未七十，以疾告致仕，得進階朝列，進職治中。比命下，侯已先逝矣。

侯端謹重厚，清苦澹泊。仕於南中，所得俸給悉送還家，以奉二親。撫育族從孤幼男女十數，逮其成人，而爲嫁娶。大德三年，歸省祖塋，買土故鄉，凡一家内外未葬之親，

〔一〕罥，四庫本作「冐」，據文意改。

各以昭穆序葬。募黨里之謹愿者，永遠守護；囑族屬之慈順者，歲時展視。初娶薛氏，早卒。再娶陳氏，以長子輔恩例受封，從夫四品爵秩。子男四：輔，繇龍興路儒學二吏工部、掾江西省，敕授全州路儒學教授，掾湖廣省，陞掾中書省，丐侍親，授承務郎、江西等處行中書省檢校官；次輅；三祐；四輯。女三，彭椿、王新、梁詢，婿也。孫男五：愿、簡、直、某、某。女四，適米、適常、適周，幼者未行。輔自述其父之事云爾。

輔也，通而能介，介而能通；仕不廢學，學不廢仕。儒且才已。有望有聞，靡瑕靡舋。志在章父之美，勤勤如也。觀其子知其父，則侯之可銘也無愧。銘曰：

拔之行伍，而史而府。畀之民土，而字而撫。

父也能吏，子也才士。克章前美，父有孝子。

卷六十七　墓表

有元翰林學士承旨資德大夫知制誥兼修國史加贈宣猷佐理功臣銀青榮禄大夫少保趙國董忠穆公墓表

公諱文用，字彦材，真定藳城人。贈光禄大夫、司徒、趙國宣懿公諱昕之孫；龍虎衛上將軍、左副元帥、贈推忠翊運效節功臣、太傅、開府儀同三司、上柱國、趙國忠烈公諱俊之子也。忠烈起自畎畝，爲國竭忠而死。有八子，其元子文炳，以左丞從伯顔丞相平江南，功第一，贈金紫光禄大夫、平章政事，加贈宣忠佐運開濟功臣、太尉、開府儀同三司、上柱國，封趙國公，謚忠獻；其季子文忠，某官，帷幄近臣，贈光禄大夫、司徒，加贈體仁保國佐運功臣、太師、開府儀同三司、上柱國，封趙國公，謚正獻。公，忠獻之弟、正獻之兄，於次居八子中之三。生十歲而孤，伯兄忠獻教諸弟如父之教子，得侍其先生軸爲師，故公器業夙成，武將家偉然爲文儒。少事世祖皇帝于潛邸。中統元年，張公文謙宣撫大名，辟公爲左司郎中。二年，以兵部郎中參議都元帥府事。至元元年，除西夏中興行省郎中。五年，立御史臺，除山東道提刑按察副使。八年，置大司農司，爲山東勸農使。十二年，擢兵部侍郎。十三年，佩金虎符，出爲衛輝路總管。去衛時年踰六十，浸不喜仕，築遐觀亭，日與鄉人飲酒賦詩，若將終身。十九年，起爲兵部尚書，尋改禮部尚書，又遷翰林侍讀學士，知秘書監。二十二年，拜江浙行省參知政事。二十五年，爲御史中丞。權相忌之，奏公爲大司農，又徙公翰林學士承旨。三十一年，成宗即位，加資善大夫、知制誥兼修國史。大德元年，進資德大夫，致仕。六月戊申，以疾薨于里第，年七十四。八月甲午，葬藁城西北高里先塋之左。五年，翰林閣學士復以大都路儒學虞教授集所述行狀撰公神道碑。其後蒙恩特贈銀青榮禄大夫、少保，封壽國公，謚忠穆；又加贈宣猷佐理功臣，改封趙國公。

至順三年，公之子南康路總管士恒貽書臨川吴澄曰：「先公平生言行，碑銘可稽，然薦膺六龍，封謚名爵既異，復有待於不一之書也。」澄舊嘗忝竊微禄，客京華，稔聞公名。時公已即世，不及親見公之行事矣。謹按前碑敘公之大概，以表于墓。

初，憲宗南伐，先加兵於蜀，世祖以太弟帥東侯之師趍鄂渚，將次江上，公伯兄獻謀，謂兵法先人有奪人之心，願假戈船先諸軍渡江。公暨季弟統勁卒數百以從，徑簿南岸，三戰三捷，公還報，世祖駐馬臨江，酌公巵酒，使申令諸將，旦日畢渡。會憲宗崩，咸請乘勝進取，公獨建議班師，歸定國事，以爲他日南土可傳檄而定，世祖然其議。其後宋既平，每對朝臣嘉獎公之先識。

公佐西夏行省時，新承渾都海之亂，往者憚於行，至者憚於留。公言人臣不當避難，悉心撫治，開諸渠，溉平凉、甘肅、瓜沙數州之田，予民種及農具，諸部落渡河來歸者日衆。人地割畀諸王，常賦外，其下徵索無度，公與王傅言：「賢王，國之懿親，仁聲洽於四遠。下人縱恣如此，將無累王盛德乎？」僂指數其不法數十事，傅驚起白王，王召公謝曰：「微公不聞斯言，幸持此心勿怠。」三年之間，所畫皆便民，夏境遂安。

齊魯故饒穀粟，公勸農山東，躬自督視，闢其污萊，至于海瀕，績最諸道。公之爲兵部侍郎也，前侍郎、平章阿哈瑪私人教鷹監入愬今侍郎不給鷹食。世祖怒，召至，望見公，乃曰：「董文用豈治鷹食者耶？」愬竟不行。

公之爲衛輝總管也，江南初臣屬輦致金帛送京師者，道衛晝夜不絶，日役數千夫護送。公曰：「東作方興，無奪農時，遣胥校足矣。」議引沁水入御河，以通運漕。公曰：「沁水地勢高於衛，倘積雨彌旬，沁水灌衛，又使入河，河不受，還入衛，則衛惟其厄，且無大名、長蘆矣。」部使者與水衡度水，如公所言，遂止，衛人德公焉。

公之爲兵部尚書也，預議大政，江淮行省惡臺憲绳己，欲使行臺受制行省。公曰：「不可。風憲之司猶虎，今虚名僅存，如虎雖睡，人猶有所憚。若更受制於人，貪虐之官吏蔑顧忌矣。」議遂寢。賈人盧世榮主權倖，驟陞中書右丞，謂生財有術，民不加賦，而歲倍入。詔廷臣集議，衆莫敢言。公時爲翰林集賢學士，詰之曰：「是錢若不取於民，倍入之利將安出？譬之牧羊，每歲僅可再薙其毛。若時復一薙，羊主得毛雖多，而羊死寒熱矣。取民者亦然，日削月朘，邦本先蹷，寧復有財可取？太祖聖武皇帝提尺箠起朔方，以有此民，而忍於戕之乎？」丞相安童曰：「董尚書議是。」未幾，世榮誅，公辭江淮參政之命曰：「錢穀事繁，臣不任治劇。」上曰：「江浙重地，煩卿鎮之。」乃奉詔。時行省之長矜傲，同列畏懾，公與論事，無所屈。一日，選嚴酷吏百輩，將括民田，民大駭，公力止之。浮屠人得旨，於亡宋故宮造塔，有司役民入山伐木，大雨雪，多凍死。公命緩其事，省長揚言：「參政格詔旨。」公曰：「隆冬興役，民不能堪，將失浙人心，非詔旨也。」長有愧色，事亦紓。

日本之役，倚辨兩入奏，有詔罷兵。僧格擅威權横斂，雖臺臣莫敢誰何。公爲中丞，怒公不附己，据摭臺務百端，公與廷辨不少挫。嘗慨然曰：「郡縣病極，救之無它策，惟當選按察使。」舉雷公膺、胡公祗遹等十餘人，天下賴之。復以僧格奸狀告上，不報。而僧格奏公惷戇不聽令，沮撓尚書省政，將陷于辟。世祖徐曰：「董文用，朕所知。」由是不能害。則褫其臺權，而擯公于農官。欲奪民田爲屯田，公固執不許。則又褫其農職，而寘公于翰苑。僧格敗，公譽望益重。世祖命公授諸皇孫，詔曰：「老人畏寒，須暄和。」時至帳中，敕内侍親具膳。每預宴，與蒙古鉅族齒。或時賜飲御榻，特命毋拜。其眷遇之隆，漢人無出其右。嘗命公見其諸子，公奏：「荷國厚恩，報效無所，不敢以子弟累陛下。」

成宗初，公覲于上都，召入便殿，賜錦衣玉帶雙玉佩環，從幸三部落。又賜緡錢萬五千券。日久奉顧問，公陳國朝故事，累累言先皇虛心納賢經國之務，嘗至夜分。國朝譜繫、勳舊世家，公記纂詳盡，史修實録，咸就公考正。上章請老，詔賜緡錢萬券，官一子鄉郡以便養。既得請，咨院呈省，言故父歿於國事，自願不令子孫承廕，乞將自己職事易故父封謚。時臺臣有送公出境者，比還，同僚訝其來之遲，則具言：「公居廉貧，賣居室，以償所稱貸而去。其父忠勇死國，未蒙旌異，今請以廕其子者易封其父，豈非忠孝兩全之人與？」聞者莫不嗟愕，於是合臺備舉其事于省，并以聞奏。旋蒙聖恩，特贈其父功臣名號、官勳、封謚。

夫人王氏，寧晉元帥某之女，先公卒。再娶周氏，江淮漕運使某之女，後公四日卒。子男八：長士貞；次士亨，後仲兄右衛君，官至昭勇大將軍，佩金符，侍衛親軍都指揮副使，早卒；三士楷；四士英；五士昌；六士恒，初以特旨授承務郎、真定路總管府判官，繼歷肅政廉訪司，官僉事凡再，副使亦再，今授中大夫、南康路總管；七士廉，國子助教、翰林編修；季士方。女四，婿趙珌、周叔、齊東縣尹王良傑。孫男十七：守約，知亳州事；守□〔二〕，右都衛副指揮使。女十。曾孫男七，玄孫男□〔三〕。

神道碑曰：「公天資仁孝，歲時事祖禰如事生，事兄忠獻公如事父。訓飭子弟嚴而有禮，與人交侃侃和易。好賢樂善，不啻饑渴。莅官以寬大爲務，不事細故。國有大議，能言人之所不敢。遇不可，辭氣憤厲，雖賁、育之勇不能過。閒居聞朝有失政，輒終夕不寐，倚壁嘆曰：『祖宗險阻艱難以取天下，而使賊臣壞之。』嘗言：『人臣當以節義報上，不可偷安以負國家。』憂患之誠，老而彌篤。前後所遭宿奸巨慝謀中公者數矣，賴聖主知公之深、眷公之重，故其謀不得逞，古所謂忠信自結主知者，非耶？仕宦餘五十年，及薨，其家惟有祭器、書册、紙墨。」蓋得公之實云。

〔二〕四庫本缺字，成化本原文字迹不清。
〔三〕四庫本缺字，成化本亦然。

故存耕居士許公墓表

承事郎、同知太和州事曾翰狀其同郡許君希顔之行曰：「君少而穎異，長則重義輕財，慷慨有氣節，孝友稱於族，恩信著於鄉。恤孤周急、救貧賑饑、排難解紛，不自以爲德。喜讀史，觀古義士，輒感慨奮發企慕；若憸狡誤人家國，忠烈不克令終，必嚙齒撫案，嘖嘖嗟惋。戒其子云：『汝曹何修何飾，而飽食煖衣？苟能謙恭畏慎，力學務本，師法賢哲，庶保長此。每見名門鉅姓被不肖子蕩覆其家，深可寒心，汝曹戒哉！』人以存耕居士號之，蓋目之實也。」其子欲章父之美，囑所親黎世英持狀來求予文，將勒諸石，黎又介從士郎、茶陵州判許晉孫先導。予閱其狀，有可書者，遂諾不辭。

按狀，君吉之萬安人，仕淵名，希顔字也。系出長沙，析派數代後，樂萬安之下造而家焉。自曾大父生業以饒，大父暨父拓闢彌廣。兄弟三人，君其季也。居阤龍泉、南康、贛縣之衝。至元末，鄰境猶弗靖，君輯護鎮遏，寇不能犯，里居以寧。嘗寓廣陵旅邸，館主囊括諸客之資一夕逃去，衆束手罔措。君遄聞于官，逃者密令人償君一倍，冀以弭訟。君不可，執其人，悉得同舍所失乃已，衆感其義。

在家兄弟衆聚，怡如也；僕役給使，肅如也；賓朋交際，歡如也。别墅山水明秀，花賁羅簇，圖書左右，子孫滿前，賓客過從，觴咏笑歌，有晉人流風。卒延祐己未冬季六日，年五十一。娶蕭，贛之望族，宗戚咸謂賢淑，成君之善，内助與有力，後六年而卒。泰定甲子夏季既望也，子夢炎、夢齡治前後喪，合葬黄竹山之原。孫男四：琮、璋、珪、瑜。孫女二。二子劬書謹身，切切於追遠孝也。

臨川吴澄曰：許晉孫，延祐乙卯進士也；曾翰，泰定甲子進士也。二進士傑特，予所嘉。於希顔皆非素識也，而爲之狀、爲之言，則希顔之爲人可知也，是以表其墓。

元贈承務郎山東東西道宣慰司經歷蔡君墓表

撫州路總管府推官蔡侯裔之父諱青，天歷二年奉敕追贈承務郎、山東東西道宣慰司經歷，母劉氏，追封恭人。越四年，予至撫城，推官諗予曰：「裔起身田野，際遇明時，甄録微勞，齒郡牧伯，共治天子之民，惴惴懼弗勝任。皇澤如春，普遍群品，榮被二親，將何以報？稱願畀一言文諸墓石，以章天寵之優，昭示子孫于永世，庶幾人臣敬上之義、人子愛親之誠兩不忒乎？」

澄謹按：蔡氏先世歸德府睢州人，經歷君之考諱旺，其妣王氏，遷東平之汶上，復遷濟寧之鉅野。經歷六男三女。男：一澤；二瑾；三琰；推官居四；五順；六潤。女：一適姚；二適姜；三適高。經歷丁亥歲五月十八日生，七十三而歿，大德己亥七月十一日也。劉恭人，甲午歲正月十三日生，七十六而歿，至大己酉十二月四日也。并葬鉅野縣之東垞村。

推官以其父受贈之前一年仕于撫，今五年矣。其在郡也，長貳同列屢更，皆喜與之爲僚。下屬邑審訊獄訟者致，哀矜詳慎之意終始如一。凡所斷决，兩造靡不心悦誠服。過滿未代，上下咸欲其留，唯恐其去。一身之循良，一家之積累也，父母身後之受國恩宜哉。推官娶邱，亦封恭人。子升暨晉，經歷之孫也，習進士業，俊邁出衆。蔡氏之慶，其方源源而來也歟？

故武義將軍臨江萬户府上千户所達魯花赤也先不花墓表

故武義將軍也先不花，族出乃蠻解氏，隸山東河北蒙古軍。初以阿木丞相帳然管軍百户從攻襄樊，伯顔丞相渡江之後，從行省參政破潭州有功。至元十三年，授忠顯校尉、管軍總把，掌潭州新附軍。隨湖南行省破静江又有功，静江既得，隨史萬户徇廣西未附州郡，直抵各郡城下，柳、賓、慶遠、邕州皆降。諸郡既附，惟遠鄉僻地阻險自保，乃隨潭省參政收捕衡、永等處。自領軍兼領諸蠻軍，平殄常寧縣清水洞及火田村、火兀村、龍石村、李公洞，俱底帖息。十四年，宣授武略將軍，管軍千户，佩金符，掌新附軍如故。十九年，鎮守吉郡，吉之永新彭原山、太和下平寨，及永新煙市及朦鄉瓦岡，及廬陵站溪及永新黎頭山，相繼不静。三四年間，一一勦戮其爲寇者，縱釋其爲民者。二十五年，宣授武義將軍、上千户所達魯花赤，屬臨江萬户府，二十七年，摘撥鎮守南安，病作不行，養病于袁。大德五年八月十六日卒，年六十六。

男買奴閑習騎射，讀書知義理，又通蒙古言語，自少給使于内。至大三年，宣授奉訓大夫、太府院判官。延祐二年，臺除奉直大夫、西臺御史。五年，改除奉議大夫、南臺御史，侍親不出。越十年，除僉江西湖東道肅政廉訪使事。至順三年四月，偕中使下諸郡審理罪囚，八月三日以疾終于建昌，年六十二。長孫伯顔，泰定元年受宣命襲祖職，次孫□□〔一〕未仕。

澄舊識御史於金陵，近過臨川時，謂其父殁三十二年而墓未立石，方徵余文以表于墓。去不半月，而武義之次孫以御史之新喪至矣。哀哉！武義君强毅勇敢，臨陣每多殺戮，累功不一，而未及取高爵，寧無將軍不侯之憾乎？其子褎然武將家之文儒，風憲有聲望，亦復不壽，憐才者爲之於邑焉。

〔一〕原文闕如，四庫本、成化本皆然。

廬陵易中甫墓表

貢舉未行時，士之欲隨世就功名者倀倀靡戾，不得不折而歸於在官之府史。廬陵多材士，若易中甫，卓犖殊尤者也。少登劉大博先生之門，薰漬膏馥，呻畢弄翰，往往度越輩流。既而以才選，從事古豫章郡，遷調臨川，又遷調宜春。考滿，例陞縣府史之長，得章貢雩都。至縣未及上，以疾卒。

中甫名立中，廬陵太和人。生宋咸淳辛未十一月，卒以至治癸亥七月十一日。其年十月二十七日，葬太和千秋鄉之梓橦嶺。其子原徵志銘。泰定乙丑冬，余自京師還，而中甫掩壙已久，乃爲敘其歲月以表于墓。中甫精敏練達，所歷俱有政聲。在洪貸官米賑饑，辨誣盗馬者；在撫出死獄，司倉平概量；在袁戢流民之擾，抑豪奪葬地之横。似此不一。十歲而孤，養母盡歡，母壽終八十。閒居，左右圖史，玩閲無倦，下逮術數末技，亦皆究心。娶徐。子男二，女一。孫男三。

斯焉。

嗚呼！中甫有時才，曾不獲齒於下士，展布一二，是以憐才哀命之君子不能不嘆息於斯焉。

樂安陳文秀故妻賴氏阡表

賴氏秀慧居歐鄉，世父擢科尉宜黄。生宋景定壬戌春，二十來歸東川陳。夫名文秀，庭芝字。四男一女，余其壻。大德丙午正月終，葬長畲原，丁未冬。堂封二十有三年，夫索吾文表荒阡。子肖婦宜孫蟄蟄，孫男十三、孫女十。

卷六十八　墓表

故安慶府同知徐府君墓表

安慶府君徐氏諱必茂，字幼學，臨江清江縣人。父兵部侍郎諱卿孫，宋末名臣。炎祚訖録，無復有人間意，遁身野寺，越五載厭世。其得安全考終，脱然靡所繫累者，以府君爲之子，能負荷家政，不以毫髪事攖親懷也。既畢父喪，一再受命，尉潭之長沙，簿汀之上杭，最後同知安慶，俱以養母不就職。母黄氏令人惟一女，最鍾愛，納文陞爲婿，仕至集賢直學士。府君視妹夫不異同出，聚處一門，終始無纖隙。順悦母心，備殫其極。厚於所厚，推之及人，無一不厚。待兄子猶子，群從宗族雖疏猶親。母之黨二姓，妻之黨三姓，恤亡周存，敬尊矜賤惟均。

侍郎所師暨知舊僚屬，已所師暨姻戚鄉里，凡其後嗣伶傳弗克自業、頓踣弗克自樹者，一一振德之。雖技術褋流踵門，亦歡愜而去。接人謙和恭謹，未嘗疾言遽色，如春陽之温煦，如甘澍之膏潤，如萬頃陂池，汪洋莫測其涯涘。敦於倫紀，篤於恩義，有太過，無不及。凶歲賑施，惻然猶己饑之之思，六行之實罔或缺一。自脩於家，不求知於時。

翰林承旨王公構、儒學提舉鄭君陶孫，素不輕許與，皆舉府君堪館閣之選。初娶提幹鄒君之女，再娶録判聶君之女，三娶同知全州總管府湯侯之女也。二子，鎰、鏞。居常啖藥，多剛劑。至大庚戌，忽屏藥弗服；四月微病，丙辰遷坐，毋令人前，以辭永訣而逝，年五十三。其年十一月甲申，葬留墓原，舊有志銘矣。泰定乙丑十二月丙申，改葬族湖龍會山，鎰復徵文表新墓。惟府君之細行衆美，悉數之未可既，故爲述其大節，以傳不朽焉。

元贈奉議大夫驍騎尉河東縣子段君墓表

君諱思温，字叔恭，其先居絳之稷山，自宋司理參軍[一]應規始。金贈中奉大夫、武威郡侯鉅生鈞，君之高祖也。季弟某，正隆二年進士，仕至中奉大夫、華州防禦使。兄弟俱以學行顯，人稱爲河東二段。曾祖汝舟，祖恒生。克己，君之考也，有詩文，號遯菴集。仲弟成己，至大七年進士，主河南宜城簿，詩文號菊軒集，與兄齊名。又稱爲河東二段。

君遯菴翁之弟三子，年十二而孤，已如成人。從仲父菊軒翁學，遂成名儒。年二十一，受室河中魯氏，因家焉。於經尤邃易、春秋，詩文温厚純正。授業鄉里，多所造就。節縮衣食，買書萬餘卷，以遺子孫。安西王聘爲記室參軍，辭疾不起。年二十九，丁母憂，致哀盡禮。越四年，仲又卒，喪之如父。年四十九而終，至元戊子歲三月也。次月葬稷山旌汾鄉平瀧原之先塋。

[一] 司理參軍，「軍」原作「車」，徑改。

子輔由應奉翰林歷西臺、南臺、中臺三御史，僉燕南河北道肅政廉訪司事，入爲國子司業、太常禮儀院判官。君以子貴，贈奉議大夫、驍騎尉，追封河東縣子；配魯氏，追封河東縣君。君之粹學篤行，奉訓大夫同贊善恐追撰志銘，述之已詳。輔將改題墓額於石，以彰天貺之榮，而余爲之文，以表其墓云。

元贈承事郎封丘縣尹朱君墓表 丁卯

承事郎、撫州路經歷朱端以書言曰：「端世居汴之鄢陵，年十六試吏，踰三十爲郡從事，不幸二親喪。又十年，仕淮西憲府，考滿，授將仕佐郎、太平路照磨。延祐戊午，簿建康之江寧，既而掾江浙行省。泰定甲子，陞正七品，掌案牘于撫。越三年丙寅，蒙恩封贈父母。吾父諱改，字國用，金末辛巳歲生。樸厚淳雅，重然諾，常以愛人澤物爲心。處姻族里閈，恂恂如也。少失怙恃，事祖母甚謹。年十二，奉祖母避兵，匿土空中，出取食，爲哨騎所獲。帥酋俾爲伍長，率衆北渡。中道宵遯，數日得達祖母所。未幾，再被俘，與家杳不相聞，留大名三十年餘，婿于閻，思親懇切，日夕哀慕，乃攜妻子歸至鄢陵。時祖母已即世，號慟幾絶。惟兄尚存，友愛彌篤，養之終身。吾母閻氏剛果善持家，刻意教子。吾父年七十三而卒，與母合葬汴之先塋。父卒後三十四年，贈承事郎、汴梁路封丘縣尹；母贈宜人。端追念先人潛德弗耀，不肖孤謭才，幸霑微禄。聖恩天廣，光賁泉壤，倘不刻辭示後，非所以揚親之美，而彰君之貺也。端爲簡書之故，弗敢離次，謹命子復禮見而有請焉。先生賜一言文諸石，則爲臣、爲子者之心，庶其有校乎？」余初識經歷君於金陵，固已嘉其人。及今撫州之政公正寬平，蓋循良吏也。且聞昔仕憲府時，平反重囚，多所全活。其陰德在人，獲報於天，宜未艾也。不有賢父，何以有是賢子哉？表其世美，以爲積善而昌其子孫者之勸，余之志，是以樂爲之道，而俾碣于其墓云。

封丘府君一男，端也；三女，俱適士族。孫男三：長明信，早夭；次明實；幼復禮。孫女一。

廬陵蕭明叔墓表

廬陵蕭復清，儒家子，能詩，寄迹道家者流，一再及門言曰：「蕭氏，吉龍泉之著姓，而吾先世居夏湖爲尤盛。吾父明叔，行實文聲度越儕輩，屢試進士不得。貢科既廢，巍冠侈袂終其身，講授遺經，淑後進，接人和粹謙抑，酒酣氣張，豪邁如少壯。不治生産，屢空晏如。二教之書亦所樂究。屬纊前一日，猶對客談黄庭，厥明，無疾而逝。生宋淳祐癸卯冬仲仲六，終於大元大德甲辰春季上七，葬西溪之小州。吾母朱氏，外祖前貢士。伯兄慶孫紹家學，詩有集。仲兄吉孫早卒，復清季也。吾兄不偶於時，而復清遊方之外，誠懼先德泯泯無聞。公能賜一言，永吾親以不朽乎？」

嗚呼！士之隱處而名湮没者，古今凡幾！太史公固深悲之。子之孝於而父也，至矣哉！余言之傳不傳未可知也，而忍違孝子之志乎？爲書此以表于墓。癸發，明叔名也。

劉季説墓表

與余同生淳祐己酉歲者，位之顯有程鉅夫，居之近有劉季説。鉅夫生之月後於余四朔，一則正月中旬之九，一則四月中旬之七。季説生之日後於鉅夫之六辰，一則其日日中之午〔一〕，一則其夜夜半之子。

季説，撫樂安人，世居忠義鄉之𨚗城。大父焕，依外氏，徙雲蓋鄉之南村而卒。父〔二〕天驥，自𨚗城住後焉，是生季説，名曰夢生。警敏惇恪，三歲而孤，母督勗俾進於學，雖童稚，器識如老成。十許歲，偶至市觀弈，有長者曰：「若亦好此乎？」聞言羞赧，疾步而歸，爾後雖休暇，不出書室。能舉子業，每不自足。究玩理趣，務蹈其實。群聚狎謔，己獨莊重，不苟言笑。然外寛内怡，亦不忤俗。侍母奉養無違，持喪情文兼備。葬之日，

〔一〕午，四庫本作「干」，據文意改。
〔二〕四庫本脱「父」字，據成化本補。

會送者數千，適强寇入竟，望見銘旌，聞鐃鼓聲，以爲官軍，驚遯而去。值邑有狂夻，蛇虺善良，世業爲損，先廬又壞，兵盜交擾，遂避地他邑。繼罹横政苛斂之禍，流離困迫，恬然略不芥蔕。

事勢僅定，乃築室白城舊基。生理漸完，汲汲收書，無印本者筆工抄寫，諸子百家外，天文、地理、醫卜、種樹、老佛之説，靡不覽。選先秦以來古文凡意義同者類相附從，中寓教戒，足以垂世。冠昏喪祭，動必遵禮，有疑則問辯考正而後行。喜談人善，或有不善，面責其非，語當心公，人自愧服。親故不給，隨力以濟。歲饑，竭廩贍賑，爲富户倡〔二〕，自底空匱，終不怨悔。常時命醫治藥，貧病之人來言疾狀即與，不取其直。邑之長貳聞名願見，見必加敬。凶狡下人心亮其誠，不忍侵侮。嘗愛公委，覈實學産，不受私囑，隱漏悉復〔三〕。命攝教官，諸生日益勤勵。所居前後左右種梅橘，植花卉，四時皆可娱目。

〔二〕户倡，四庫本作「亡資」，據成化本改。
〔三〕復，四庫本作「優」，據成化本改。

娶何，繼賴。男某某，女適某某。孫男四，孫女六。皇慶壬子八月丁亥以疾終，延祐申寅十二月甲申，祔葬折原南坑祖塋之左。泰定丙寅，余還自禁林，季説之子來請曰：「先子信厚本於天，整肅成於學。葬十有三年矣，而墓碣未立，懼無以傳久遠。先生其賜一言。」余惟季説以夷之清，而不害其同；似惠之和，而不失其介。疇昔相與論學，有樂無倦。豈謂後余以生，而先余以没乎？因其子之請而動余悲，惻惻感激不能已。聊爲述其大概，以表于〔二〕墓。

揭志道墓表

豐城揭車之大父道孫，字志道，英偉豪邁，須髯奮張。少業進士，一筆千餘言。世革，伎無所施，則尚羊山水幽處，痛飲狂歌，繼以太息。後乃還治農圃，教授鄉里。車〔三〕

〔二〕于，四庫本作「二」，據成化本改。
〔三〕車，四庫本作「中」，據文意改。

曰：「吾祖客外，每食，舍肉，將歸遺親。親没，事兄如父，事姊如母。姊寡，有子十歲被俘，極力遍求弗獲，養姊于家，終其身。作堂名廣思，歲時於中序族。年逾四十而鰥，意不再娶。晚嗜佛書，酒肉俱斷。風月良夜，鼓琴一二操，聲動鬼神。年六十八，將終，意氣閒定。家人環立，摇手止之曰：『勿亂。』凝然而逝。」噫〔二〕！此世之不遇者也。若酒若佛，蓋託焉以消遣世慮，而不知者譏其使酒佞佛云。車能劬學，懼其祖湮没無聞，可謂慈孫也已。

故善人申屠君墓表天歷戊辰〔三〕

君諱義，字順之，前翰林待制、承德郎、僉江北淮西道肅政廉訪司事致遠之父也。待制爲監察御史時，風采振揚。余往歲客江淮間，聞其名籍籍。後二十餘年，始識待制之子

〔二〕噫，四庫本作「悉」，據成化本改。
〔三〕「天歷戊辰」四字，四庫本無，據成化本補。

駉於京師。既而，駉從事江西，余亦歸自禁林。泰定丁卯，駉以文一帙來曰：「此駉大父之行實也，葬已三十九年矣，而墓石未建，敢〔二〕蘄一言表于墓，以示子孫。」

余閱其文，知君之爲善人也。有是父，固宜有御史君爲之子。

申屠氏世居于汴，宋靖康之亂，避禍難者圖南，守墳墓者留北，君留北者之後也。考諱信仁，金爲考城令。君幼好書，務實踐，從趙禮部秉文游，效其字法。金季遷都〔三〕，河南被兵，重以饑饉，人相食且盡。君幸而存，亦遭俘掠，將同群衆就戮，以次及君，無懼色。軍中梁吾僧奇其狀貌，呼之與語，留寘左右，獨免受刃。梁以君歸，懽愛若兄弟。未幾，人誣告梁，陷以重辟，君爲畫計辯析，事竟得解。隨梁遷鄆，占籍壽良。致遠既生，才氣殊特，梁妻以女，偕弟效貞隸業東平郡庠，課試中選，官復其家，始與梁異居。梁，汝州州長也。

君隱於賈，衡量必公，息不取贏。儲米以備歉，歉則平糶廣貸，饑者饋之食，貧不能

〔二〕敢，四庫本作「取」，據文意改。

〔三〕都，四庫本作「祀」，據成化本改。

償所負，焚券勿責。田宅相鄰，偶有侵斥，輒遜其畔。素貯秘方，療帶下疾，捐貲製藥，給施救活甚夥。

宋平，家畜奴虜餘二百指，或以直購，弗許，悉縱爲民，思復故鄉者給以行橐。嘗有人遺一囊在道上，又有一人遺一斗在門内，莫知誰何。多方訪覓，還畀其主。勤儉治生，中年交方外友，恬澹寡欲。

致遠兒時問何事可立身，君督勗以學。内師金進士解器之，外師鄆牧嚴侯所聘梁希然，遂成大器。後任御史，辭於君曰：「御史，言職也。婞婜則瘝官，忠直則累親。願大人勿掛懷抱。」君曰：「汝其勉哉，吾不憂也。」及聞折姦明誣，聲譽四達，則喜曰：「吾有子矣。」

至元戊子冬，致遠來侍，明年己丑四月三日，君卒。其生當金承安庚午之十月，享年八十。先墓在汴，圮於河流，別葬壽良節順鄉之閣村。配張氏，後四年壬辰二月十三日卒，其生當金明昌甲子之八月，享年八十九，祔葬于君之兆。

子男二：致遠，仕至廉訪僉事；效貞，安豐縣丞。女二，適許〔二〕，適宋。孫男八：伯騏、驥、駒、駟、駰、驊、騮、駱，其一湖南道廉訪司知事，其二真州學録，其四江西省掾，餘未仕。女五：適李，適馮，適傅，適劉，季未行而亡。李者，翰林侍講學士之紹也。曾孫男五：鑄、鑑、某、鈞、鉉。女七：適吴、適毋、適成，餘在室。噫！此皆善人之子，之孫，之曾、玄也。

夫觀木者必尋其本，觀水者必遡其原。申屠君生值亂離，其艱其劬，而若子、若孫、若子之孫、孫之子，顯聞于世，蕃毓于家，豈非前人一念之善爲之本原也哉？余既與君之孫厚，又嘗與君之孫婿李之紹共談，故不讓而表君之墓，俾君之子子孫孫世增其善，以光于前，以聞于後。善愈積則慶愈豐，慶愈豐則傳愈永。苟至於是，申屠氏積善之報，又奚啻如今所觀而已！

〔二〕四庫本脱「適許」二字，據成化本補。

元贈承務郎龍興路南昌縣尹熊君墓表

府君諱日廣，字春甫。王考聰，宋貢士；考公益，不仕。世居豫章郡南昌縣之盧觀。國朝既得江南，乃徙郡城之西偏。敦信義，樂賓朋，訓子尤篤。持身謹而謙，存心厚而寬；善譽著鄉里，孝行稱於宗族。非甚豐裕，隨力應告貸之人，或不能悉償者，勿問。歲遇旱澇，悉發儲粟周匱急。黠吏嘗加以重役，他人多致敗家，而處之泰然。比及役滿，不能有所損。晚年逍遥閒適，清趣和氣，融液浹洽。

大德己亥八月甲寅，無疾而逝，年六十三。是歲十二月庚申，歸葬盧觀之原。配何氏，後九年卒。子：仲賢、仲貴、仲榮、仲華。仲貴，承務郎、吉安路萬安縣尹兼勸農事，以廉能名，蒙恩封贈父母，而府君受南昌之命，何氏追封恭人。

往歲予被旨召赴禁林，時仲貴從事江西行省，識予於公館。今將勒石墓道以彰天渥之榮，求予文文之。予素知熊爲豫章大姓，又聞府君爲一邑善人，而萬安之政績能不忝於親，其美皆可書也，是以不辭而表其墓焉。孫男德新，瑞州路儒學録；次德明。曾孫男二，女一。

故贈承事郎樂陵縣尹張君墓表

河間張策起自畎畝，承父母命，暨其弟篚學于國子學。數年後，俱得仕，官陞七品。泰定二年秋，父之賢贈承事郎、樂陵縣尹；母李氏贈恭人。策每對予涕泣，謂兄弟以宦學故，弗獲朝夕定省。親病弗及侍，聞而至家，親已歿矣。追痛如割，雖生奚爲？比予南還，而策求文表親之墓。誠孝誠哀，其志可閔，乃爲述其父之行，而俾壽諸石。

策之諗予者曰：「策先代濟南利津人也。大父避地，因家樂陵。吾父字世英，躬耕養親，時或樵采鬻諸市，以供甘旨。農隙從師授書，通其大義。大父嘗疾，思生鯉，居在平陸，莫能致也。夜冒寒走二百里，得之以歸，縣署爲吏，非所欲。持心平恕，遇事剖决悉當。廉慎自將，不激不隨。以事留府，忽心悸，亟馳而旋，則大父病已三日。極力醫治，弗救。居喪毀瘠。葬日大雨，呼天長號，雨遄止，雲開漏日。既掩壙，雨復作，人咸異焉。有爲盜者，諭之曰：『爾取非己之物，蓋圖自利。事敗陷刑，適以自害，曷不思乎？』盜愧悟改過。嘗夜經澤中，迷所之，大呼求救，有應者曰：『前有深淵，陷者必死，慎勿往，可隨吾行。』以杖測而前導，行三里許，乃出于險。問其人爲誰，則曰：『吾向被誣賴，君辯明而脱於獄，幸漁於此。識君之聲，特以報德。』終不言姓名而去。丞相塔思不花總鷹房事，吾父提舉山東諸路，職是者多并緣侵擾，民罹寃苦，無從告訐。吾父獨不爾，所過莫不感悦，競持酒食以饋，一無所受。未幾移疾退閒，以約濟勤，家漸饒裕。連年旱澇，千里饑饉，隨所有賑施，全活甚衆。疫癘死者相枕藉，日辦粥藥給宗黨，死則瘞之。延祐七年四月二十二日以疾終，年五十八。吾母親紡織，操井臼，儉素以相吾父，同月先二十一日卒，年五十四。是年五月十八日合葬樂陵東北張岡莊之原。生男四人，策由中書左曹掾授詹事院管勾，進階從事郎，遷中書檢校；篚由中書右曹掾授太常禮儀院都事；其三早逝；節甫冠。女四人。孫男三，女亦四。」

策又嘗言其父沈鷙恢廓，喜愠不形。人有不善，不翅己有；人有小失，盡忠以規。孝養甚豐，自奉則菲。予觀策兄弟殖學致禄，趨操不凡，意其必有本始。及聞其父之美，益信其然。嗚呼！天人相與應接影響，承事君生而淑善，没而榮昌，予樂道之，固將以爲來者勸，非特慰孝子之心而已。

國子生葉恒母楮氏墓表

國子生葉恒之母既葬矣，予在京師，數求文表其墓。及歸田，又以書來請至再。噫！恒母，賢母也。今人知孟母之賢，以有孟子爲之子。孟子所以爲孟子者，無他，擴充其仁義禮知之心而已。是心也，孟子有之，恒亦有之，充不充在乎爲不爲。恒如舍去俗學而學孟子，是使其母爲孟母也。孝莫大焉，不求諸己之實，而求人之文以顯其親，外也。恒曰：「吾母諱净真，姓楮氏，世家越之餘姚。生宋咸淳乙丑二月十九日，年二十二來歸。奉舅姑孝，事夫順。治紡績蠶織，勤於内外，族姻睦。男恒、恂，女適陳亨、王壽朋。孫男震。大元至治辛酉十二月十三日殁，明年葬鄞縣朔鳳鄉青溪之原。」恒又名遜，家于鄞。

卷六十九　墓表

大元昭勇將軍河南諸翼征行萬户贈宣忠秉義功臣資善大夫湖廣等處行中書省左丞上護軍齊國張武定公墓表

公燕人，世居東安。祖考仁義，管軍元帥，贈推忠守義功臣、中奉大夫、河南江北等處行中書省參知政事、護軍，追封齊郡公，謚武毅；祖妣李氏，追封齊郡夫人。考禧，鎮國上將軍、日本行中書省參知政事，贈推誠著節功臣、榮禄大夫、湖廣等處行中書省平章政事、柱國，追封齊國公，謚忠烈；妣國氏，追封齊國夫人。

公諱弘綱，字憲臣，膂力伎藝冠絶部伍。自小從軍，先登陷陣；平地超躍，上馬足不履蹬；射虎輒殪，視若狐兔。攻城被二甲，野戰則被一甲。從元帥阿术往來襄漢兩營間十餘年，每與宋騎兵遇，左臂擐革圓牌周旋護衛，矢不及身。惟元帥及公二人能用此，它人不能也。

湖州寇數萬，行省命公率數千兵往捕，公距賊巢十里而營。或曰：「賊近，知我虛實，倘率衆圍我，坐視危困。不若急攻，乘其未備。」公曰：「吾有萬全計爾，姑竢。」誘致山中老人數輩，諭之曰：「汝等各有妻子產業，棄安樂，趨死亡，何耶？汝能遍告若儔，及今改圖，猶可生也。如其不然，金鼓一震，悔之無及。」老人皆叩頭曰：「實非好亂，爲賊所逼。今日生死，惟在將軍。」公命數吏不持弓矢，從老人至賊所，約以三日内釋兵還家者爲良民，衆悉如約，無或後期。給安慰檄文，揭之于門，令諸軍毋得驚擾復業之家。乃分道入山，餘寇僅贏百數，一一就擒。諸軍賀曰：「今日見公萬全之計矣。」公曰：「賊衆我寡，林密山深，弓馬不便，若不示以生路，數萬之衆致死向我，我何以當？先散其黨，則擒之易爾。」

行省又命捕建德盜，遄亦平定。公初鎮暨陽，移鎮京口，又移鎮通州，禁止擄掠，出巡鄉村，自賫粮食。民訴軍卒攘雞豚、奪衣服，聽其隨行，前至阻水有橋處，立馬集衆搜檢各卒行槖，俾詞者識證攜去，量物輕重受笞，謂再犯必加重刑，竟無復有敢犯者。由是，鄉民安居，深感公德。其後公去不復，莫不興哀流涕。

公孝於事親，少時已能脱父母於難。嘗逢參政公怒撻之流血，略無疾怨。人問之，隱其事曰：「偶爾觸物而傷。」奔參政公喪，年已六十，晝夜兼行，多下馬步走。通州抵都城之南二千里，不半月而達。望柩慟哀，幾至隕滅。

教子甚嚴，然未嘗厲聲色。家法整肅，内外截截。女子無大故，不出中門。友兄弟、睦姻戚。見貧乏者，必周其急。接人恭謹，饌客豐盛，而自儉約，雖愛妾，無麗服。晚年好讀書，暇日嘗就館賓講論。

歷官管軍、總把，陞總管、招討副使，陞正使，終河南諸翼征行萬户府萬户。初以忠顯校尉佩銀符，繼以昭信校尉佩金符，進廣威將軍、定遠大將軍，以至昭勇將軍，佩三珠虎符。

公之卒，有行狀，有墓誌，有神道碑。歿後二十四年，贈宣忠秉義功臣、資善大夫、湖廣等處行中書省左丞、上護軍，追封霽郡公，謚武定。元配左氏，追封齊郡夫人；繼室楊氏，封郡大夫人。

公之子廉訪副使漢將立石，以紀恩命之隆，徵文於予。惟公孝義忠勇出自天性，平宋立戰功，征蠻著死節，其勳名赫赫，在人耳目，狀、誌、碑已具載，兹不再録。摭公遺事一二，以表于墓云。

故徐令人黄氏墓表

清江徐鎰曰：「鎰生三月而喪所恃，惟祖母焉依，否則無以至今日。祖母繫出崇學鄉上湖里之黄家，世儒族。福州助教諱甲之孫、彬州司法諱汝礪之子也。宋景定壬戌，歸于我祖父左史兵部侍郎，蒙恩累封令人。歸之歲，侍郎已登進士科，隨宦湖南，連治劇縣，號稱良吏。進陞朝班，歷諫臺、侍從，號名卿。蓋齊家得内助力，心慮靡所分國爾。公以是聲聞副其實。運其革，兵棼，先君奉令人間道還家。未幾，侍郎亦歸隱。越五年，至元庚辰，始捐館，令人獨主家政垂四十年，延祐丁巳冬乃終，年八十一。衆口稱羡，謂一身五福備矣。自奉簡質，每服浣濯縫補之衣，雖高年猶然。鞠訓諸孫、諸外孫，慈愛均壹。禮遇宗戚，各稱其情，有腆無替。舍食賓客，罔或懈厭。蒞家嚴肅，而待下有恩，咸感悅畏憚。遠近族婣竊視所行，取其家範。日坐堂上，區畫纖悉，夜分乃寐，率以爲常。處事曲當，有丈夫弗能逮者。卒後二歲，葬富州。泰定丁卯十一月朏，改葬檀溪之西園，祔于侍郎之兆墓，相距尋有奇。其初窆，鎰之姑夫李嘗有述以納諸壙。今再窆矣，敢祈先生一語光泉壤。」

噫！予昔獲與令人之子同知暨其婿學士者游，審其内治，信如今所云。鍾愛季女，館婿于室。其子之事母甚孝。子孝婿愛，舉不及終養。然前有孝子，後有慈孫，其存其殁，俱有福也。以鎰所言，合予所知，而表於其墓焉。

子震，早亡；次茂，同知安慶州事。婿豫章李泉；廬陵文陞，集賢直奉訓大夫。孫：則誠，清湘縣尉；鎰，征東行省理問所知事；鏞，改名九成，珍州儒學正。是爲表。

元贈承事郎同知深州事崔君墓表

往年予客金陵，真定崔原道建南臺行人[一]職，剛腸疾惡，勇於赴義。以予泥古不徇今，言行或相契，暇隙數數過從，子嘉亦來問學。南臺仕九十月，朝命受廣西憲嚮。丁艱，改授廣東憲嚮。任滿，選充星子縣尹。縣隸南昌路，與予所居同爲江西道。俾嘉造予求文，文其考承事君之墓石。

承事君諱傑，字彦卿，其先臨川人，臨、降、淄三郡俱有墓墳。高祖某，任金擢巍科；曾祖某，宣武將軍，扈親王鎮河南柘城縣，因而家焉；祖某，爲儒不仕；父某，母孟氏，壽近一百歲。國朝既得河南地，徙遺民實北邊，君奉父母自柘城徙真定之元氏縣。倉卒就道，程期逼迫，上世誥敕譜諜悉委棄中途而去。乘更革之會，取爵位者不一，君獨闢菜圃蔬，耕種自樂。寬厚謙讓，儀度有古長者風。

〔一〕南臺行人，四庫本作「南行臺人」，據文意改。

聞人善，亟稱不絶口；聞人惡，戚然懼其陷罪罟。里人鬬閱，輒不即官府，而詣君判曲直，公誠能服人心故也。廓廓有容忍，或肆凌侮，待以一笑，彼自愧恧而止。延祐庚申七月之望，疾終于家，年八十四，子貴，贈承事郎、同知深州事。配馮氏，勤儉克相，養姑至孝，先卒，年五十，贈宜人。子男三：長道原，字君章；次某，字君美；季天瑞，字君祥。女二，適曹、適張。孫男五：德、嘉、允、誠、愚。女二。曾孫男三，女一。君章混混流俗中，毅然特異。今觀其家之所積若是，有良考，固宜有名嗣。嘉之學文進進，立身揚顯，未可涯也。爲書所聞，以表于墓前。

石城胡際叔妻徐氏墓表

贛士胡廉言曰：「廉家在石城，至元末，廣之劇寇駐贛境，當路不亟殄平，受其降而許其留，俘掠殺戮自若。群不逞相挺而起，環二三百里罹其凶害，遑遑奔竄。先父字際叔，己丑春避寇，病卒于途，先母徐氏儥簪珥以葬。廉甫九歲，弟紹甫六歲。二女兄，幼德已適賴，幼端未行。寇勢益張。其冬，往依舅氏。僉謂亂世殺禮多婚，庚寅春，以次女兄適廖。舅家難久居，轉依長女兄，寇息始復故里。滿目蒿萊，死者過半，田無人耕，一二鄰舊雖爲編茅蓋頭，然稿無生意，莫可安栖。依近族、依遠族、依内親、依外親，或半月、或一月、或二三月，靡有定止。如是又數年，乃還草廬之中。習耕寥閒，荒凉人所不堪。廉捆屨賣卜，弟造箬笠。母隆冬練衣，晝夜不下機、不停梭，共營二子一母之衣食，不死於凍餒，幸爾。廉年二十出訓蒙童，歲得所奉助養，自是饑寒頗紓。越五六年，母不待終養，大德乙巳十一月十九日棄其孤，而從先父於地下。哀哉！吾母慧性警敏，豫見幾微。避寇之初，遇一舊識，荷戈而趨，語先父曰：『左右前後皆寇。』指示其澤，可以藏匿。既至，先母疑焉，從而之它。其夜，寇果即彼所。又嘗一族偕行，搬挈行李，先母督促甚急，衆莫曉解。行速向前者，薄暮達邑，有二鹽商行緩殿後，被寇追及殞命，相去僅二里許。亂離之後，不知三世墳墓所在。母足穿草履，攜廉遍處尋訪，深入荆棘叢中，衣罫面傷，不憚彌度。經三四年，遂獲識認曾祖考妣、祖考妣及叔之墳凡五。祖考殯淺土，棺壞，母慟哭幾絶，易棺而窆。適廖之女兄未半年間寇虜其夫不歸，夫兄抑使改嫁，私受人聘。女兄誓死不從，聘者高其義，不願强婚而罷。蔬食簡笄，不釋喪服一十七年，終于夫家。廉伶仃孤苦，日事薪水。稍暇，母令求書以讀。儻值良友，遣廉親炙。廉粗識數字，能書姓名，以此之故。吾母諱貴貞，生宋淳祐癸卯。備歷艱危，無愠無怨。男不廢所學，女不二所夫，皆母之教。母卒時，廉未娶。今有妻有子矣，思爲卧冰負米而不可得。延祐己未，克啓藳葬母于柏里之賴田，哀哀劬勞，欲報罔極，敢以爲先生告。」

予觀胡母之貧而處患難，胡安之少而守志節，胡廉年垂五十而哀慕不忘，亦可謂賢母、貞女、孝子已。一家萃三善行，尤難也。既嘉嘆之罔斁，因爲敘次所言，俾以表于其母之墓。

故月舫翁熊君墓表

古豫章郡之豐城縣，今稱龍興路之富州。州之著姓，熊最盛，姓則同，而族各異。横岡之熊，有號月舫翁者，宋淳祐庚戌九月二十五日卒，距至順庚午二十一年矣。其孫爲從事撫郡，因公過予，始求其大父墓石之文。嗚呼！晚矣！

明年夏，翁之婿雷芑將其妻兄雷震之命而來，請益力。雷震自述其父之行曰：「吾父軀幹豐肥，坐立凝重，温和莊肅，罔或傲惰，同里尚書雷公宜中妻以弟之女。孝親順長，治家斬斬。父命爲伯父顗後，同父之兄先歿，撫育其孤遺若己子，保護其生殖若己業。内宗外戚，待之曲當。晨夕詣先祠定省，如親之存；出入必一至，四時薦享禮甚謹。里惡少肆暴，潛俾鎮服。雖供給公上，迎徠師旅，未嘗乘時倚勢以作威。豪猾漁獵於人，必析以理，無所避惕。排難解紛，不憚勞苦〔一〕，費酬酢敏練，蒙惠者恩之。賢士大夫時造吾門，州尹陳侯元顯嘗留題云：『窈窕清流環稻隴，參差層閣負松岡。』父年艾耆，齒髪不少衰。飲雖多，不亂，孰不期以上壽？豈謂下壽而終乎？葬於汨湖之橦山。」

予辭其請不能得，乃爲敘其概焉。翁之配雷氏，至元甲子年卒。子男七，今存者曰雷震、曰霦、曰霖。其三、其四、其五皆已逝。其三出後異姓。女一，雷芑，婿也。孫男女十七，曾孫男女七。鵬升，公之名；幼程，翁之字，月舫者，其自號也。

〔一〕苦，四庫本作「谷」，據文意改。

故奉義大夫安定州達魯花赤禿忽赤墓表

皇元奉議大夫、安定州之元侯禿忽赤，皇慶癸丑六月卒，明年甲寅三月葬滑州白馬縣石佛村之先塋，十有九年矣。侯之子哈喇那海任江西省員外郎，乃囑前掾史楊送來索文，以表其父之墓。

澄卧病山間，久聞員外在省之贊畫。今閲其父元侯之行迹，又知世美之有自也。侯蒙古人，寓居滑之白馬縣。考馬哥，以軍功長千夫。嘗從軍而身有傷，已出舍三十里，侯年甫十六，追及代行，在軍能力戰。渡江南伐，累獲功賞。本國言語暨别國言語俱精，儒書吏文亦闖其樊，充江西省通事。樞密行院立，徙行院通事。行院廢，仍行省通事如初。至元壬辰，授從事郎、興國路通山縣達魯花赤。政聲上徹，湖廣行省平章答剌罕選克本省通事。平章遷江浙省丞相，侯隨入覲，薦爲江浙行省副都鎮撫。未幾，丞相進位中書左丞相，奏充都省通事。大德乙巳，授承務郎、吉州路總管府判官。官滿，改判衡州官。官滿，陞奉議大夫、安定州達魯花赤，未赴，以疾終于衡，年六十有九。時長子在朝，奔喪來至，偕次子卯兀那海護柩歸葬。

侯心地坦易，德量恢弘，接物謙抑，待士尤厚。每談析經理，書生遜服。皇子鎮南王征交趾，還駐武昌，世祖皇帝頗以兵出無功咎之。侯奉行省命赴都稟奏，旨謂所奏不明，進來使問狀。都省丞相以侯入見，侯敷陳周悉，上意頓釋，惻然動愛子之念，遣使賜食賜酒，閔慰其艱棘。皇子嘉侯能回天怒，遺幣馬以報。此其專對之長也。

從江西右丞督運古城軍粮，廣州海賊前梗，侯犯難搏戰，賊潰，運道遂通，右丞賞以白金食器。從江西平章討瑞州寇，侯奮力剿殺，賊敗，悉俘其黨，平章賞以賊屬二十口。從湖廣右丞討廣西賊有功，又受白金器皿之賞。武昌百里外三虎食民牛畜，居者徙避，行者阻隔。侯從省官出捕，一虎咆哮前衝，平章馬驚墮地。侯一箭中虎，以己所騎坐馬扶掖平章上馬馳去，得脱於危。平章還省，壯其勇且義。此其武藝之優也。

長一縣，佐兩郡，遺愛在民，去而見思。在通山時，邑民供給驛置，道里迂迴，甚以爲苦。侯詣省辨訴，俾蘄黄之民供淮北之驛，通山之民供江北之驛，各適其便，彼此之民感德。在衡州時，重修公廨，侯慮吏胥并緣騷動，乃具飲饌，延致富户，捐己俸爲倡，勸其輸財以助。擇廉幹人掌出納，不經吏手科配。新榍宏麗，未半歲而功畢，侵擾不及於民。前此運糧之官交納倘有欠少，例責舟人賣舟以償，不足則債及子女。侯督湖南，海運糧數十萬，躬親視其概量，受納者雖强悍，侯不可欺，竟無虧耗，舟人得免填欠之害。前此造舟之家率至破産，蓋以官吏苛迫貪求故也。侯造運船五十艘，召屬邑議其制度，約以期限，聽民自爲，時加勉勞執役之工。民樂其寬，争先辦集，未踰月而舟成，民省勞費。此其官政之善也。

聽訟斷獄，不假刑威，咸得其情。他處疑事不決，上司輒委訊鞠。守職謹恪，持身廉慎。於官長同僚恭而有禮，於府史胥徒嚴而有恩。上自朝廷大臣，下自閭閻小民，見者莫不加敬加愛。

治家動遵禮法。其事親也孝，妣黄氏年八十餘，養致其樂，喪致其哀。其事長也悌，家産寶器讓與其兄忽里哈赤，而以貧儉自處。其撫幼也慈，有過則循循善誘，勗以劬學。閨門之内，雍雍如也。

夫人劉氏，河西巨族，封元城縣君。淑懿柔順，内助多所匡益。男二：長哈喇那海，由内臺監察御史、兵部員外郎、僉淮東江北道肅政廉訪司事，爲江西等處行中書省左右司之貳，娶昭文館大學士、榮禄大夫白雲平章之女；次卯兀那海，襲受平江十字翼千户、達魯花赤，娶鎮守衡州張萬户之女。女二，敦武校尉、右帥府百户伯顔，將仕郎、肇慶路四會縣達魯花赤燕只哥，其婿也。孫男三，女一。

予觀古聖人有才難之嘆，以今世而論，儒或不通於吏，吏或不通於儒，而武之與文兩全者鮮。侯家世用武，而文事克兼，習尚好儒，而吏事亦熟。才而若是，允謂難也已。况又有子，不墜家聲。繼今以往，侯之胤胄名位勳業有光于前，奚翅如今也哉？是以因其子之請，而表其美於墓石，以諗方來焉。

卷七十　墓表

元懷遠大將軍行都漕運使贈昭勇大將軍真定路總管上輕車都尉博陵郡侯謚桓靖崔公墓表

崔，公姓也；德彰，公名也；光甫，公字也。大寧富庶縣北韓里，公之家也。公之考諱祥，金季聚千衆於鄉，及國朝兵至，以其衆附，得命就領之。既而隸真定史帥麾下，從史帥取河北、山東諸郡。值金降人叛，帥之弟平其亂，官至管軍千户、真定同知，權府事。

公，其中子也，謀略如其考。憲宗朝乙卯歲，攝蠡州慶都等處行軍千户，隨史萬户戍鄧。西起武當，東抵下邸，繕治壁壘，亘數千里。己未歲，世祖師指鄂，戰武磯，公敗宋江州都統軍。中統元年庚申，改授金符。至元四年丁卯，從阿术破宋劉義砦。五年，轔宋鄧砦、南川、高頭，擒其將五。九年，宋將張貴餉襄陽圍城中粟，乘夜出，公偕諸將奪其舟而殲旃，逼襄樊城，蹙郢黄家堡。十一年冬，圍沙洋，渡江襲青山磯，大捷。十二年春，宋師潰於丁家洲，公追逐百餘里，獲將士二百、戰艦五十。進臨毗陵，督砲兵摧木栅以入，克其城。益公宋兵千，授宣武將軍、管軍總管，由宣武陞顯武，復遷懷遠大將軍、兩浙江淮行都漕運使，金虎符。在職數年，轉輸裕如也。

一旦言曰：「曩宣力行陣，委身於國，奚暇恤家之私。四海既一，報國事紓，當歸養老母，以供子職。」幡然棄官去。十七年十二月二十七日，遘疾而終，年四十九。明年正月九日，祔葬真定真定縣治頭原之先塋。

夫人史氏，北京路行六部尚書諱秉直之孫，宣權真定河間大名衛輝濟南五路萬户諱天安之女。子男二：昌，武略將軍、管軍上千户；顯，承直郎、撫州路崇仁縣尹。女二，婿忠顯校尉、德州齊河縣尹史炤；奉直大夫、僉陝西漢中道肅政廉訪司事史熺也。

至順元年庚午，制贈昭勇大將軍、真定路總管、上輕車都尉、博陵郡侯，謚桓靖；追封史氏博陵郡夫人。而公之子在崇仁，貽書云：「先人殁五十年餘，二親始受褒封。若不勒辭以昭天寵，無以盡人子之道。蘄畀片文文諸石。」予覽公之墓誌銘、神道碑，載公事迹備矣。今撮其大凡，而表國恩之隆。

公先幾欵附，智也；向敵莫禦，勇也；竭力爲國，忠也；念親還家，孝也。一身而兼智、勇、忠、孝之美四，允矣當代之英賢乎？天嗇其身前之壽，而豐其身後之榮，陟階賜勳，疏封頒爵，易名節惠，著寬土克明之功，著寬樂令終之德，孝子慈孫雖百世猶將蒙其庇賴，耿光彌久而彌彰焉。予不及識公，而識崇仁君。其潔己、其愛人，所謂愷弟君子，民之父母，又有以增光於往昔。崔氏其世祀也已！

故逸士曹君名父墓表

臨川曹名父諱原傑，生宋淳祐乙巳九月丙申，年六十有二，元大德丙午十有二月庚申終。其配龍氏，諱美英，生淳祐丙午閏四月壬子，亦年六十有二，大德丁未正月丁亥終。

兩月間而有三年之喪二。其孤以至大戊申四月己酉葬後喪於金谿縣歸德鄉之朱陂，是年六月甲寅葬前喪於崇仁縣潁秀鄉之苦竹，葬之先後合禮矣。

越二十有三年，至順庚午秋，孤璧走二百餘里造吾門，言曰：「璧將改葬父喪於臨川縣明賢鄉之京谿，改葬母喪於舊穴之前二步許。」予瞿然驚愕。噫！古有改葬禮，蓋非孝子所樂。或因水齧墓而改，固不可已；或因葬有闕而改，則不如其已也。昔澄於母喪犯此惡，每一思念，痛恨自訟，無所容其身。自惟不孝於親，不願人之如己也，而璧亦爲之乎？璧求予文以表新墓。謹按舊所誌：

曹之曾祖漢賢，祖熺，考世永，妣龍氏。龍之曾祖延慶，祖汝礪，考庭瑞，妣陳氏。名父少習進士業，恪共子職，應務中倫。壯歲玩醫家書，有以疾告，必饋之藥。待人和易，咸得其歡心。戒其子云：「我死，處事寬厚宜如我，毋效世俗。」龍氏勤約工織紝，奉祭嚴潔，薦新嘗恐後。相夫治生訓子，以禮義廉耻爲先。噫！名父，良士也，其配亦賢婦哉！男二：長璧，次惠。子女四。孫男六，孫女五。改葬之期，某年月日也。

故宋太學進士解君墓表

自古以保姓受氏之悠久爲難，而况後世乎？吉有解，歷唐、宋逮於今，五六百年爲儒族，難已。始家廬陵之同水鄉，後徙吉水之東門坊，以儒發身者代不乏人。

解君諱夢斗，字孔陽，一字星端。工舉子、詩賦，宋景定甲子貢於鄉，咸淳戊辰入太學。越三年庚午，又以太學薦名試禮部。曾祖叔達，祖寅，俱不仕。父谷，淳祐己酉、壬子，兩預江西轉運司貢。母王氏，以子入學，恩封孺人。弱冠喪父，事母事兄稱孝友。咸淳末，喪母，比服滿，大運將革，遂不復至太學，教授於家。父讓所受之田業與諸弟。父之弟翔龍没於外，子幼，君爲歸其喪。歲饑用己田易米賑施鄰里。母之黨貧，分食以食之。妻之父死，鬻産以窆之。科廢四十年，教子若孫勿棄舊學。元皇慶癸丑十有二月丙寅，無疾而終，年七十有九。延祐乙卯十月甲申，葬於鑑湖之原。

初娶蕭，生三女；再娶鄧，生二男一女。男：應辰，撫州路儒學正；應中，常貳縣教。劉恕、盧喬、鄉貢進士羅用發、建康路儒學教授胡敭，婿也。孫男八，觀、蒙聯中天歷己巳鄉貢第四、第五名；孫女三。

鄉人劉岳申已誌君之葬，應辰仕撫，復請予文表君之墓。君之自立若此，子之追孝若此，諸孫之衮衮表表，其揚名顯親可期也，是爲表云。

有元張君墓表

張氏之先霸州益津人，金亡時就食獻州交河之建城鎮，因家焉。君諱禧，力本多能，涉書大義，敦厚朴愿，不事機巧。有侵畔者，讓弗與較，率使愧悔，里人賢之。子完爲治書侍御史，君受禄養。至大辛亥四月四日乙巳終於京師，年八十四。完奉柩歸葬於先塋，是月辛酉也。

君之考諱寶，貧而好施，罄所有賑饑鄰，不計家之匱乏。天寒嘗值無所栖泊之客，延之宿食。飛蝗入境，竭誠默禱，遍集四野，獨不犯其稼。君之妣王氏生甫八歲而喪，事繼母趙氏如母。

君之配趙氏，世居建城之北，理家勤儉有法，先七年卒，得年七十。君之子五：曰進、曰忠、曰完、曰賜、曰信。進簡重不苟，忠質直自怡。完事成宗於潛邸，得見世祖。初受承事郎、興國路判官，廉明有聲。遷户部司計，出點視倉站，遇鷹房官害民，歸，上彈于省。再遷監察御史，擊强無所避忌。丁母憂去，服滿，超擢太中大夫、治書侍御史，風力如監察時。忤尚書省權姦，幾不免。聖上龍飛，將顯用，又以父憂去。除河東道廉訪使，轉正議大夫、同知總管，皆不赴。除工部尚書，不及禄而卒。賜，端恪，早亡。信，温謹，給事皇太后宫。君之孫七，進所生曰允、曰正、曰誠；忠所生曰賢；完所生曰彝、曰仁嘉；信所生曰禮。君之曾孫四，正所生曰定安；誠所生曰鐲柱；賢所生曰永安、曰燕瑚。君之女一，婿劉順。孫女八。

完在御史臺，糾尚書省之過，舉朝愕眙。余時在國子監，令國子生張策告曰：「人臣惟忠與智。忠者不愛身，不負國；智者有益於國，不危其身。」復命曰：「吾寧死不顧。」予嘉嘆焉。雖未合中行，可謂直臣矣。其卒也，遺言命彝曰：「吴司業文必傳世，爾往求又以表爾祖之墓，吾死不憾。」彝遵父命，因張策來請。澄不可辭也，於是爲之序次云爾。

詹統制墓表

宋勇勝軍統制官詹侯，開慶己未之夏，戰死於蜀。勇勝軍屯鄂之城外，其秋，大兵奄至，降其軍，而侯之妻子在軍中，俱北徙。子里始四歲。時世祖皇帝以親王總兵柄，河北董忠獻公從，世祖具知侯在蜀力戰不降狀，謂公曰：「佳父必生佳兒，汝其善護視。」公鞠誨同己子，名之曰士龍。

既成人，仕州縣，以廉惠稱。追痛其父，常忽忽不樂。及擢江南諸道行御史臺監察御史，按歷荆楚，所至訪其父遺迹。有宋士録國亡之際能城守野戰死者，人各爲傳，而侯與焉。得其傳，又稽諸故老遺黎退卒之口，參伍附益，歸以語其友，友輯爲事狀，持示臨川吴澄曰：「吾父以節死，居北之五年，吾母亦死。不肖孤僅存。大德壬寅冬，具衣冠招吾父之魂，與吾母合葬鎮江丹徒崇德之硯山。懼弗克揚先烈，將遂沉泯，則終天無涯之痛愈不可塞。願有述以表於墓，敢以累子。」澄禮辭不許，於是讀傳爲狀，而哀侯之所以死。

嗚呼！歐陽公論五代之臣，全節而死者三，王彦章其首。彦章北面，朱梁蓋路人。一旦爲君臣，歲月甚淺鮮，無足道，而弗貳所事，百世之公議猶韙之。宋三百年仁義之國，豈朱梁比？而其季也，死宗廟社稷、死城郭封疆，求如項籍、田横、劉湛、諸葛瞻、顔杲卿、張巡、許遠、南霽雲輩，一何寥寥？獨侯以下官微禄，出入行陣，仡仡不挫如此，世亦曷嘗無人哉！嗚呼！稀矣。

侯之死，以蜀重慶告急，宋大將往援，侯率偏師以前，破營壘十數。攻蜀之帥號紐綸，有善戰聲。大將畏懼，得小捷，遽謀左次以遁。侯見帥深入不戒，驟領數十騎來往，有敵輒迎。又喜遠追，謂其輕脱可獲也。大將逗留，侯率所部獨進。進敘州南平隆化縣界，遇游騎什什伯伯，接戰，無大勝負。日中，帥以精騎數千至，侯之衆不滿千人，皆敢死士，馳突衝擊，力戰不少却。遣卒詣大將求救，方引衆趨山顧望，竟不赴。侯棄所乘馬立射，發無不斃，帥兵屢却。然以步敵騎，衆寡幾十倍，騎生力分番迭鬭，日昃戰未罷。矢步之所殺已過當，而死傷者十七八。矢貫侯臂，裂帛裹創，復射。連中數十創，創甚。矢盡，衆稍稍散逸，聚者猶數十人，傷重莫能軍。侯被執，帥壯其勇，期生之。侯大罵求速死，亦不加害。翼日，帥親視其創，饋之食與藥，侯摽去弗受。絡寘馬上，載以行，八日不食。至播州土門死，年五十二。帥還都，輒對儔黨言，嘖嘖奬嘆曰：「好人！好人！」且曰：「其箭不可當。」

侯之從子二，其一先數歲戍巴州，戰死；其一後數歲邀隨州歸師，戰死。婿王杞守樊城，樊城陷，不降，亦死。一門死者四人。

侯光州固始人，諱鈞。少負奇氣，嗤齷齪儒弊精神事無用語，每云：「讀書了大意耳。」暇日挾勁弓驅馬出平原廣野，指南北東西射曰：「大丈夫立功名，當以是。」萬殿帥器之，妻以兄女。由邊郡材技良家子選補軍職，隷武定軍，屯光，徙屯黄。勇勝軍後刱，并取於武定，而以侯爲副。其將後於襄陽城上走馬，墮城下死，侯叱曰：「大丈夫不死敵，而死於是，兒女子爾！」制置使遂以侯代將，充統制官。寶祐間，蜀歲歲用兵，往來粹渠、開達等州，扞禦周備，蜀人賴以完聚。嘗深入蠻徼，築建城堡，化服群獠，撫以恩信。任事不避險艱有如此，捐軀徇國，其素志也，而竟以敢戰死。嗚呼！悕矣！

夫人萬氏，蚤卒。再娶胡氏，生士龍，今繇監察御史僉嶺南廣西道肅政廉訪司事。子澍，亦嗜書，愿而周於務。嗚呼！自古忠臣義士身不食其報者，往往報於其子孫。然則侯之後宜大，蓋已覩其兆矣。

姜公宜墓表

公宜，姜姓也，諱端義。其祖某，娶曾氏，生子興，不幸早世。子幼家貧，祖母曾適李，生子二人。興嗣鞠於李，李爲之冠娶，因冒李姓，生端仁、端義，皆聚學徒教授於家。端義年十二而孤，事祖母甚孝，事伯兄甚恭。其祖母嘗曰：「此孫善奉養我。」李之子亦曰：「此兒善奉養吾母。」伯兄暨嫂相繼殞没，遺三女一子，長其女嫁之，撫其子如己子。子未冠而夭。

配鄔氏，生時敏、時中。臨終語其二子曰：「吾祖姜也，吾祖母歸李，有子有孫承祀。吾姜姓子孫而稱爲李，姜遂無後，可乎？復初姓續祖祀，吾志也，汝其以姜誌吾墓。」比葬，時敏之師許文薦爲撰誌銘，明李姓之冒，而未正姜姓之稱。於後時敏職西澗書院訓導，乃具其事白書院長，移文有司，有司下里胥覈實，如其言，改其户籍曰姜時敏，謂予曰：「先考生宋淳祐甲辰八月辛未，卒元大德戊戌二月壬戌，十月癸酉葬長安鄉北原之夏坑。先妣生宋淳祐己酉六月丁卯，卒元大德丁未六月丁巳，七月乙酉附葬先考墓左。今初姓已復，其可無文以表諸墓？先生景貺之，所以光照本繫、庇覆遺嗣者渥矣，敢以請。」

予既敘其始末諗於後之人，謹按儀禮傳：夫死，妻不已與其子適人，繼父爲子築宫廟，歲時使之祀，妻不敢與。嗚呼！古之處人倫之變，何其恩與義之兩盡也！爲繼父而知此禮，豈至於妻人之妻、子人之子，而遂易人之姓、絶人之祀也哉？此理不明，則雖范文正公之賢，隨母而嫁，猶不免於姓朱，况不如范公者乎？然范公能復姓於其身，姜之姓歷三世，至其孫而始追復，抑又重可嘆也。時敏不忍絶其祖之祀，不敢忘其父之命，必復其姓而後快於心。嗚呼！可謂慈孫孝子也已。且將以其弟時中後其世父端仁，嗚呼！厚之道也。其美不可以不書，書之爲公宜墓表。

故袁君季時墓表

友人袁繹，字季時，工進士策論、詩賦，諄勤嚴肅，善教導人家子弟，所讀經書語音辭義，考訂詳審，不苟焉隨俗舛訛。爲人剛正，無一毫媚柔態，以此不諧於俗，人鮮知之。然見者必敬畏，不敢有慢侮心。以大德丙午九月十日卒，年六十有四。卒之次月，葬於所居之南。初娶温氏，再娶彭氏，三娶李氏，生四男二女。男：祖仁、祖義、祖忠、祖信。女：適詹鑠、余瑞。

季時長予六歲，同鄉久交。既葬，予始還舊山。既拜其墓，而祖仁請文以表諸墓門。嗚呼！以季時之才而不遇，命也夫！

故儒學教諭余府君墓表

府君諱珏，字玉甫，宋紹定壬戌閏九月十二日己未生。習進士詩賦，累應鄉貢，不利。元至元間，江東道儒學提舉司授信州路貴溪縣儒學教諭，不赴。會撫州路宜黄縣儒學缺官，江西道儒學提司命攝其事。就職一月而歸，閑中以詩詞自樂。詞尤超拔，似辛幼安、劉改之之作。大德戊戌四月二十二日戊寅，以疾終於家。娶袁氏、方氏。男繼老，女維恭。孫男戊孫，孫女適曾貢、歐陽仕琪、鄔蘭。曾孫男四人。一再卜宅兆，俱未安。至順辛酉四月十七日庚申，遷新穴在峽山椆樹之谷。澄，子婿也。前葬時客外，今得躬視葬役，乃識其月日，以表於墓。

卷七十一　墓表

前進士豫章熊先生墓表

先生宋咸淳甲戌進士第四人也，授從仕郎、寶慶府判官，不及仕而國運終。常人壯歲取高科，輒沾沾自喜；得之未幾而旋廢，必怏怏自失。先生不然。當其得也，不以爲加；及其廢也，不以爲損。處之裕如，於是識趣過人遠矣。

南服始附，田野間有竊發，弗可寧居，徙家依城市。胸懷洒落，態度寛和，聞風者造門，人人如煦春陽、飲醇酎而去，莫不貌敬心服。有所詢諮，懇懇開示不倦。中州士大夫率令子弟受業。朱子小學一書條分節解，標注其事凡名物度數、姓字稱號、族繫時代，一覽瞭然，大有裨益於初學之士。書市刻板廣傳，今通行乎天下。朝廷遣使定閩廣選士，當路咸以名薦，公議以爲先生大儒師，而東南士類之盛，福、吉其最，遂命相繼任兩郡教官，以擬安定胡公之蘇、湖。教官任滿，部注將仕佐郎、建安縣主簿，疾不赴。其後再注從仕郎、福清州判官致仕，視之若浮雲然。

自號彭蠡釣徒，日鼓瑟以自怡。遠近來學益衆，口講指畫，俱通經能文。貢舉制復，門生悉堪應舉，擢科者累累。三科三省禮聘校文，所貢大半成進士，人羡揀擇之精。在宋用周禮義策勳，今制此經不與試士，則教人習禮記，或漸沐其餘潤，尚有明效。博通群籍，而禮樂書數尤所研究。每嘆詩樂無傳，倣朱子所得趙彦肅家二十四譜，增二十詩，俾皆可歌。且謂朱子雖疑古樂必非一聲協一字，而猶存此，聊見聲歌之彷彿。然今之音調縱未如古，不猶愈於以近世操弄詞曲爲樂哉？嗚呼！此先生之深心，殆猶逃虚空之喜聞足音也。倘際議禮制度考文之會，幸次胡和阮、李之間其庶幾，禮樂豈出諸君子之下也？

孔廟釋奠肇自唐開元禮，宋政和禮，因之者也，升歌之辭多闕。江南學宫配享有四，而酌獻舊辭止有顔、孟，所在因循苟簡，仍以侑顔、孟者侑曾、思，爲是更譔新辭，補所不備。春秋各按月律合調，迎神至送神通十八曲，部使者以之遍行於諸郡。惜哉！此學此志不獲顯。設臺閣名流若程鉅夫、若元明善屢言於朝，時未及用。所譜諸詩，考槃、蒹葭、衡門、白駒，一皆寓自足己樂、不蘄人知之意。賦又假瑟以喻，不無金鑄子期之慨焉。平生著述有小學書標注，有瑟譜，有文集三十卷，具存，觀此可以見所學之大概矣。

家世豫章熊氏，諱朋來，字與可，學者稱天慵先生。配袁氏，前卒。子三：父命以永先爲長子；象先，袁出也；繼室何，生古。孫七：昶、昱、昇、昉、棣、寅、富。壽年七十八，至治癸亥五月壬寅卒，十二月壬申合葬袁氏墓右。江西行省參政廉惇自初喪至葬親臨，哀送如弟子禮，遠近會葬千餘人。明年，自翰林直學士虞集銘其碑。越六年，古來徵文表墓。嗚呼！予疇昔與先生談論不舍晝夜，深知其學之奥，故特書予之所知，而凡前碑已載者弗瀆。

有元管軍千户贈驍騎尉牟平縣子武德孫將軍墓表

將軍諱玉，寧海州牟平縣人。大父寶，益都臨朐縣尹；父奭，武略將軍、管軍中千户。玉少侍父出入行陣，至元己丑，父得末疾，攝父總戎，從其帥收捕嶺海諸寇有功。越三年辛卯，將襲父職，六月望卒。卒之後三年癸巳，宣授管軍中千户，階忠顯校尉，佩金符，命下而不及受矣。又三十二年，泰定甲子，以子貴，贈武德將軍、管軍中千户、驍騎尉，追封牟平縣子。配王氏，追封牟平縣君。

其子忠顯校尉、管軍中千户贇，自洪抵撫，郡而邑，邑而鄉，走四百餘里造吾門，請曰：「贇幼讀父書，長襲世爵，隨江西行中書省殆將三紀，夙夜罔敢自逸，懼忝前勳。吾父之父武略勇力冠軍，我朝規取襄樊以來，攻城略地，陷陣摧鋒，洊著勞績。奪樊城，奪郢州，奪陽邏堡，渡江而南，定江西諸郡，以至捷匡山，俱隸元帥李武愍公麾下。吾父武德不得年，未及報效，而蒙恩贈官勳，封爵邑。夫爲人臣而不彰君之貺，爲子而不揚父之善，無乃不可乎？先生畀一言文諸石，以焜燿於後，是教贇以爲臣之敬、爲子之孝也，敢請。」

予嘗游今平章李公之門，頗聞先武愍公所用偏裨多有能名，而孫其一也。武略不但榮其身，而又榮其子；武德不獲榮其生，而榮其死。此天朝甚隆甚厚之恩，臣子所當世世不忘者也。予安得不樂書其事，而以表於武德之墓哉？

故萍鄉州儒學教授聶君墓表

君諱斗月，字文範，清江崇學鄉聶氏平山居士思清之孫，將仕佐郎、餘姚縣主簿應泰之子。博綜群書，辭藝超衆。宋咸淳癸酉，江西轉運司以進士貢於禮部。國朝既臣南土，民未諳新政，姦黠并緣，乘時漁獵，舊族往往困瘁。獨君才識通敏，應事適宜，見者心服，莫或敢侮。既克自立，同里與受庇焉。至元壬辰，劇盗猝至，質人以求貨，君納重賂見免其母，身留賊中，凡同時被縶之人，悉意調護，盡脱乃已。越境數日而後返，其極難誠切、臨危不懾有如此者。由是買宅於洪，奉母而居。會府人物淵海，縉紳宦游、雲萍旅寄莫不就見而問政，欵門而締交。一身仰而糊口者有焉，一家待而舉火者有焉，接納彌久不倦。大德庚子，復還先廬，録前人貲産及己所增殖，均畀諸弟。當路薦君文行，敕授袁州路萍鄉州儒學教授。至大戊申之春，得末疾，弗克赴。

君儀形端莊，氣象純雅，敦謹和裕，表裏不二，齗齗然有古鄒魯遺風。孝於大父、若父、若母，養生送死，一一如禮。敬長慈幼，好賢容衆；賑貧賙急，救患平怨。宗族親暱，友朋鄉黨睦婣任恤之行，靡有虧缺。慧智明達，而深潛掩抑，守之以愚，因自號守愚，以寓其志，後進稱曰守愚先生。

生宋淳祐丁未三月朏，終元延祐丁巳十一月朏。越三年己未正月庚申，葬富州富城鄉之鍭山。配黄氏。子男四：克勤，後二年歿；次克潛；克讓，爲弟斗元嗣；季克修。女二，黄武、黄允恭，婿也。孫男一，德符。女三。

既葬之八年，予過清江，克潛示以將仕郎、前遼陽等處儒學副提舉李克家之狀，請銘先德。予夙昔與君交遊，思君篤行不可復見，葬已久矣，銘無所施，乃爲敘次其狀之所述，而以表於墓。

初，餘姚主簿年壯未毓子，平山先生素尊事翰林學士豐城徐公，一日客其門，值公之從弟攜仲子偕來，即斗月也。居士一見，奇其秀偉，欲求之爲孫，以情白徐公，公可其請。命從弟以此子與聶，而主簿子之。其後主簿生四男及諸女，君友愛篤甚一如同出。父喪，弟妹猶稚，鞠之、長之、教之，各使成才，嫁之各使得所。仲弟斗韓，擢惠州路儒學教授。諸弟感覆育恩，事兄終其身如事父。又恢拓其家業，益光大其家聲，人咸服居士遠謀，而嘉君之善爲人子，無忝付託云。

故侯府君唐卿墓表

士之抱才略、負志氣者，如龍泉、太阿，苟匣藏不試，其光燄鬱發，猶將上干青冥，散爲綺霞綵雲，晃耀衆目，夫豈寂寂落人後、厭厭如在泉下以没齒而已哉？故凡無所樹立於斯世者，亦必有以樹立於其鄉，而展舒抱負之萬一。若侯府君唐卿，則其人也。府君諱逢丙，其先籍開封，從宋南渡，家彭澤，家宜春，後徙廬陵。曾大父顯仁，擢儒科，宰高郵興化縣；大父世昭，尚書、刑、工部架閣，遊周文忠、楊文節之門，倡和詩具存；父從周，廣東帥屬，詩集名僦庵。府君幼喪父，孝養寡母。魁岸偉邁，援筆成章，法書足爲模楷，詩集名適安。壯年有志四方，淮、蜀、湘、廣，足迹靡不到。當路奬進，嘗授司警、司征及兵馬等職，不辭卑，亦不屑爲也。最後帥府擬準使督府，擬諮議，他人欲求而不可得，府君一以虛文視，略不介懷。南土既歸天朝，絶仕進想，心知計然之策不得施，於家擇地趨時。

清江鎮扼江廣之會，自廬陵而家焉。多畜使令，行著鬻事，設肆製藥，以惠遠邇，其所分濟遍滿東南，爲一鎮諸肆之甲。起身儒素，不數年間齊於封君，蓋以其才略之開闔一世者斂縮而用之，是以隨試輒效，有非齷齪拘攣之徒可得而偕也，其志氣之超特爲何如哉？貲業既饒，尚義好施。石以砌江岸，甓以甃市衢，費雖重，不辭。歲饑施粥，冬寒施衾楮薪炭，死而貧者畀之棺。以至二教之宮，舉不吝於舍助。恬澹娱老，筋力不減少壯。讀書、教子、禮賓客外，他無所經心也。

生宋嘉定丙子季冬仲旬之五，終元至元庚寅季秋仲旬之二。夫人李氏，繼敖氏、熊氏。男：公定、應順、登，應順爲兄後。女適貢士何三寄。孫男：士瑞、士敏、士元、士表、士重。孫女：一適前真定提舉朱紘，一適前河南省宣使岑伯顔，一適富州王邦榮。曾孫男六。大德丙午冬，葬斗岡之原，弗妥；延祐己未春，改葬春壇敖氏墓左，首乾趾巽。府君三子，在者唯登，嗜學工詩，前效授敦武校尉、管軍把總，以侍親不願仕。泰定丁卯，予過清江，而登請曰：「先君卜兆至再，前進士黎公立武舊撰誌銘未刻而燬於火，文不復存。以先君之德美，詎可沉没？非先生，孰能使之傳？敢以爲請。」予方强壯之時，唐卿譽望洋洋盈耳，聞之四十餘年矣，每嘉其才略志氣，卓爲人中之傑。今又重以孝子之請，故爲書其可傳者，以表於墓。

故延平路儒學教授南豐劉君墓表

南豐之鎮曰軍山，峻削聳特，上逼霄漢。山靈所鍾，宜産奇傑。而唐以前無聞，逮宋之盛，曾子固文章磅礴萬古，真可爲兹山配。神氣厖鴻，意其鬱發而無盡。訖宋之世，科舉之藝擅名者數數有，而曾之躅未或繼也。

宋季及國朝混一之初，南豐之彦有若諶祐自求，有若劉壎起潛，各以詩文鳴，然皆沈晦於下。倘俾生慶歷、嘉祐間，獲承六一翁鎔範，安知其不參子固而三乎？諶入國朝時，年踰六十，又二十餘年，至大德戊戌，八十六而終，終身無成。

劉少諶二十七歲，才氣等埒，每自相推許。方起潛之在宋，已卓犖不群，邑正長、郡守倅及鄉先達莫不期以遠大。年三十七而宋亡，時勢人情、兵謀地利素所諳練，北來鉅公間以事，接聽其言論，甚器重焉，竟亦落落不偶。郡庠缺官，當路交薦，年五十五始署旴郡學正。年七十，受朝命爲延平郡教授。其教於兩郡也，繩檢諸生作古文，廟屋修完，學務振舉，視食焉怠其事者迥異。延平官滿既代，諸生不容其去，復留授業者三年乃歸。歸四年，延祐己未也，年八十矣，後八月七日晨興，進飯一匕，端坐而逝。初殯華野，泰定丙寅九月庚申，葬廣昌縣文教里之塔岡。

劉氏世爲儒家，其先唐末濠州刺史金，生清淮軍節度使劉仁瞻，節使生懷州刺史崇讚，懷州之孫建康通守昭，建康之孫著作郎用滋，著作之玄孫寧遠縣丞諱從罼，是爲曾大父。大父諱炎，父諱岩，母揭氏。

起潛事母篤孝，樂爲義舉；厚朋友，恤貧困；拯人於患難，心所至，不顧己力之何如。研經究史，網羅百氏，文思如湧泉。所著有經說、講義、水雲村藁、泯藁、哀鑑、英華録、隱居通義，凡百二十五卷。曾文定公墓祭久廢，典鄉校日，率諸生以暮夜行禮如初，抑其心所尚友者耶？娶傅氏，先十七年卒。子男三：龍瑞亦先卒，麟瑞，鸞瑞。孫男二，曾孫男二。

麟瑞走二百四十里詣吾門，請表父之墓。予於起潛，前聞其名，後見其文，今觀長興州判官許晉孫所狀，益嘆其時命之不與才志合，於是表其所可傳，以示方來。使其可傳於人者苟有傳，則其不可得於天者，固無憾也已。

故逸士游君建叔墓表

嗚呼！建叔之殁十有一年矣。葬已三年，而其子惟和始求予文表墓。惟和喪父時年甫十有三，今既冠既婚，而劬學未已，思欲不朽其親，可謂能子哉！

建叔諱應斗，姓游氏，世居撫崇仁縣崇仁鄉，其地曰暵鄣。族大而蕃，敦本務實，儉勤殖生。在宋之季，浸浸以盛，迨今將百年，而其隆未替也。建叔好尚文雅，少習進士詩賦，藝成而科廢。南士初臣附，新官莅新民，官府數有重難之役，并緣侵漁，豪横吞噬之徒又乘間而出，短於支拄者率身隕家毁。建叔佐父兄歷危險，理紛糾，智足以破姦，勇足以禦侮，卒底安全，而生業彌裕。元貞、大德以後，世道清平，人獲休息。乃治園地，大室屋，日共賓朋詩酒談笑。游士旅客時相過從，殷勤欵洽，周急惠困，皆悦懌而去。阜財不競小利，粒饑不踴高價，取與各當於義。睦宗恤鄰，有請假而無欺覬。同産雖别籍，友恭弗弛。得子晚，愛之至，教之篤。鄧氏子隨母來，歸撫之如己子，視禮經繼父之道無愧焉。

延祐丁巳七月庚辰，以疾終，年五十有九，久殯未葬。泰定乙丑正月壬辰，安厝於株陂道社之原。元配李，繼室尤，俱無子。惟和，王出也。自予之大父以來，與游族交際，建叔於予，猶兄弟然。富而文，才而良，吾里之吉人也。子又善繼，予是以慨然興懷，而文其墓門之石。

元贈承事郎德清縣尹朱君墓表

承事郎、瑞州路在城務税課提領朱景淵語其寮樂務副魯常曰：「吾父諱文進，字野夫，湖州長興和平鎮人也。早失怙失恃，鞠於兄。從祖渭，富饒吝嗇，里多仇怨。有自經者，誣之，逮繫於獄。幼子莫克救解。吾父年甫弱冠，上白憲司。馬公光祖直其所訴，從祖釋械而歸，而吾父年甫弱冠，略無德色。其後保任友人貸於從祖，歲久負欠，乃償己産代償其子本，而吾父亦無慊意。由是去家遠游。值宋季世，豫計宋幣必將無用，罄竭所有市易諸物。未幾宋亡，舊幣果廢，吾父所貯物貨價長數倍，遂得爲興家之資。先是，太平州黄池鎮賈人以貨寄售，直數千緡。既而賈死於兵，妻已改嫁。吾父悉輸其直，俾畜遺孤。吾父與人交際，不問賢否，無所訾毁，號稱長厚。或有諮問，必以忠告。每推贏餘，周恤鄰戚。歲饑民疫，偵伺炊烟不起之家，陰有所遺，不使人知。善鑑人之能，度其能有成立者，給助貲力。彼人既致豐盛，所報不如所施，無憾也。教子爲儒，兼習國字，景淵藉以仕進。嘗適一處，樂其形勢翕聚，指示景淵，擬爲身後葬地。皇慶癸丑四月二十五日終，年七十有二。其年八月，葬烏程縣三碑鄉小金山之趾，即前所指示者也。吾母同邑丁氏，諱妙靚。勤儉静柔，克相吾父，共植吾家。致和戊辰三月十四日終，年七十有九。明年二月，祔葬小金山之兆。景淵賴父母遺訓，服七品章服，自嗟禄弗及養。幸皇澤優渥，追榮於親，吾父贈承事郎、湖州德清縣尹；吾母贈宜人。親喪久葬，而墓石未竪。深懼先德泯墜，敢介子以請於翰林吴學士，蘄一言文諸石。豈惟吾親托以不朽，景淵爲子之心，庶其有恔乎？」

魯嘗將景淵之命來諗予，謂景淵之父，義足以敦薄俗，智足以識幾微，而有子能發身榮親，俱可尚也，是以不辭而表其墓焉。朱氏上世有仕者，而承事君之曾祖琰、祖恒、考清，皆不仕。君之男：長景淵，季景思。女：適馬、適吴。長孫介壽，南安路蒙古字學正，考滿，名在吏部選中。景淵能詩能文，有猷有守。其益自勉，益自謹，爲良吏，爲聞人，使聲實加於上下，則立身揚名之孝，又非但如今而已。

卷七十二　墓誌銘

樂安縣丞黄君墓碣銘

乙亥之冬，郡既降，下諸縣索降狀。樂安令率其僚聯署以上，丞黄君獨不往。令遣吏促之，方對語云云。吏迫之，不動，白令，令怒。俄而吏民數百人集於庭，强舆致君，顛踣於地，若卒中然。衆捽蹢詬罵，且曰：「爲是不順，將召兵累我民。」君佯死，爲不聞。令無如之何，同他僚署名應郡命。君有惠愛在民，既暮，憐之者舁入寘中堂，蓐處地上。翌旦，或飲以粥，氣少續。越三日，家之人始來視，遷就榻，面壁卧。旬餘，新領郡事者分遣新官治所屬，一郡吏來丞樂。其人素敬服君廉正，又見府積緡錢甚富，諸器物一如故，可爲己有，以此德君，用交承之禮接待，力覆護，爲言於郡。郡檄召，不赴；則檄攝縣事，亦辭，全身以去，與家人完聚。爾後連歲盜起，挈家辟地靡寧，僅定廬於巴山之下，日務治圃觀書，年七十二乃終，辛卯十一月二十日也。

君隆州井研縣人，諱申，字酉卿。弱冠以春秋義貢禮部，比壯再貢。戊午出蜀，依叔父於南康。旅且貧，急就禄。己未廷試對策，特奏名，授迪功郎、江州德安尉。官滿，轉修職郎、撫州樂安丞，需次閒居，當路命攝縣主簿、州司理，又兼提點刑獄事，多所辨明，冤者獲伸。樂安之政廉謹如初，以恩陞從事郎。丞相江公萬里、提刑黄公震，宋末號名人，不輕許可者，稱君堅壁禦貧，明潔無私，其言足徵云。蓋惟怯於利者能勇於義，君嘗與予言蜀被兵時，一守臣先出其帑，榜其門曰：「一身留許國，諸子用傳家。」其年將變，君悉遣家人遠避，而身自留於官，借予一力給使，紛擾之際亦逃，惟一犬隨，君作傳紀其事。

夫人牟氏，繼韓氏，先八年卒。子四人：賁、孚、革、蒙。女子一人，歸權。大元至元二十九年壬辰十月癸丑，葬於崇仁宜風之孔陂原。君鄉人、同知撫州路總管府事眉山史侯銘墓，弗稱，賁請更之，以刻於墓門。予驟辭，請逾力，乃銘曰：

利之闑截截，義之玦揭揭。維潔不涅，維節不折。衆爾惙惙，獨厲烈烈。不裂不缺，有官斯碣。

秋堂陳居士墓銘

古有德人，不出諸口，而行諸躬。與之終日，無疾言遽色，温温其恭；與之終世，無藏怒宿怨，休休其容。嶇嶔末路，委曲新令。開釋圜羅，清泠沸鼎。陰功實弘，善報未稱。永藏於斯，百世其慶。

亡妻余氏墓誌銘

鄉貢進士吳澄妻余氏，諱維恭。父珏，業進士。寶祐乙卯二月庚寅生，生十有九年，歸爲吳氏婦。事舅姑，相夫教子，悉合道。子男四，女二。二女一男殤，存者三，曰文、曰衮、曰京。生三十有七年，六月四日，食時猶分晝閫内事如常，有頃，自覺身弱目闇，扶至牀，如是而終。越五年，五月丁酉，葬於黄樹谷，距家四里而近，兆向巳。銘曰：

姑失賢婦，夫失賢助，子失賢母。淑也宜壽，而天不與，其何故？

將仕郎師濟叔墓誌銘

自進士專科取人，士之入仕者，世胄與進士兩途而已，雜流、特恩不論也。宋氏盛時，先正諸名公率由進士出，是皆間世之英，不待學而能。蓋天將擬之以爲當世用，假途進士科耳，豈是科果能得人也哉？嗚呼！窮之所學非達之所用，達之所用非窮之所學。一旦棄舉子業，登吏部選，有民有社，臨事懵然者衆矣，方且以科第自高自榮而驕世胄，抑孰知彼家庭之所見聞、官府之所經歷，監舊章，視已事，明習法令，有非孤寒乍躋仕路者之所能及哉！若故將仕郎師君濟叔，其世胄之才者夫！惜其不及於用而止於斯也。

濟叔諱世美，眉州彭山人。曾祖考諱如岡，某職，朝請郎；祖考諱復，某州軍事判官、朝議大夫；考諱應極，知某州，某王府教授、户部郎中、某監、某大夫；妣楊氏，封宜人。大監公辟地出蜀，來居撫之崇仁。師，蜀著姓也。大監公久負重名，一時士大夫傾意願交，知不知咸延頸竦慕，走其門者日相踵。故雖客寓兹土，而所樹立卓卓，聲實氣勢與故家埒。大監卒，濟叔方幼學，已能相其母持家，如其父時。澤授將仕郎，試於銓曹，未獲仕，而天歷改，人與法一新，異代高門巨室失其故常，無所控倚，身殞家圮類十八九。濟叔於斯時出入虎兕甲兵中，如升虛履平，爪角兩莫之容措。涖政者遠來，未諳習俗，及一種乘時用事，狺狺狠狠，翕赫可畏，不惟不見傷害，又加愛敬焉。

濟叔體貌髭髯，偉然奇丈夫，工翰墨，善辭令，終日亹亹不倦。接人謙下和易，雖兒童輿隸，待之至恭。然持己矜莊，不屈不辱，人自不敢狎慢。爲人謀竭盡底藴，論事切中事情。多知前代故實，閒居觀書，有見輒標識上方。客有問，應聲對曰：「史某紀某傳、通鑑某代某年，某書所載、某人所録也。」抽簡帙參驗，無不然。其記覽精熟如此。使濟叔早獲推其所長，施之治官長民，決不碌碌。烏乎！而止於斯邪？而止於斯邪？

生癸丑三月二十日，享年四十六，卒戊戌十二月十八日。娶陳氏，融管安撫元晉之孫、安遠軍節度推官同祖之女。再娶黄氏，樂安人。子男三：元奎、元堅、元基。女二：元直，已歸豫章李；元里，許歸同邑袁。初，陳夫人葬長安鄉某里銀水谷，後黄夫人附於其兆之左稍前。濟叔卒之三年十二月十三日甲申，合葬於陳夫人之兆。將葬，陳夫人之弟興孫謂予曰：「子與吾姊夫故，且知之悉，宜爲銘。」銘曰：

侃侃才胄，既苗且秀。罹兹多虞，談笑羿彀。

脱人於難，匪直自救。早而服官，膚敏孰右？

時哉不偶，命也不壽。從二媲藏，銘永弗疚。

皮母羅氏墓誌

皮母羅氏，豐城人，生淳祐乙巳二月，爲趙氏媵，歸清江皮，左右君夫人三十餘年，既能且賢。元貞乙未十一月得足疾，靡藥弗試，弗瘳，明年四月十四日終，九月殯宅南。越七年某月某日，葬於金華山之陽。生子一人，曰湑，趙夫人子之，是爲總管公之世嫡。

湣與予友，故其母之葬也，予爲之志。

繆舜賓墓誌銘

繆舜賓，宋咸淳間以能賦中程試第一，授知樂安縣令。既而得軟脚疾，貽書余曰：「不幸得痼疾，顯親揚名之事已矣。先子未沾寸禄，賫志以没，宰木且合圍，其賜我昭諸幽不朽之辭。」余不敢當，而哀其意。轉求諸丙辰進士第一人廬陵文公天祥，竟爲其父得志銘。

舜賓生淳祐乙巳，年五十有七。今年初夏，豫知死期，遺命其子持所書以爲平昔所交遊者訣，且曰必予爲誌銘。

嗚呼！銘墓非古也，蓋古之所謂不朽者必於身，不必於人。後乃不然，託諸人以傳不朽，其人與其文又未必可以不朽也。昔銘舜賓父者，其人可傳矣；今爲舜賓銘者，其文可傳乎哉？雖然，予與舜賓往來久，死以是屬，予何可辭？

繆爲崇仁甲族，舜賓之祖姑歸吏部侍郎李公劉。逢國大慶，恩霈旁及舜賓之曾祖考、祖考，俱迪功郎，曾祖妣、祖妣俱封孺人。舜賓之父諱若鳳，鄉貢不第，特奏名授修職郎、吉州永豐縣尉，未及禄而卒。母吴夫人教舜賓至成才。博記覽，善談論於衆中，四座輒屈。舜賓日與侍郎公家諸冑游處，有令陽春者，以詩自好，從當世能詩者學。膏馥所霑丐，於是舜賓之詩卓卓不群，樂府、長短句、四六駢儷語皆工。家徒四壁立，未嘗有戚容，授徒以給其妻子。

娶吴氏，繼胥氏。男三，女一。十二月七日葬故里巒坊之原，附修職君之兆。舜賓名穆，前郡守徐公霖所錫，且字之，後自更名無咎。所著詩文及書語謾抄藏於家。銘曰：

四科之一學與文，六極之二疾與貧。得其一，不免其二。天匪人，已乎舜賓！後千千春，眠此墓門。

秋堂陳居士夫人黃氏墓誌銘

余讀劉向列女傳及諸史褋記所載母儀婦德尚矣，然士大夫行實修而名湮没者，世何可勝紀，况不出閨門之内者乎？若吾里陳夫人黃氏，母儀婦德可謂無愧者也。夫人諱某，世居樂安之桐岡，父兄弟姪皆爲儒，貢禮部者相屬。歸於吾里陳居士。居士德人，夫人相之，家道日隆。居士既終，優遊子舍、婿家十有餘年，福稱其德，年七十有五乃卒。生之日寶慶丙戌九月季二，卒之日大德庚子十月上五。子男四，孟垚、仲垚，先卒；季垚，叔垚。女三，婿袁士真、袁宏道、袁士達。士真亦先卒。孫男四：觀行、觀過、觀德、昌生。女四。曾孫女一。卒之明年二月壬午，葬於里之塔山坪。季垚、叔垚請銘。

余昔銘居士云「與之終日，無疾言遽色；與之終世，無藏怒宿怨」，知者以爲非溢美。夫人居士賢，配其可銘也已。銘曰：

父族爲士，夫族爲士。母有孝子，奉終如始。勒銘山趾，以著厥美。

覺溪游君墓碣銘

游君常伯倜儻不群，早年以進士詩賦伎雄輩流，意科第可拾芥取。既屢試屢屈，預貢而降試補國學弟子員，往試又不偶，乃礲斵廉鋭，芟毁芽枿。教授里中子弟，循循有繩矩；談論古今世務，亹亹可聽。遘時革運天，氓有闇於天歷者，致大師。君居直通道，不虞師之奄至，父子族屬七人爲哨兵所獲，俱束縛，以次就戮。戮二人畢，其三將及君。君之子君佐不忍見父之死，請先殺己。小校義之，以白主帥。君軀幹偉，應對敏，帥奇其才，得釋。上送於朝，事格，不報。於是君客遊燕、趙、齊、梁間，甚適恬，無仕進意。越數年，前主帥參江西行省政，至邑有所逮問。君門下士，出入左右，得豫機密。忽有飛語譏君漏言於外，自辯莫可，憂懣以卒，年五十有二，至元癸未四月一日也。

君之配陳氏，後一月亦卒，其月合葬於璋湖。子男二：君佐，君佑；女一。孫男三：霖、垚、焱；女三。君諱伯常，撫州樂安人，家天授鄉之上覺渡，自號爲覺溪翁，余弱冠已知君。君卒二十年，君佐始立墓石，請爲誌銘。嗚呼！余之故人也。才如是，所到止是，其命也已！其命也已！悲夫！遂敘而銘之。銘曰：

能與不能，人者明明；成與不成，天者冥冥。數之不贏，有萎其英。吾知吾銘，尚假幽扃。

皮仲宜墓誌銘

往歲客南雄總管皮公之門，識公之族弟仲宜甫，髭鬚姱脩，言論峭直。汛掃一室，有自讀之書，有自吟之詩。賓至焚香瀹茗，或觴或詠，諧笑云云，蕭散不羈，宛若晉人風度。嘗從總管公撫定郡境有勞，帥府欲俾效用，弗就。暨名上省府，署攝始興縣丞，亦弗就。前進士路萬里高之，作真贊，有褒辭焉。赴急解紛，慷慨尚義，鑑時燭物，敏鋭無滯思。凡人用所資，著發取棄，靡不中機。歷覽湖、湘、淮、淛而歸，種菊盈庭，故相章公爲題堂扁曰「菊逸」。年六十四而終，臨終書「惟孝惟友，可以立身」遺其子。考諱弁，與徐侍郎卿孫輩諸名人友，治毛氏詩有聲。仲宜諱儀，克纂父業。三兄一弟，世居清江下熝。娶聶氏，子男三：野、權、季方大爲謝氏後。女三。孫男二。野，高安教諭，務學工詩，今授徒於里，構一樓於堂之北，將致樂以養，而親弗待矣。初喪秋季中旬之三，卒窆冬季上旬之二，時維大德九年，兆在里中某所。野與余善，又因總管公之子來請銘，銘曰：

入誰之與居？出誰之與俱？而愉其躬，而羸其家，而淑其後，以遠須可，不謂能乎？

宜黄鄧母謝氏壙誌

謝氏妙瑩，鄧繼室，生丁酉歲四廿七，庚子十二廿四卒。儉勤婉順事夫君，子名時俊名應元，家力豐裕諸孫蕃。乙巳季冬甲申日，卜葬未山甲向吉，水去流陰丑艮出。俊從余學此母賢，爲誌幽宅光千年。

白山許君墓誌銘

進士科試藝，非古也。唐人采譽望先期投所業，又繇所知薦引，雖不免於私，然士以此故，閒居不敢自毁其名行。宋氏糊名考校，於立法至公，利孤寒，不復計平素，其選始襍，真才實能反或厄於命，而終身沉淪。若吾白山許君季文甫之藝，縝栗卓犖，同輩所推，後輩所師。歲乙卯、丁卯，購其文者咸貢於鄉；歲癸酉，二俊士共爲文，霑丐膏馥，亦得預貢，而君竟不偶。後校官見君策論，驚嘆失士，稽之，乃謄録院逸去賦卷。時代更，貢舉廢，君負長伎，自好不厭，鄉里競延致教子弟。餘力哦古近體詩，實陸務觀、劉潛夫集中莫辨。同縣甘君泳不習舉子業，遍游東南，交當代名人，有詩數百篇，清絶自成一家。仙佛儒悟解俱涉其藩，人稱爲東溪先生，不娶，無後。

君諱文薦，詩工而奇。不談仙佛，而談考亭朱氏、青田陸氏學。欣然意會，人莫能知也。間獨與余上下其議論。卒之年授業縣東三十里，近甘君墓。暇日輒適壟，徘徊彷徨，悲涕不自勝。是年十月十三日卒，年七十有七。

考諱士潁，爲儒能詩。妣羅氏。世居撫之宜黄，徙崇仁。初娶周氏，無子；再娶繆氏，就室於李，亦無子，養涂氏女爲女。三娶馬氏，就室於劉，一男一女，後又生二女。涂女適黄，劉女適聶，親生女一許嫁，一未許嫁。往年官覈户口，一家不得包二姓，男若曾遂附許氏籍，君教之如子。君之喪，服斬衰，如服父喪，具無缺。既逾月，衰絰造余門，哭泣請曰：「繼父病革時，言吾有不朽者在，意以囑先生也。將葬矣，敢請。」君與余忘年交，不得辭，則爲之銘。宅兆君所自營，首西北。鄉曰長安，原曰連坊。日十八，月十二，歲大德乙巳。銘曰：

於蔚辭，數連奇。嗇其施，豐自嬉。

晚疇資，二陸規。山陰支，臨川涯。

萎兮澌兮，噫噫兮悲。

鄉貢進士周君墓誌銘

大德八年三月十九日，鄉貢進士周君棲梧客死於金谿。死之三日，其從子仁乞地于聶氏葬之。墓前有古神祠曰周將軍廟。君仲弟棲楚先死，季弟棲筠客豐城，聞喪來奔，則已葬。議以歸祔于崇仁之祖塋，仁曰：「葬具可，其母遷。」遂歸直於聶，而得其所葬地。君業舉子，尚書義有聲，咸淳癸酉以字與貢，更字朝陽。在大元爲崇仁縣儒學教諭、臨江路高峯書院山長，名在吏部。將授儒學教授，而君死矣，年六十一。先世自贛寧都徙撫樂安，初年室於郡中之熊，落魄不羈，常遊食於外。於事無心，於物無競，所至無不愛悦焉。女一人，適連。以仲氏之子寶爲子，仁之弟也。聶之子爲仲氏之婿，聶之族女又爲仁之妻，以故經紀君之喪有力云。君與予友善，棲筠娶予女弟，請銘确，故銘。銘曰：

處之時時而來，旅之時時而隨。酹而怡怡，語而嘻嘻。噫不可復，奚而不悲？

朱氏静淑墓誌銘

洪士言其鄉鄭氏婦朱氏静淑，幼讀論、孟，了大意。歸夫家，弗逮事姑，事二姒婦甚恭，後事繼姑甚孝。舅姑罹寇難，甚哀。每遇諱日，甚悲。相其夫廣家產，比初年什伯倍。處變不失常度。夫以筦庫之役出，則兼治閫外事。日有齎送費，猶能以餘力新居室。暨夫役滿而還，堂構已完。人以田園售，不抑其直，祈子孫得永保。饑歲平糶，待之而舉火者數十家，貸收不貳量。有負不能償，輒折券。里有樵屯渡，捐貲造舟，以利病涉者。凡賓客之饌，必躬視。官吏或假館，徒御雖衆，供給不勞而辦。夫嘗與伯兄小忿，從容道手足恩義，開諭勸釋，夫感悟至泣下，友愛終其身。又嘗與鄰有争，亦諫止曰：「彼良田百畝具以歸我，此獨不能小忍乎？」

延名師教二子，夜必自程督問日所講肄何如。子方長，家方隆，而不幸抱疾以殁。殁且八年，宅兆始協吉卜。夫季政，男元鳳、元謙，將奉柩窆，願得一言昭諸幽。以某嘗授業二子，頗悉其家内外事，而因某以請。

予曰：是蓋爲斯婦斯母不朽計，義夫孝子之志也。斯婦也，欲其夫積善以貽後；斯母也，欲其子務學以光前，賢已！夫若子環視其鄰，昔赫赫者今寂寂，而吾之家一旦至此，其何以守此哉？惟當日夕勿忘逝者諫誨之意，益崇善，益勉學，俾鄉里藹慈良謙讓之譽，門户增詩書禮義之輝，人必曰「斯婦實成斯夫，斯母實生斯兒」，不朽莫大乎是，銘不銘，奚加損焉？雖然，孝於姑，恭於姒，匡其夫以從兄睦鄰，婦德若兹，其可銘。

乃稽其世，世居富州宣風鄉杭溪里，父汝岳，母譚氏。夫家新建縣德禮鄉侯溪里，舅文富，姑蕭氏，繼周氏。女適廣東宣尉之孫、靖安縣尹之子塗浯巽。孫男四人，女三人。淳祐丁巳建辰月端七生，大德己亥建酉月季五卒，丙午建丑月季四葬。葬返其所生之鄉里鹿興原溉塘。銘曰：

婦以德妍，有美嬋嫣。銘貞其賢，厲彼不然。

故龍興學録鄒君墓誌銘

大德辛丑夏，英德倅熊侯謂澄曰：「吾弟之子妻劍池鄉河湖里鄒公遂，公遂將以某月某日葬其父學録君於青坑之原，蘄一言光泉壤。以疇昔之未獲見也，敬介某以請。」嗚呼！予弗及識鄒君，而於侯舊矣。禮辭，弗許；固辭，又弗許。則弗復辭，爲敘其概。

君諱敏中，字時甫，世居古豫章郡豐城縣，今爲富州。其文業進士，通戴氏記。淳祐乙卯幾預貢。既復黜，試大學。平居躭講誦，嗜賦詠，有雜詩雜著，名静樂堂藁。藏於家。其行事父孝母，聶夫人終，雖孩，執喪不失禮。貲産悉委伯兄，季年分異，唯命所畀。漫弗計嬴竒。兄歿，哀痛切至。事伯姊猶兄。坦夷軒豁，好賓客，日以棋酒相娱。捐貲恤鄰，無靳色。其先曾大父堯甫，大父元廣，父輝，俱隱德弗耀。其後公遂男二，女一，蕃衍未艾。其配彭澤簿黄喆飛女，聶氏繼。其婿楊守道。其游少從清江歐陽居宜習經，暨長，南康江丞相、建昌包樞密、廬陵王梓國用、同郡萬一鶚章甫皆以客禮待，友道交。狀其行者，前鄱陽尉趙用信。其年嘉定庚辰季秋五日生，至元丁亥季冬望日卒。嗚呼！鄒君非古所謂一鄉善士歟？生而有文有行，死而有子有孫，家日肥，得吉兆以窆，而銘以昭之，其可無恨已。銘曰：

天嗇其試，而豐其嗣。雖亡不亡，用闡斯閟。

林夫人鄭氏墓誌銘

毓於儒家，媲於宦族，生五子，孫男女凡二十，曾孫男女凡十有五，逮見元孫，受公朝錫帛恩。年八十有五乃終，此世之福德人，而金谿士林程母夫人鄭氏有焉。噫！天所厚也。

夫人諱惠真，父試國學生。夫益齋府君，知臨湘縣奉議公之從子。夫人爲婦而宜禮無違，爲妻而隨事無隳，爲母而慈教無虧。門内長幼，門外戚疏，遠而賓旅，賤而使令，待之靡不中則。年四十有九而寡，總内外餘三十年。

伯子一薦辛酉歲附貢士榜；仲程；其次和；其次秩；季稹。唯仲、季獲終養。孫男十有四，立、亨、永、克、雍、寓、宏、穹、芽、末，而文、言、高三人亦先卒，芳出爲族人後。女六。曾孫男五，明、良、雷、震雷，弟禮。孫女十。芽暨良之生與夫人同月日，元孫琳。夫人卒之日，大德丙午六月乙卯。卒之明年，予去官就醫，留富州。程挾其所館客周仁爲介，觸炎暑走三百里，自狀其母之行授予。泣且請曰：「程弗克自奮以顯親，大懼没而弗稱於世。將以今年九月壬午奉柩藏於柘岡，邇府君之兆。得當代能言者畀之銘，庶其不亡。」

友人黄令炎發復以書助之請。予閲其狀，夫人生宋嘉定壬午十月丁丑，實與吾母同年而先一月，而吾母先八載逝矣，泫然動予哀。噫！程之哀其母，猶予也。銘其可已乎。程，敦朴士，年六十有五，孺慕如少，允哉賢母之子！銘曰：

生也壽，死又欲其壽，維子之孝。

卷七十三　墓誌銘

故逸士熊君佐墓誌銘

富州之甲氏熊爲盛，而不一族。横岡之族，其先知制誥龍圖公之後，繇鄱徙。至諱之翰者早世，其配周氏，以姨之子爲子，實丞相京文穆公之從孫諱禮，娶從事郎王尉之女，生子四，仲諱大經，娶韶州周守之姑，生子二。君佐諱師賢，其長也。幼敏悟，長治進士藝，馳俊譽。叔父貢士暨鄉先輩皆期以早達，僅一試貢闈，而科舉廢，讀書娱親於山。至元壬午，先廬燬，隱城市。十年，父既殁，養母能盡歡。大德辛丑，築室還故鄉，扁其堂曰「寓樂」，與老梅疏竹、叢桂幽蘭、細蒲怪石俱。便坐掃地焚香，琴書圖畫羅列後先，尤嗜古器玩。嘗學琴，後不復操，曰：「但識琴中趣爾。」惟工詩不輟，一時吟人咸相推許。弟師周，同居同財三十年，無間言。暇日弟若子相賡酬，自爲師友。乙巳罹母喪，哀慕幾欲無生。其明年冬，感疾。丁未夏四月，竟弗起，年五十有三。秋七月壬辰晦，窆于卦塘栖龍山之陽。

初娶監吉州糧料院李登孫女，再娶户部侍郎鄧詠孫女。男希勉，女適胡宜審。孫寄生。予移疾寓富州，先葬期，師周以書將前太學進士徐懋初狀因予妹壻周筠來請銘。筠謂君佐敦厚篤實，好賓客而不妄交，希勉篤實如其父。徐之狀亦云：「辭翰清粹端健，爲詩冲澹瀟散，不求工而自理致。」

予雖不識君佐，其概可覩已。嗚呼！向之科舉誠不足得士，然拘以定法，乖逢一制於命，非可以苟求得，不得者安焉。自科舉法廢，而進仕之途泛，人人懷希覬速化之心。離親戚，棄墳墓，跋涉攀援，百計干入；經歲年，敝衣履，犯風雨寒暑，或至破家殞軀而不悔，愚亦甚哉！君佐之才豈不可以翔鶱？以其清致出而與今之君子遊，必有合也。而安分知止，澹然無營於世，以終其身，可不謂賢乎？往年予被命徵爲國史官，弗果赴。今幸補外閒散，無編纂之勤。每欲述野史以自嬉，凡山林恬退有足稱者，具逸士傳，若君佐其可。銘曰：

群動芸芸濯其渾，獨立齗齗咀其芬。有美逸民清意存，貞於堅珉麗千春。

故待補國學進士何君墓誌銘

予移疾還家，道過清江皮氏，留再月。有衣大布之衣，介皮氏來謁，問之，何其氏，與道其名。揖之坐，作而請曰：「與道之兄有道，弟安道，是爲待補國學進士君之子。先君諱應子，字奕夫，世居清江縣崇學鄉之彭澤。生宋淳祐辛丑，弱冠喪父，奉母聶氏理家。刻意學業，師進士周先生，由詞賦改習尚書義。甲子庚午秋貢，俱以補弟子員，待試國學。與熊夫人之從父、前進士介游從講問最密。科舉既廢，隱處，絕仕進意。峩冠博袖，延師教子弗怠。他境嘗有逮捕，根株幾蔓，出身扞蔽，同井賴以無擾。歲饑，平糶以濟族姻。貧不克葬，捐貲以助。人有急，必賙；有負，未嘗責。不幸於大德丙午五月四日終，將以丁未四月某日葬某處之原。與道兄弟痛惟先君與總管皮公世姻世鄰，荷待遇特厚。先生善皮公，於公之所厚能無情乎？倘俾一言光於幽，不惟先君長逝不恨，而其遺胤與有悛焉。」

予曩聞皮公言彭澤之何爲儒族，其先彭澤縣人，官于吉，因家於此。其後有陽山令致仕來歸，遂名其地爲彭澤，以志其祖之所自。公又數稱奕夫爲善士，噫！公之言足徵，而其子又請之勤勤，是可銘已。君娶熊氏，子三男三女，孫二男三女。盧應開、熊文瑞、楊德懋，其婿也。父諱夢龍，大父諱泳，曾大父諱珉，并隱德弗耀。夫善積者慶餘。以君之善，其蓄其昌，不在後之人乎？銘曰：

積之厚，其究也棶；前所留，維後之休。

許母王氏夫人墓誌銘

昔年予以童丱就郡學補試，同邸有一先生長者，視予所作賦，勉而教之。試畢，各不問名居而去。後八年，予忝鄉貢工，歌鹿鳴之燕，向所見先生長者亦在焉。問之，則臨川許先生功甫也。其年爲江西轉運司所貢士，遂相欵密。自是數歲間或一見，情誼如父子師友。先生每言其族中諸少之可進者，必稱如心。越數年，予同升貢士金谿何伯陽過予，以如心所述母夫人王氏行實請銘。

如心之父登仕君諱泰，功甫先生弟也。初娶黄，生子三：曰直心、曰敬心、曰如心。再娶王，生子二：曰原心、曰惠心。王爲右族，擇婿甚嚴。登仕君失元配，乃議以夫人歸許。夫人慈順詳審，工女事，略通詩書大義。處内睦而敬，御下寬而肅，躬勤儉而有賙恤心。夫所友、子所師，待遇悉以禮。亂離中值母喪，哀毁憔悴。喪既除，中寒疾不起。明年正月，葬熊坊新莊山。如心五歲無母，夫人鞠育如己出。原心痛其母不得年，思以貽不朽。伯仲二兄已先卒，而季兄如心爲之請。禮曰：「繼母如母。」傳曰：「繼母之配父與因母同，故孝子不敢殊也。」如心能若是，可以爲士矣。

予既與登仕君之兄厚，且知如心，伯陽又言之勤勤；閲所述，證所言，夫人賢婦人也，銘惡可辭！夫人諱某，生二十八年而歸，歸八年而逝，逝餘月而葬。生之歲癸卯，歸之歲庚午，逝以丁丑之冬，葬以戊申之春。葬三十一年，而始得銘。銘曰：

得所豐者賢，所嗇者年，猗嗟乎天！

故太醫助教程妻駱氏墓誌銘

補太醫助教程君諱遠之，妻駱氏，撫崇仁人，年十有六歸程，六十有六而卒。生三子。至元辛巳七月，太醫君卒。次月，長子亦卒，惟仲、季在。其仲鵬舉言：「吾父以醫術客高門巨室無虚日，賴吾母主饋勤儉，克有田廬。敬事舅姑，事祖姑如姑。姑之父母依於我，亦如之。於娣姒婦族媦中外恩禮惟稱，延名師教子爲儒。嫠居二十年，冠昏二子，嫁幼女畢，還見諸孫，乃老。吾程氏之先自河北廣平來仕江南，而家新安，自新安分處他郡。九世祖尉崇仁，官滿不去，墓在縣東門外之三山。吾母未葬，長老咸曰：『此吾族賢婦，祔先兆宜。』乃營墓左百步之外，將以丙午閏正月丁酉窆，願求一言麗諸石。」

予幼識太醫，後與其子游，過其家，見其子禮賓之勤，而知其有賢母也。其母生端平丙申十月，卒大德辛丑八月。鵬舉暨弟鵬飛儒而世其父之業，家設藥肆，售不以贋。女子子三：適孫、適黄、適吴，俱已亡。孫男五，孫女五。銘曰：

程氏初祖，自昔少府，爰宅兹土。八世聯綿，有婦貞賢，祔於其阡。

魯國太夫人王氏墓誌銘

魯國太夫人王氏，資政大夫、前御史中丞王公某之子，故昭文館大學士、榮禄大夫、平章軍國事、行御史中丞、贈純誠佐理功臣、開府儀同三司、太傅、上柱國、魯國文貞公喀喇氏諱博果密之妻，嘉議大夫、太常卿回之繼母也。

王公正直和易，爲時端人。夫人生長名門，天質純美。父教母範，閑習見聞。懿德夙成，如古淑女。年及笄字，謹選所歸。會喀喇公喪初配，議者咸曰：「貴族重臣，有行有學，可妻，宜莫如公。」遂以夫人歸焉。夫人沈静寡言，廉儉中度，克相克順，官事無違。禮於族姻，仁於媵御。閨門之内，雍雍如也。暨喀喇公薨，屏居一室，稱未亡人，非歸寧不至門外。

男曰猛，女曰宜童，視前夫人子均愛如一。公薨之十年，恩封魯國太夫人。其明年，以疾終，祔於宛平東安祖姑之塋。生之日，至元乙亥六月辛酉。薨之日，至大庚戌三月癸未。越七日己丑窆。

常卿與予游，予國子師，而猛，國子生也。請曰：「宜爲吾母銘。」乃銘。銘曰：

婉婉女士，嬪於相家。令德令儀，允也柔嘉。嫠居十年，志義貞專。所天一天，誓從九原。胙封大邦，以榮厥躬。云胡不遐，遽爾長終？若防若堂，尋有四尺。媲美維何？視此堅石。

元故嘉議大夫饒州路總管趙侯墓誌銘

至大二年四月乙丑，嘉議大夫、饒州路總管趙侯卒於官。四年秋，侯之子克敬走京師，因侯之婿高希元來請銘。高與余遊，余是以知侯之概，則不復辭，乃序次其家世行事而銘。

侯之曾大父諱賛，家大定，金忠顯校尉，主長葛簿。大父諱整，有武略，不試。父諱來廷，善騎射，上蔡縣都統。金失汴，歸國朝，從郝元帥經理陳、亳、潁，招撫邊民有功，歷使三州，遷陳州長官，因家於陳。有旨授潁州節使，終於潁。時侯之年甫十有三，魁偉能謀，弓馬閑習，器局如成人。朝命襲父職，知州事凡五，潁、邳、莒、息、淇也；貳一路凡再，鄂、益都也；長一路凡再，瑞與饒也。初階武略將軍，進武德、宣武、明威，又進懷遠大将軍，改嘉議大夫。仕五十有三年，壽六十有七。

母何氏，外祖某縣尹。侯諱庸，外和内剛，與人交，靡不心説。恬於利欲，知經史大意。所至興學校爲務。聽訟必諭以理，俾自悔悟，不尚刑威，故囹圄常虚。其在鄂也，值權姦之黨專一省之政，掊克戕民，所屬化之。姦黨既敗，鄂之官悉以贓罷，惟侯獨任府事。其在瑞、在饒也，瑞産銀，饒産金，常課外，官吏并緣侵漁。侯設方計除其弊，有遺愛焉。侯之喪至自饒，弔者千數。生而令人愛，死而令人哀，有以也夫！

娶陳州節使史進忠女，生男三：克敬、克讓、克勤。女二。某年月日葬於陳之東南五里，鄉曰孝義，村曰紀城。銘曰：

柏翳趙祖，興自造父。繇卿遂侯，以食晉土。其苗其裔，因國著氏。秦漢而來，代有顯仕。桓桓潁州，經野底績。爰嘉乃勞，施及世適。宅是宛丘，光啓饒侯。用宏家聲，克纘令猷。牧於九城，允也良吏。我銘孔昭，昭哉遺惠。

元故少中大夫吉州路總管劉侯墓誌銘

功德被於民，其民生而父母之，没而神明之，古之賢牧伯若是者，蓋千百不一二，而今於吉州路總管劉侯見之。

侯諱執中，字仲和，世爲汴人。曾祖諱誠，仕於金，司臬事，因有寃直之不能得，即日棄官去。祖諱錫，不仕。考諱安，武舉及第，累遷至懷遠大将軍、鄧州節度副使。金亡北渡，家大名。妣吕氏，汴名族。侯三兄：曰珪、曰璧、曰璋。其仲翰林國史院編修官。侯少負志節，長而益騫，種學績文，以裕所藴。同里竇文正公奇之，妻以子。既從竇公，悉得其學。餘力所及，猶能以鍼醫名天下。父喪哀毁，兄欲分異，固持不可。以老壽大司徒王贇善薦，獲事裕皇於東宮。世祖皇帝定朝儀，同太保劉公進禮樂圖稱旨，召見於仁智殿。初授奉議大夫，充左侍儀使、太廟署令；再授朝列大夫，尹濱州，副淮西宣慰，入爲侍儀司引進使；又授少中大夫、總管江陰、吉州官。三轉職，七遷，年五十五而終。

事裕皇時，陳説國本之重，宜謹禁禦。其後盜殺權相，幾犯宫闈，緣是始設兵衛，人皆服侯之先見。濱旱，祈禱逾月。侯至之日，屏去僧道巫覡，率僚屬齋沐，虔告渤海東之神曰：「天久不雨，民且無食。吏實可譴，民其何辜？」三日澍雨沛洽，耆老詣侯謝，士獻詩文以頌。侯辭曰：「天之澤也，君相之德也，守何力之有？」

淮西地曠人稀，勞徠其民，給以田宅，流逋四歸，遂成樂土。其在江陰也，歲大水，請賑貸。倡同僚暨富家出粟補助，以侯命下。繼發官倉，全活甚衆。前時納税準直以中統楮幣，如舊宋楮幣之數賦於民，民不堪。力陳其敝於省，酌損之。柄國者議徙江南豪族於京師，官督屬郡起遣，輿情大震。侯故爲遷延，未幾事寢。所至首視廟學，修完勉勵。其在吉如在江陰，而化賊爲民，尤表表可稱。吉素難治，遠鄙怙險僻，連歲與鄰界谿洞相構扇，群聚爲寇。侯自将捕逐，重賞募官民材伎，徑擣巢穴，斬其渠魁。乘勝追擊，俘獲男女數千，輜重稱是，餘黨悉平，良民復業者七千餘户。明年，湖南寇侵，侯復進兵，諭以福祸，寇窮蹙，納欵。撫慰各令就農。是役也，自夏徂秋，跋履深阻，中嵐瘴毒，力疾綏降附，輯散亡，惟恐或後，而疾竟不起，没於安福州之陽澤。賊酋衰絰哭送越竟，士民相弔，咸曰：「侯提兵以出者再，秋毫無擾，微侯何以有今日？」立祠於陽澤，歲時報祭焉。

侯孝於親，弟於長，交友殫始終之義。中堅正，外審詳，民樂其慈，吏怛其威。蓋文儒也，而優於武略，達於吏事，是以能然。竇夫人賢淑聰慧，日記千言。嘗作勤學文警諸子，雖古女師，何以尚！先九年卒。侯之子元麟，由吏部侍郎授嘉議大夫、大名路總管；駷，萊蕪縣尹；驥，太子通事舍人；參，少中大夫、典用大監；駿，國學貢士。庶子一。侯之婿：大名路梁侯之孫鐸；陝西右丞許公之子崇智；左丞張忠宣公之子僉廉訪司事某。侯之没，元貞二年九月十二日也。旨勑中書，命有司護柩北歸。殯以大德元年四月中旬之六，葬以皇慶元年正月上旬之十，墓在大名郭東元城縣令公鄉先塋之次。夫人竇氏祔。

先葬期狀行與事，徵銘於國子司業臨川吴澄。臨川與吉接壤，計前後吉守如侯者鮮矣，閲其狀，敘而銘之。銘曰：

大江以南，有侯之廟；大河以北，有侯之兆。體魄歸地，永寧于兹；英爽在天，宜無不之。民曰吾父，世食吾土。風馬雲車，莫魏朝楚。令公之鄉，其封若堂。有煜其光，具此銘章。

故文林郎東平路儒學教授張君墓碣銘

君，蜀人也，姓張氏，諱翌〔一〕，字達善，世居永康之導江。曾祖廣成，贈承事郎。祖諱汝舟，鄉貢進士。父諱瀛，特奏名迪功郎、江州彭澤縣主簿。母黎氏。

〔一〕四庫本闕文，成化本字迹不清，據張達善文集序（見本書卷十七）隸定。

蜀有兵難，主簿君從其外舅監丞黎公出蜀寓浙。君生始四歲，主簿君携以見秀巖李公、西山真公，俱目爲奇童。年十六而孤，奉母居海濱。師其先友，業進士詩賦。弱冠以蜀士流寓試不中，改試春秋義。平舟楊公棟勉之學義理之學。年二十七，師金華魯齋王先生柏。君有才華，以所讀書十數條演繹其義，質於師，不答。君請曰：「某不敏，願先生啓發之。」乃出君所論，指示之曰：「若所論，昔人已嘗如此云云，朱子所不取也。」俾讀論孟精義，自此君得聞所未聞。既而平舟楊公罷參政居台，而台之趙守及臨海趙令并喜講學，君造請其間，多所資益。游錢塘，出入翰林史館、禮寺，習知故實。還台省母屬，天兵南來，家殲焉，君煢然一身，授徒自給。

初以浙西按察僉事夾谷公薦，授將仕佐郎、建康路教授，遲遲四年始之官，未及一期而代。再以行臺御史中丞徐公薦，授登仕佐郎、孔顔孟三氏子孫教授。顔、孟家廟歲時以俗禮薦，爲制籩豆，更定祭儀，畀其家申請正顔、孟配位南向之失，升曾子、子思配饗，以周、程、張、邵、司馬、朱、張、吕氏九儒從祀，及其他便益事宜非一。秩滿，鄄城士大夫具書幣迎致，以淑其郡人。留四年，學徒自遠而至者日富，教聲洋溢乎中州。有以國子監官薦者，授文林郎、東平路教授，引疾不赴，歸於儀真，依江東宣慰使沙卜珠公以處。

君自幼敏悟，氣毅而容肅，未嘗一日廢書。經史傳記、禮樂名數，靡不研究。教人讀近思録爲四子階梯，四書以朱子章句、集注爲本，次讀儀禮、詩朱氏傳、書蔡氏傳；易，先朱子啓蒙、本義，以達程傳；春秋胡氏傳、張氏集傳。讀史及諸子百家，定其是非邪正，作文書字亦各有法。講説明暢，援引該贍，粲然皆成文辭。音節抑揚中度，聽者莫不竦服。其所著述有四經歸極、孝經口義、喪服總類、冕弁冠服考、引彀訓蒙、經史入門、闕里通載、淮陰課藁等書，及文集若干卷。

年六十七，以疾終，大德壬寅六月十七日也。葬於揚子縣甘露鄉三城里蜀岡之原，以前配馮氏祔。再娶黎氏，外族宣教君之女，生女二人：長延秀，通詩書大義，嫁門人保定王元；次延潁，許嫁真定李某。

至元丁亥，予識君於建康，其後予客東淮，又與君之所交、所教者遊，故知君爲深。至大辛亥，王元走京師，求文表君墓。嗚乎！講明朱子之學以授學徒，使人人聞風敬慕，能如君者鮮矣。而不獲于時，又無嗣，僅有女傳業，疇不爲君惜，况知君之深者乎？於是敘次其事，而繫之以銘。其辭曰：

煌煌陳編，茫茫緒言。彌演彌繹，波滔蔓延。孰得其珠？孰買其匵？維占是呻，奚告非瀆？曰若石師，泯焉夸毗。孰爲省之？孰令領之？猗達善父，蘊茹今古。飇馳霆訇，亹亹音吐。異耳駴異，金玉師傳。爰著斯嘉，耀於荒阡。

元贈奉政大夫高唐知州驍騎尉封鄆城縣子姚府君墓碣銘

姚姓之著者，梁國文獻公相唐，少師文獻公仕皇元，少師之從子翰林承旨燧以文章名。承旨嘗與今朝散大夫、江南諸道行御史臺都事居敬言：「吾姓蓋同所自出。」朝散繇臺察省部發身，初仕承務郎、工部主事，遷承直郎、江浙行省都事，陞奉議大夫、兩淮轉運副使。丁内艱，服闋，除江西行省理問，改除奉政大夫、僉浙西道肅政廉訪司事。蒙恩贈考妣，官封鄆城府君諱顯。其先大寧人，金南遷，府君之父忠以右班扈從至汴，家睢陽。金亡，徙家濟寧之鉅野。府君以材武應募行宥府檄，長百夫。平南之役，師次揚州，與宋軍遇，冒矢石，力戰以死，年四十二。

娶龐氏，亦大姓也，其兄弟皆勇士。中原未定時，東土敓攘矯虔者蜂起，府君率姚、龐二族保有邑聚，寇不敢犯，全活甚衆。亂定，甫爲時用，才志未展一二而終，聞者惜之。延祐四年，贈奉政大夫、高唐州知州、驍騎尉，追封鄆城縣子。夫人龐氏，追封鄆城縣君。男四人，長朝散也，自浙西佐行臺；次思讓；次居安；次居禮。府君終至元乙亥，夫人終至大辛亥，歸葬鉅野金坨山之祖塋。

將碣於墓，徵臨川吴澄文，乃爲敘而銘焉。銘曰：

桓桓鄆城，勇冠千兵。前茅摧鋒，英毅留聲。生不食報，維後之幬。

嗣興有人，克慎厥操。皇汝予嘉，寵被幽遐。五命爵勳，百世光華。

金坨之封，有石崇崇。皇澤之隆，維以勸忠。

史振之墓志銘

史振之少孤，佩母訓唯謹，内外事無不稟命。家雖菲薄，甘旨畢具。稍有贏餘，輒分及族人。見一善行，心識力行。平居無疾言遽色，接人温温如也。孝友平恕，蓋天性然。

家世汴人，金季徙燕。曾大父以下俱葬京城南門外。大父伯賢仕金，主縣簿。父正甫業儒，年三十而卒。母西京趙氏，金宣武將軍、伭州芊山倉草監諱振之女，年二十七而嫠，子生始八歲，歸父母家。父母數令人微諷，欲奪其志，確不可移。後聞將許人，即觸柱流血，誓曰：「母子苟無以養，丐食猶可，何至爲禽獸行？」議遂寢。自夫亡，美麗服飾悉屏不用，言動依於禮法，有烈丈夫風。治家勤儉有恩，親知尚其志節，將白有司加旌表。語其子曰：「婦德固宜，何異之有？每見他婦沽名無實，心以爲耻。我若苟此，與彼等耳，汝亟止之。」

振之爲禄養，任江西榷茶提領，將母而南，僑寓真州。至元甲申四月，母卒，衣疏食糲，居外寢三年。未幾得疾，數歲不愈，終之日，至大庚戌八月二十五日也。娶完顏氏，早卒。繼曹氏，生一子二女，至元丁亥四月卒。繼王氏，子師魯，亦娶王。女適劉，適丁。曾孫二，俱幼。

師魯恪愿，從余學，將奉其祖妣暨考妣三喪葬於魯，蓋曰其先魯人也，余故爲之志。伯賢諱遇，正甫諱仲侃。振之與澄之大父同諱，從金從睪云。銘曰：

烈烈母儀，子子也宜。猗嗟振之，仰孝俯慈。

不鴻厥施，而燕厥詒。以全而歸，而藏於斯。

卷七十四　墓誌銘

故樂溪居士吴君墓誌銘

樂溪居士吴君諱伯成，字文甫，瑞高安樂安里人。其先自九江而西山，而筠之五鹽，今高安仁孝里也。十世祖譓，敦書崇義，富甲一鄉。八世祖文海，以明經見稱，愛樂安山水，徙而家焉。曾祖仁旻，祖世經，韞玉弗衒。父應祥，與鄉貴劉公應龍善，嘗於廣東制司奏辟迪功郎、監寧江鎮，弗就。

君少從姚公勉學舉子業，姚公進士第一，立朝以言事不合去，君亦厭科舉，隱居自樂。庚申兵後，歲大饑，奸暴竊發。君出粟賑施，寇攘遂戢。時出粟弭盜者許奏補官，君笑曰：「此豈邀功賞時邪？」庚午歲又大饑，莩殣相枕藉，君復發粟賑施，且爲食以待饑者，得全活數百千人。秋成，貸者倍取息，君獨不爾。貧不能償，焚券不問。人有患難，極力拯救。或忿怨至不可釋，得君一言，輒愧服渝平。收撫孤遺，教育婚娶，人皆德之，而君不自以爲德。平居未嘗疾聲厲容，不喜言人過。所居山水峻駃，溪流清滈。平鋪石磧，上如織文，紆回里許，直抵石壁下，徜徉其間，竟日忘倦。故相章公鑑取「知者樂水」意，書「樂溪」二字扁其堂。歲丙子，兵禍延毁，處之泰然。重葺家塾，勉諸子勿廢學。陳公仲微隱南海不返，賓從留故山，君擇其賢者與爲師友。父喪，哀瘁致客，數郡畢至。其事親也孝，其教子也義，其處己也厚，其與人也惠。

生宋嘉熙戊子六月，終大元大德癸卯二月。終之日，戒子孫曰：「汝祖父以忠厚傳家，宜勉學勿墜。」言訖而逝。娶黄，繼徐。子男三：泰來、大有、鼎元；女二：適朱，適陳。孫男七：鎡、鑑、欽、塤、均、增、法保；女二。曾孫男三：安孫、勝孫、慶孫；女四。泰來後三歲卒。大有將以皇慶二年正月某日奉柩葬於里之丘橋原。

先事，清江宗人中以前進士劉方大狀來詣臨川，爲其孤請銘。噫！高安、清江、臨川雖異郡，而氏族同一原。清江之宗能爲之請，臨川之宗不爲之銘，可乎？乃敘次其狀，而銘曰：

吾祖泰伯，以天下讓。代有聞人，名節相尚。

維居士君，既富且文。鄉人懷只，睇此高墳。

故鄉貢進士鄭君碣銘

君諱松，字特立，初名復。貢於運司者再，貢於鄉郡者二，三試禮部不中。嘗以詩文見知郡守，會郡守救荒，有富户閉糴，將加之罪，君爲救解得免。富户恩之，結爲婚姻，以家事托。富者死，家之寡幼咸聽命焉。一統之初，新民未諳新政，吏乘時爲暴利，寡幼之財悉於君乎求取。肉既盡，而虎狼吞噬如昨無厭，及我君，竟坐視而貧。君視財如糞土，不惟求取者灑然與之不吝，雖給使令之人資用，不會其贏縮，故貪詐咸樂爲役。德祐間，大軍逼境，制置使左次於撫，崇陴浚隍，募人鑿鴻鶴山，復盱水故道，灌注城下。君應其募，制置司賞以官，且捐没官田租八十萬，俾練莊户爲兵。既革命，猶有圖興復者，檄君爲助，君以民兵應之。其卒勇敢，獨能與大軍遇，多所殺獲。俄而卒戰死者衆，遂潰。君避入溪洞，遇赦乃出。

少學詩於鄉之曾明卿，又學於贛之曾子實，有唐山初藁、晚藁在。中歲與予爲友，聽予說諸經諸子，領會悦懌。予所校四經三禮，悉命筆工抄寫，促予著書。予曰：「少俟。」君即自爲之，雖范淳夫之信程叔子，不是過也。間成一二示予，予謂尚宜修改，故其書未出，然好事者亦或傳録以去。邵子以運經世之篇紀事，始堯訖五代，君續紀二百七十五年之事，起庚申宋興，終甲午金亡，名曰經世續書。

從葬師得葬術，富者一游一夏，并師其學。予進之翰林學士程公，亦待以殊禮。君資識不凡，自知讀書爲文，於飲食男女之欲澹如也。自少不畜婢妾，每日對賓客食於外，未嘗私有口腹之奉。志極高廣，而一無所成；生長富家，而卒以困阨。其命也夫！其命也夫！

君之父諱鳳翔，以禦寇得仕，官至從事郎。君生三十五日，而爲叔父後。所後父諱莘，亦以招賊功補將仕郎。所後母黄氏，鞠子甚慈。配康氏，有婦德，共君守約而不怨。子男四：世忠、教忠、保忠，俱能敎學；元忠，早卒。女四：適范、適陳、適謝、適游。二女亦先卒。君生於端平乙未五月，終於大德丁未十一月，葬於十洞，所居之後。君嘗囑其子求程公書墓額，而予爲誌銘。君没之後，予有遠役，未暇作也。今乃敘君平生大概碣於墓，而繫之以銘。銘曰：

志所可期，才弗與施。力所可爲，命弗與時。直鶩横馳，卒坐蹇羈。匪不深知，寧不深知。厥聞永垂，徵此銘辭。

金谿余瑞卿墓誌銘

有文學，有賢行，壽矣，富矣，又子孫衆多，隱居不求聞，無幾微事嬰懷，考終於牖下。之數者，有其二三已難，金溪余瑞卿兼而有焉，其所得於天，何其厚哉！

君諱斗祥，族所聚曰大原，家西山三百載。遠祖迪功諱彦和，曾王考諱曮，王考諱文端，俱以文行稱。考諱應時，善書工詩。王妣張夫人，淙溪望族。君夫人兄之子，命爲世孫。

五歲入學，日記數百言。長治舉子詞賦，所修日益。比弱冠，與黄君炎薦同試舉場，黄預貢。文同而得失異，君愈自信自勵，試補國學生凡三，輒不偶。科舉事廢，教諸子仍舊業，每自律以尺度。他日有司試儒，仍免徵役，君二子并以詞賦中選。君身總家務，夜燈猶不廢書。下至伎術，亦且通習。詩莊重縝栗，肖其爲人。

内寬外嚴，有古長者之風。終日整肅，祁寒盛暑不變，望之莫不敬畏。恪謹禮節，長幼卑尊，繩繩如也。雖接下賤，無懈怠容。見徹守固，外物無能動其中。逮養四親致孝，所喪祭一無違禮。於張氏雖據禮降服，而情則隆。建祠買田，麗淙溪桐林寺，以貽永久。所居種竹萬个，宫講周公方書「竹心」二字扁其楣。平生無他好，唯適意佳山水。過白馬之珠溪，欣然會心，捐金得之，築觀曰仁壽，一歲率再三往，與良朋飲酒賦詩其間。至大壬子七月四日，無疾而逝，得年七十有九。

初娶危氏，再娶吳氏。子男五：璁、鳳、麟、鶚、驥；女一，適吳。孫男十：瑀、琇、珂、瓛、琦、珹、璋、若、蘭、蒙；女五。曾孫女二。卒之明年，諸孤將以十二月某日葬於珠溪之兆，其宗人、前大學進士鑰狀君之行來徵銘。予知進士君，因進士君之言知君。既敘次其狀如右，銘曰：

玉韞珠潛，山輝澤媚。厥幽孔昭，昭視來世。

黄亨叔墓誌銘

臨川黄君亨叔，工進士詩賦，少負能聲，亞於其宗兄知縣君仲明。仲明與予同爲咸淳庚午貢士，其年亨叔亦中選，溢貢額外。明年，仲明與予試禮部，亨叔試補國學弟子員。仲明登進士丙科，予罷歸，亨叔亦罷歸。越四十有三年，仲明過予，言曰：「亨叔死矣，葬有期，炎發狀其行，子其銘諸！」予悵惋久之，曰：「科舉取士，如博懸於投，非智力所能與。以亨叔之藝而不偶，命也夫！」

亨叔諱泰亨，家臨川珠山，其先繇豫章徙。曾大父文廣，大父彦益，父天德。母王氏，繼饒氏。亨叔早從良師友講肄，文思奇蔚，氣格雄絶，爲流輩所推，英英出庶士右。科舉廢，學專於身，治移於家，事親禮無違。丁時多虞，不以公私事貽親憂。父喪致哀，孝繼母如母，友弟淑子，藹然仁讓之風。

前時井里弗靖，或欲相挺爲不義，諄諭善誘，俾愧悟而止。官委覈産，一概公平，弊革賦均，至今人蒙其利。宅東有閣，扁曰「見遠」。閣東有軒，扁曰「東明」。燕坐之室，嘉樹森立，活水鏡静，扁曰「梅塘」。一家父子兄弟文物雍容，賓朋觴詠無虚日。

皇慶癸丑春微恙，諸子竭誠籲天，調膳進藥。獲延數月，起處如常。雖疾，猶娱書不輟，手寫邵子觀易吟，又自吟云：「久約松筠堅晚節，病逢蒲柳望秋時。」此其絶筆也。一日，進弟若子於前，囑以家事，教以孝友敬順、親親賢賢、輯鄰恤衆之道。知舊省疾，舉手揖别曰：「吾逝矣。」六月廿二日也，享年六十有八。九月十九日，葬里之鳳皇窠。妻周氏，先一年卒。子男四：伯曰士廉，仲曰士清，叔曰士剛；玉成，季子也，命以爲適。孫女一，適危龍。從孫女六。銘曰：

維藝之優，外蹇於求；維德之周，内豐於修。

有章其幽，有繇其留。靡疚靡郵，永藏斯丘。

元將仕佐郎贛州路同知會昌州事夏侯墓誌銘

夏友蘭，字幼安，初名九鼎，撫樂安曾田人，後徙蘭原。世以材武長軍籍，幼安亦弓馬便習，讀書不及卒業。夙慧，自能爲詩。逮其父時，任家督，精簿書，稽錢穀出入，欺弊無所容。父卒，家力逾大。凡事提綱衆目，各界所司。謙厚文雅，聲譽四達，聞風締交者自遠而至。每嘆儒流識卑言陋，遇方外人，傾心嚮慕。邑尉明安達爾志同意合，俱造吾門受學，獲聞往聖先賢所言性命道德之懿，濯去舊見，自是假真贋僞者不能惑。當父忌日，哭泣盡哀。事母婉順，致養唯謹。家居之儀、時祭之禮，一遵司馬氏、朱氏所定。

邑東門外創建書院，施田贍給，敦請名儒詹貢士掌教。其事聞上，官爲設官。家有內塾教子，又有外塾普及親鄰諸幼之可教者。月朔弦望，遠近賓朋、內外子弟深衣會講，以身率先。升降進退，威儀整肅，如學校規。詩文自出胸臆，無一語塵腐。星數、葬法、風鑑、占驗等術靡不探討。或勸之仕，則曰：「是有命焉，不可倖致也。」
予在國子監，幼安白慈親，願觀國光。親許，遂趨京師，又趨上都，覲日表於潛邸，得旨從集賢大學士李公游，出入禁闥必從。明年，龍飛御極，李公秉政，奏授將仕佐郎、同知會昌州事。
皇慶元年春南歸，秋至官一月，聞恩旨下，護持所創書院。亟歸迎拜，至家感疾，再閱月而終，十月廿四日也。二年十二月廿七日，葬於宅東之圃。
幼安生長將家，衣被儒術，深潛端重，山立時行。中州外域顯官貴戚，一見共談，起敬起愛，不信其爲楚産也。平居處事詳審，年四十三始仕，廉仁外著，士民悦服。比聞其喪，悵怏觖望。父諱雄，管軍百户，鎮撫樂安縣三翼。母劉氏，慈善好施，綜理内外事秩然。娶前吏部侍郎李公曾孫女。男志學，以七品官之子充國學弟子員。予於幼安之不得壽也，痛之惜之，志而銘之。曰：
家有百井，身則三命。雖嗇於年，順受其正。

故宋文林郎道州判官何君墓碣銘

宋之季，撫州進士科名之盛，推樂安何氏，蓋一家兄弟成名者四人。道州判官、文林君諱堯，字唐佐，其次在三。年二十一，偕伯兄霖與貢。明年同試禮部，伯兄登乙科。越三年，君再與貢，明年遂中禮部選。時國恤，不親策士，以省試名數先後第甲乙。

君名殿遲，郊祀恩乃得仕。越三年，授迪功郎、静江府修仁縣尉兼主簿，越五年之官。廣西提點刑獄兼提舉常平茶鹽事號能吏，聲實素隆。君投啓事以見，中意，留爲屬，俾掌撰述，辟監軍資庫。而廣西經略安撫兼轉運使得二鉅人，相繼嘉君有文，亦羅致幕下。凡箋表及慶弔於中朝達官、告諭下鄰壤蕃國，一一屬筆焉。三使長各舉關，陞循從政郎，守舊職。秩滿再調，轉文林郎、道州軍事判官。是年伯兄班見改官，知宜章縣；仲兄希之試策甲科第六人，教授永州；季弟夢牛亦進士出身，主廣昌簿。兄弟聚於行都，同時受新命以歸，二親具慶，聞者榮之。明年，二親年皆七十，四子袍笏稱壽，里中傳夸爲盛事。縣大夫表所居，曰叢桂榮親之坊。

未幾，歷數改，連丁内外艱，伯兄即世。咈逆充前，人所不堪，君處之裕如。扁書塾曰「道心」，其後一新堂構，更扁曰「乾坤草亭」，自號爲漫翁。仲兄教授，暨族之諸甥詹貢士崇朴，比屋而處，三人年德相輩行，出入必偕，人目爲三老。過者必禮於其廬，仕者問民休戚，諮政得失，無虚日。君静重簡默，然諾不苟，門絶請託，是以交遊不間遠邇，始終敬服不渝。

初娶崇仁吴氏。其外姑饒氏再歸光山黄主簿輝應。黄以工騈儷客制閫，數數共君語，君所作四六典麗贍密，應律合度，淵原蓋有自云。他文温淳雅健，諸詩謹嚴精妥，近體尤長，樂府、長短句綽有風致。昔在理宗時，閩人劉公克莊馳文譽資望堪掌制，以世賞，非進士，於例不可，朝廷憐才，特賜進士出身，入翰苑。識者評君四六、雜文、詩詞，與劉伯仲，且有科名，擬君所到不減於劉，而竟不獲大用，惜哉！

平生論著多不存，存者有草亭漫藁、深衣圖説、郭孝子後傳，所編纂有小學提綱、資暇録、鰲溪群賢詩選。

君丰儀秀整，辭氣雝和，喜慍不形於色。幅巾野服，爐香書卷，飄飄有塵外趣。乍見疑爲公侯世家子，不知爲寒素士也。生淳祐辛丑五月九日，終至大庚戌六月五日。高祖思，以五舉推恩仕容州司法。曾祖庚，祖湛，父宏中，三世不仕。母董氏，内外教養，飭子以學，故君兄弟悉能有成。元配吴氏，卒於廣西。生男三：友直、友端、友成。再娶外姑饒氏妹之女陳氏，生男四：友學、友德、友實、友政。友成先十八年卒，友德後三月亦卒。女二：適饒、適詹。孫男七：梅慶、梅馥、梅鼎、梅碩、梅玉、梅相、梅午。女七：適陳，適游，適黄，一許適陳，一許適潘，餘幼。曾孫男一，孔年，更名誠。卒之年十月三日丙午，葬楊林之原。

君長予八歲，蚤相好，晚益相知，嘗謂君詩文可傳。而諸孤以宜章之子友道所述行實來徵銘，不敢辭也。銘曰：

玉也挺挺，冰也烱烱。超蜕壒滋，表表脱穎。

柴桑永初，沉寥里居。有來睢盱，而式斯廬。

疏越流音，聵聵充耳。緊疇與聆，期曠之俟。

耇造云遠，索焉弗遺。昭銘幽宅，予衷孔悲。

游恭叔墓碣銘

游恭叔與予同年生，月日予爲長。其神情朗朗，如秋月之瑩；其意氣藹藹，如春陽之温。雖有道之士，不是過。居撫樂安天授鄉梅山里。少讀書能文，壯罹兵禍，幸不死，俘以去。既得釋而還，相其父治生業，日長日盛，數年資甲一鄉。然皆敦本務實，積累所致，未嘗侵刻以取贏、兼并以自廣，異乎世之不仁而富者。家邇通道，凡南北往來貴勢閒居之人及門，一以禮接。饔飧之具、信宿之舍雖甚叢雜紛擾，殊無厭倦意，是以貴賤賢愚靡不悦懌。其卒也，人悵怏懷思焉。善察地理，暇日杖履從容，求佳山水處，登高望遠，悠然自適，人莫能測也。

考諱士文，妣曾氏。恭叔諱德昭，娶曾氏。子男四：劭、勉、方、茂功，女二。孫男七：應誠、應陵、應岊、應戊、大年、應丑、應春；女十有二。弟德暉，先二十有三年卒，有子一人，遺命命子劭分其資之半與之。生之日，宋淳祐己酉冬仲仲旬之五；卒之日，元至大辛亥春仲仲旬之九。其年三月十日，葬於懷仁里之古石原。其卒、其葬，予留京師。皇慶壬子冬，予始至家。茂功之子大年奉父命來請曰：「知吾父者先生，宜有述以傳不朽。」予不得辭，乃敍而銘之。銘曰：

吁嗟鳳麟若而人，鄉有遺惠門有賓。長才恢恢行恂恂，今其死矣誰與倫？巴山之陰辛木春，德人所宅古茍陳。

故教諭劉君墓碣

沅江路儒學教諭劉某之父教諭君既卒既葬且二十年，某能世父業，以儒學起家，慊然以生事死葬之孝爲未足，思欲揚父之名於不朽。今江西等處行中書省郎中楊君，於劉爲鄉人，乃因楊君屬行省理問所知事趙君書來請銘，以碣諸墓。嗚呼！孝子之心至是，可嘉矣夫！可悲矣夫！謹按教諭君行實狀：

君諱某，字巨川，關西延安人。金季罹兵禍，轉徙至博，尋寓莘縣，就段輔之學。歲壬子，官閲實户口，得隸儒籍，遂家於莘。年耆學富，公論推舉，充縣學教諭。喪亂之餘，文事廢弛，春秋釋奠無從取辦。君擇後進十數，上名於官，復其身，人始知勸。由是學徒嚮方，廟祀如禮。

君孝友慈厚，歲時薦羞，追慕二親，痛不獲歸省塋隴，引領西望，未嘗不泫然流涕。初，延安既陷，族屬散亡。君惟一兄早世，兄子亦被俘掠。事甫定，百計搜訪垂三十年，莫測存否。一旦，家之人走報曰：「有客及門，音類西人。」亟出諦視，見其顔貌肖兄，即呼小字，果兄子也。相向而哭，既而輟哭，嘆且喜曰：「吾宗有傳矣。」資之白金，俾之服賈，以自贍給。彼酗酒不檢，悉蕩其資，君愛之如初。

家有女使，或笞詈之，君輒戒止曰：「吾曹身經戎馬，免爲囚奴，受役於人。今得役人，以代汝薪水之勞，可善御之，無若此也。」君達於死生，言人當修身以俟命。年七十有八，無疾而逝，至元辛卯二月廿四日也。

娶張氏，生二男一女，先二十六年卒。再娶莫氏，静默淑惠，撫兒女如己出，相君理家三十年，黨閭稱繼母之賢，必指以爲法則。教授某，君之長子；某其次。女適聊城王氏。孫男四：某、某、某、某。女五，長適縣令宋某，餘幼。劉氏先墓在延安，自君夫婦始葬莘縣之西北。

嗚呼！中原兵祸之慘，往往家無噍類。君奔走流離，依託善地，以蕃育其子孫，爲人所尊敬，得考終，又得壽。子不墜家聲，思孝於其親，無有窮也。君之所以致此者，豈偶然哉？銘曰：

猗嗟巨川，維身之全，維名之傳，胡然而然？
維行靡愆，有鑑在天。維子象賢，有耀在泉。
有溥斯原，有肇斯阡。永永歲年，於昭巨川。

游竹坡墓誌銘

樂安功陂之游爲富族，而竹坡居士崇儒尚文，以淑其子。居士果有以異於等倫乎？

曰有。

利必取贏，凶歲必閉糴騰價，富不仁者率若是。辛未大饑，郡勸分三日一糴。居士謂：「饑者豈能待三日而後食？」請於邑，令計糴户口數，分界富家，日給其食，至早稻熟乃已。邑令高其義，此所以異者一。

丙子，寇犯邑，鄉閭震驚。居士家崇仁、樂安兩界間，鄰邑藉爲保障。郡命彈壓二境。他人處此，輒怙官勢，軒輊新附未定之民，脅取其資，或以報睚眦怨。居士不然，相安於無事。此所以異者二。

世俗議昏姻，擇家力勝己者，覬其裝送之厚。居士二子，長曰中，娶鄔；次曰申，娶饒、娶吴。皆清門貧女，略不問其所將。此所以異者三。

甲午春，寇猝至，獲居士以去，咸危之，意必不免。寇以其長者，至中途釋之以歸。蓋其平日處心行事有以異於人，故其受報於天也亦異。

居士易直謹厚。諱德洪，字宏甫。得年八十有二，卒以大德乙巳正月二日，葬以至大某年月日。娶李氏，侍郎公之族姓女孫，先八年卒。女二，俱適黄。孫男四：謙、泰、巽、復。孫女五：適陳、虞、黄、何，一未嫁。中數數徵子銘，銘曰：

世之皆儒，謂迂謂拘。有識斯殊，淑後以書。

卷七十五　墓志銘

項振宗墓志銘〔一〕

始予在國子監，集賢直學士文陞以其鄉人項時俊見。予既移疾去，時俊亦以同知永昌府事南歸。歸之次月，其父司丞君卒。卒之明年，命客持光澤主薄劉將孫狀來謁銘以葬。予閱狀，喟然曰：噫！大運有興衰，飛奔其間者與之俱。或前之烜赫，而泯泯以微；或昔之隱約，而燄燄以熾。雖小而一家之數，大而一代之運，若邈乎遼絶，而不相關。然以疏通卓犖之才一紛紜膠轕之會，左右信縮，弛張闔闢，慮無不中，行無不獲，非有所承藉緣循也，非有所值遇乘成也，而聲生氣長，日進月益，勃然興而莫之禦，是其遇

〔一〕　以下十一篇，成化本總目次相同，但在卷中被移置於「故逸士趙君墓誌銘」篇之後。

數之符，宰物者久擬之以待斯今。蓋或陰相默協於冥冥之中，而豈其日爲自致於昭昭之地如此哉？

君舍龍泉人，自少倜儻不群，隘陋丘井，翱翔淮漢，視一時以名相軋、以利相雄之流稷稷營營，心易而氣吞之。南邦内屬，新令未狎，故家右族往往失色於風震雨凌之下。特見定力，履之若夷。人皆芒芒，而己陽陽；彼方愕愕，而此綽綽。不惟儕輩望之若不可階，而官府倚之若砥柱然，不可須臾舍。龍泉綰江、湖、交、廣之郊，近已猖獷不易櫛理，遠鄙連岡延袤，草木蓁蓁，干霄蔽日，虎豹豺狼鹿豕之宅，姦藏慝聚固其所，承平猶或弗率，況欯勦反仄時邪？丙子以後、甲午以前十八九年，靡有寧歲。茶陵以南、桂嶺以東五六里，靡有善地。近而怙亂者沸境内，遠而阻險者環境外，邑苟旦夕於羈縻，群老歲月於禽獮，孰視幾末如之何！運奇制勝，卒底于平，微夫人，誰焉領此？廣獷鴟張，分合如雲，刈老弱，走强壯，俘子女，掠寶貨，火室廬，殘爇逼于郛郭，以至上勤宥府之兵，鉅公督戎，親履遐僻。於郊迎次，獨被禮接。問計安出，境如所陳，以磔其渠、披其友。由是邑遂無警，若是者何也？形勢機權、征謀治法一不凝滯於心；需餉餉辦，徵衆衆集一不牽掣於人，智也，力也。智力相須，不懾不懈；筭無遺策，動有成功也固宜。

而又有難者，戍軍當詣南豐，萬夫之長臨遣倉卒生變，一呼群潰。單騎往諭，片言而翕然定，就道如律，訖無囂譁，此非可以力劫智紿，而得其信服，夫豈孱夫庸人之所可能哉？其艱其勤之餘，汲汲以善事爲樂。倡義平糶，自丙戌始，凶歲不令騰踴。辛卯饑，給糶户三千直，減其價之半，廩五發而及新。施粥食餓，施粟賑貧，又廣糶以贍遠土。歛有先備，散有成規。爾後歲雖饑而不害。邑校初燬，因仍簡陋，弗克如舊。拓而敞之，增而廣之矣。再燬，則撤而新之，基崇構美，門廡庖廩具視昔有加焉。落成舍菜，士聚三日，饔飧不以費公儲。田租隱漏，覈實而歸之學。又節縮其贏，以造祭器之宜有者。事聞于朝，特命旌表。

邑有浮梁通南北，有田以備脩完。田没入官，而梁廢，民病涉。出力造舟以渡，一歲輒敝。乃復浮梁，兩厓甃石數千尺。其守護之也，隄有屋，屋有僧，僧有徒，歲有常給。辛卯以來，舟梁亦四易矣。交遊敦誼，終始弗渝。赴急解紛，捐千金等一羽。佛者、老者、民無告者、士無業者，凡可惠利於人者，凡爲神、爲人、爲公、爲私，有工、有役者，苟有求，無不應也。

八歲而孤，事母至孝。壽踰八十，養送如禮。上有三兄，恭順怡怡。季兄早逝，撫其子如己子。胸懷磊落，貫穿今古，雖老猶不廢書。博覽强記，論辨亹亹，聽者聳然。往歲寇平，當路勗功以上，議賜爵秩。適有罣誤，命格不下。慨然辭知己，出都門，還舊隱。建延慶道院，築玉林别墅，預營壽藏。逍遥自適，澹乎無復有用世之志。賑荒格例，應賞授進士副尉、兩浙都轉運鹽使司袁部場鹽司丞，匪其欲也。

初名應宗，字振宗，以如常副其字，後遂以字行。生淳祐辛亥十月之朏，終皇慶壬子五月之朒，葬于玉林手卜之兆，癸丑二月十有二日也。曾祖某，祖某，考某，妣王氏。娶王氏。子男三：長丙孫；時俊其次，官承事郎；季申孫。女二：一適楊，一先卒。孫男六，女一。

予觀有禄有位之人，食其食、不事其事十蓋八九。今也非居候伯之位，非享公上之禄，徒以素封儗於九命之貴，齊於千乘之富，而群邑鄉里事之重大艱難、衆之旁觀縮手者，必項氏焉歸。甚勞而不辭，甚費而不惜。一旦無是，皇皇失其所資，倀倀失其所依，若不能以獨立於世。則狀之所述，以爲「百年之思、百里之澤，微斯人，寧復有斯邑」者，豈虚美哉？嗚呼！此可爲識者道也。銘曰：

猗嗟才難！有夷斯艱，有綸斯繁。或汗彼顔，而此閑閑，刃遊節間。梗楠章諸，枝條扶疏，隱庇萬夫。豈其櫟樗？可棟可櫨，不逢其須。逝矣疇依？已矣疇資？身後之思。功如所懷，用不讎才，天乎人哉？

有元萬載縣尹曾君夫人陳氏墓志銘

夫人諱柔應，臨江新淦陳氏，歸吉之永豐，嬪于曾。太平路儒學教授如圭之母，袁州路萬載縣尹某之妻，宋某官、追封武城群伯之冢婦，宋户部侍郎、寶章閣待制諱伯大之子也。昔宋咸淳間，曾、陳二公俱列言路，震耀一時，士大夫想慕風采。二家門第等埒，相望不二百里，締昏姻於聲實翕赫之時。

夫人有賢行，歸事舅姑孝謹。未幾天歷改，亂離中處常處變，曲當其宜，以克完克安。

後武城公即世，相夫君持家。萬載二弟皆幼，鞠誨如子，迄用樹立。仲氏直翰林，季氏名在太常。萬載卒時，子年十七，晨夕嚴飭。冠之室之，以逮于仕，猶其亡父志也。内外戚疏、長少、貴賤，待之咸中禮節，喜愠不形，綜理家事繩繩如也，而人未嘗聞其聲。爲伯兄繼絶。弟奉母來依，有居有養，又爲之繼室，而昏其長子，葬其四喪，厚於父族者如此。萬載嘗營别業於郡城，皇慶壬子，夫人徙居焉。延祐甲寅五月己巳卒，年三十五。六月壬午，殯廬陵儒行鄉之螺山，將以是年冬葬。子男一；女六，婿陳、王、蕭、陳、鄧、周也。孫男二，昭福、華壽；女二。翰林君、太常君援韓吏部例，加服期以報嫂氏恩。予與二君遊，故爲之銘。銘曰：

子于名門，女于名門。淑女孝婦，令妻慈母。而於此乎墳。

樂安夏鎮撫墓誌銘

鎮撫諱稽，字淑芙，姓夏氏，族在崇仁之成岡。宋南渡時，以撫崇仁、吉永豐二縣相距闊遠，遂密聚二鄙間，籍土軍防遏，置砦崇仁之曾曰，夏氏之先領衆守戍，因家焉。既而分崇仁三鄉、永豐一鄉置樂安縣，曾曰遂隸樂安。鎮撫爲人慷慨易直，不事機巧；志氣超邁，材質沉毅；精於技擊，一可當十，禦寇輒以技勝。國朝收附江南，遐陬尚有弗靖。大軍所嚮，必率所部前驅，若著勞績，北來戎帥咸異其能。受撫州路管軍總管府命鎮撫三翼，又受江西等處行樞密院命長百夫。

先是，縣有暴卒肆惡、吞噬，家之所有悉遭劫奪，執置囹圄，幾不自保。會暴卒伏誅，始得復業。徙居蘭原，家益饒裕。資右一縣，謙謙自卑。每遇凶歲，賑饑周貧，人懷其惠。至元癸巳四月十六日卒，年四十六。

父諱岳，母聶氏。娶劉氏。子男一，友蘭，將仕佐郎、同知會昌州事。女二：適詹得之、譚遇。孫男志學，國學生。初葬桐岡，遷巴壤，又遷黄潭，又遷團墅。延祐甲寅某月某日，志學奉祖母教，安厝於闍黎。銘曰：

其勇也育，而冠部曲；其智也螽，而甲黨里。弗殫其施，尚表所詒。

故宋江州德化縣丞朱君墓碣銘

樂安天授鄉之朱，其族最久而蕃。唐末有爲郡司馬者，以材武雄其里，子繪稱爲大夫。八世孫奕富饒倜儻，清江謝尚書諤志其墓。奕生安民，安民生克永，克永生居敬，居敬生德化縣丞桂發，工進士詩賦，與從兄焕齊名。其從兄終身不偶，宋末乃有一子入太學，陞内舍。

縣丞君字光甫，年二十有一，貢于鄉，次年淳祐辛丑至開慶己未、景定壬戌、咸淳乙丑、戊辰，凡五試禮部。戊辰，族子一鶚暨金溪一士同試，君爲詳定其文，俱得進士出身，而君獨黜。次五到禮部，恩對策殿，廷授迪功郎、吉州太和縣主學。越四年，奉母之官，時母年八十有一。

太和多士，邑有壬戌進士第三人張槐應，鄰境有丙辰進士第一人文天祥。每縣學春秋試二家子弟賓客各獻其藝。君遴選公明，所取所黜，靡不精當，二達官心服焉。文書「古香」二大字名君家塾，以示相敬。君既仕，庚午、癸酉兩赴轉運司解試，并與貢；辛未、甲戌又兩試禮部，亦不利，授江州德化縣丞以歸。丁母憂，自是不復仕。寓居僻壤，安貧自樂，澹如也。大元大德戊戌十月十有七日終，年七十有九。庚子十有一月某日，葬橫坑原。

配黄氏，後君五年終，年八十有七，葬古城。四子，男五遂、珠、魏翁早夭，逸世其學。女一，適鄔。孫男六：及、獻、迪祖、生、午、望；女一，適鄔。曾孫男三：三孫、吉孫、善孫；女二。延祐甲寅冬，逸謂澄曰：「先君葬十有五年，而墓碣未樹。子其畀之辭。」君之齒，澄父黨也，素相悉，乃不讓而爲之銘。銘曰：

維藝之精，維士之程。三與賓興，七試禮部，迄不一成，而謂是科足羅豪英。勿眩斯名，維實其貞，維古其承。

故篔坡居士陳君墓誌銘

篔坡居士，姓陳氏，諱榮祖，字仲顯，居崇仁縣崇仁鄉之苦竹。宋端平丙申十二月二十九日生。方其少也，諸大父有擢科取貴者駸駸進取，而居士恂恂雅飭，人稱爲佳子弟。及其老也，群從間有乘時取富者赫赫熾盛，而居士優優謹守，人稱爲賢父兄。嗚呼！駸駸於名者既如夢幻，赫赫於利者亦如露電，而居士巋然獨存，如經鍛之金、經霜之木，不虧不渝。衣食足以給，子孫足以紹。康寧壽考，年七十九而終，其可謂鄉之善人已。

娶楊氏，子曰賢孫。孫：曰時、曰賜。曾孫：曰善孫、曰仁壽、曰宜壽、曰萬孫、曰延祐、曰福孫。居士之卒也，延祐甲寅十一月十二日；其葬也，次年乙卯十二月廿八日。其兆石塘之原，距家甚邇。其穴首乙趾辛。孫時好讀書，能吟詩，居士甚愛之。得年三十三，先五月而卒，後五日而葬。銘曰：

履静視動，猶風中塵。彼有聚散，此無悲欣。

行乎于一，福建厥身。宰木千春，居士之墳。

故鑑湖居士李君墓誌銘

君李氏，諱峻，字至道，寶章閣待制、正奉大夫、吏部侍郎諱劉之孫，文林郎、荆湖制置司幹辦公事諱修之子。恂恂謹飭，似不能言，而工進士詩賦，與寒門試藝者争先，一難也。娶容管安撫孫女，出婿于陳，與親異處，而晨昏侍養之禮無曠，二難也。妣工部尚書何公之孫，三兄皆前妣所生，性行各異，而事之悉中宜節，人謂之恭弟，三難也。儉約恬淡，無貪娼心，而獨能保有所受貲業，有增無虧，四難也。宋既亡，弗萌仕進想，終身讀誦家藏舊書。晚年一目失明，尚能作小字。

侍郎公初有類藁版行，翰苑已後，文辭多逸不傳。君輯録成帙，名曰類藁續編。又自纂韻注甚詳，後見古今韻會，遂不復出。

生於宋寶祐癸丑之八月，卒於元延祐甲寅之七月。其明年八月壬寅，葬長安鄉嘉會里之南阜，祔妣何氏墓右。子三：積、穎、稘。孫男、孫女凡五。嘗戒積曰：「家無它畜，惟前朝宸翰爲家寶，慎勿失墜。」余素善君，積來請銘。銘曰：

名家之胄，而淑而秀。以昭于後，其可不朽。

故次男吴衮墓銘

吴衮字士工，次尚三，澄之第二子也。幼而明粹，長而傀奇。學法書，學詩文，皆能之。至元壬午七月己卯生，至大己酉正月丁未卒。殯于後園。延祐乙卯六月甲申，葬于横江溢田坑，首兑趾震。娶袁，子四：男蕃；女賢、嬴、寶。其葬也，父澄銘其墓曰：

生之勤，死之閔。啬汝身，以豐汝後人。

故楚清先生龔君墓碣銘

嗚呼！宋末士大夫澳涊脂韋、便身迷國者滔滔而是，習熟成風，恬不爲怪。固有稍負氣節於未仕時，亦不能不改變於既仕之後。嗚呼！余安得不於吾楚清先生龔君而致其慨慕也哉！

君資稟峻邁，文辭精緻，年二十二，貢于鄉；二十八，再貢賦，中第一。明年試禮部賦，中第二；廷對策，中第六。以咸淳初策士特恩授文林郎、隆興觀察推官。秩滿，除兩浙運司幹辦公事，遷臨安觀察判官；又除福建運司幹辦公事，轉儒林郎。侃侃剛直，不徇不詭；應務明決，略無留難。

始仕於洪，繼仕於浙，幕府擬晝，任法據理，甚屬久諳律令，爲僚者推服，爲長者器異焉。天歷告終，辟地野外，如永初元亮，如黄初幼安，如楚之兩龔，清而不污。號曰楚清居士，其志可知已。世氛頗静，仍還城中，混迹編岷，沉晦免禍，介特之操皦然不渝。

少年擢巍科，不十年而肥遯名教，自樂餘四十年。所藴雖不獲施，然論文講學，端己淑人，踐履持循，俯仰無愧。遠者慕之，近者宗之；仕者禮之，學者師之。爲古文簡健光潔，根著理道，求序記志銘者相屬。有集四十卷及宦遊擬藁，嘗自爲序。比其逝也，靡不流涕太息，以爲無復有。斯人也，天爵之尊不猶多於人爵之貴乎？

君諱孟夔，字龍友。莫本系龔所後也。臨川龔自昭武徙，大王考誠之，王考良英，考方鄉貢進士，妣汪氏贈孺人。君亦汪出也，故孺人子之吉州判官名若、通山縣尉名雷復者，莫氏二兄也。咸淳辛未，伯兄以太學進士第黄甲，仲兄以南省進士賜出身，而君受兩浙之命。時莫氏母無恙，見三子俱貴，部使名其所居之坊曰「叢桂榮親」。君仕進時，洪庚歲收緡錢數百，歸監納官，揮却不受。其它日給日共，舊例所得一切屏絶，唯食廩稍而已。所赢又以分濟同列之貧。凡死無所歸、求有未遂者，苟可援助，必盡其力。至閑退時，於人之急雖不能周，亦惻惻悵閔。

初，父有庶弟，凌蔑寡幼，君之母子重罹困阸。此叔之子不慧死，而絶祀，乃爲立後，保護遺業，以逮至今，人謂以德報怨。君曰：「宜然，奚德之云？」襟懷坦易，論議平實；嗜義如渴，疾惡如仇。見人有善，欣懌稱揚；聞人有過，顰蹙隱諱。别白是非，不少假借，而後進寸長，倍加獎與，其樂成美如此。所受舉薦者，安撫吴堅、曹孝慶，轉運陳合、朱浚，監察御史曾淵子；所與同僚者，節度判官黎立武、節度推官蕭立之；季年所善者，曾縣令子良；異代所師者，陸先生子静也。

宋嘉熙庚子五月中一，生之日也；今延祐乙卯五月上二，卒之日也；是年六月丁酉，葬之期也。鄉曰積善，原曰西楹，葬之宅也。配晁氏，文元、文莊之裔，有婦德。子自厚，有文聲。女子適侯，并先卒。子婦，制置司主管機宜文字鄧晉孫之女，夫亡子幼，貞一自誓，長育其子以紹家學。女孫婿張觀、朱夏，皆儒家子。狀君之行者，唐浚也，專門治春秋，長於君二歲，貧而有守，蓋與君合。志碣墓而請銘者，君之孫文潛也。爲之銘者，鄉之後進吴澄也。銘曰：

崇崇儒科，矞矞雄文。乍試吏事，如觿解紛。望實峻明，文章薦聞。選愞包羞，吞聲敢云？歲月幾何？拄藜看雲。耿耿于中，絅錦襲纁；

綽綽嗣學，丐厥餘芬。維堅不刑，維完不皸。有撫斯原，宿草芸芸。百世吁嘻，清德之墳。

宜黄譚遇妻夏氏墓志

將仕佐郎、贛州路同知會昌州事夏有蘭之女弟淑明，至元丙戌六月十九夜生。生十七年，而奉政大夫、江西等處儒學提舉譚文森之子遇來婿于夏氏。有子一人，曰道生。爲譚氏婦九年，而卒于父母家，至大庚戌六月十二日也。卒時兄在京師，越三年四月，自京師至，乃治葬。葬參原，首亥趾壬，延慶壬子九月二十四也。父諱雄，先卒。母劉氏，甚鍾愛，其卒也悲。其葬也，命其外甥道生造吾門，再拜請志，遂刻文于其墓云。

李弘道墓志銘

宋寶章閣待制、正奉大夫、吏部侍郎李公之孫疇，字弘道，文林郎、沿江制置使司幹辦公事諱修之嫡長子也。侍郎掌制時生，命之曰制。保養太保，攜抱終日，不出帷房，因得痼疾。母譚夫人恩之甚勤，食寢作息躬自顧視，逮至有室猶然。

自幼穎悟，雖疾，不廢書，一覽終身不忘，經史典故記憶淹貫。信奉釋老二教，晨夕香燈，虔誦敬禮，隆寒盛暑不輟。侍郎既任子賞延，諸孫該受登仕郎，以疾讓于弟略。友愛出自天性，未嘗疾聲厲色。恬淡忘世，毫髮事不嬰于懷。娶知金溪縣黄元孫女。元，侍郎同年進士。逢時多虞，而外無咈意，蓋内有賢助云。黄氏先二十有八年卒。

子貞年十有三，竭力幹蠱，家用小康，男婚女嫁俱畢。嘗燕處，貞侍，特書褒美之辭以畀，貞受藏唯謹。次子允思，以制幹命俾後陽春令濤之子寅。貞承志，均家産爲二，不求嬴焉。女：一適文虎，一適夏有蘭，一適鄔文傳。李氏世居崇仁鄉之白沙，侍郎貴顯，始徙于邑。江南新附，法令未孚，軍寇交擾，避地靡定，依貞婦家數年。時既寧謐，復歸白沙築室。大德丙午正月八日卒，年六十有七。

予少以里中子識制幹公，交游三世矣。貞數數爲其父請銘。延祐甲寅某月日，貞、允思奉柩葬于宜風里上塘祖塋之左，乃爲銘曰：

維兄友，以克讓其貴；維子亦興讓，以克友于弟。

維身教不匱，維家聞不墜，以永于世世。

臨川曾母劉氏墓志銘

臨川曾必榮之妻劉氏，諱慧珍，生宋淳祐辛卯之十一月，年四十三而卒其夫。四男一女，家又甚貧。有欲奪其志及分異其子女者，堅志不從，卒全其節，長其所生，而室家之。冢子泰來嘗爲吏，歸解其槖，以所得進。却勿視曰：「吾教汝爲士，不使爲吏。汝若教學，雖菽水缺供，吾不憾。否則，爲農、爲賈以養，亦其次也。今爲吏，必取所不當取，惡用此爲？」泰來慚懼，自是不復爲吏。

素不好華飾，孀居即屏芳澤，終其身不御前期。與鄰婦訣，微病三日而逝，大元延祐乙卯十二月二十六日也。既殯，乃得葬地，里曰孝行，山曰熊家畲，以某年某月某日葬。求銘者，泰來也。述行實者，曾之族人與嗣也。銘曰：

天其夫，弗肯渝於義；士其子，弗肯没於利。

嗚呼！雖古貞嫠，奚以尚兹！

卷七十六　墓志銘

故袁君主一甫墓志銘

主一姓袁氏，諱立初，字義夫，生宋淳祐庚戌九月。自少倜儻有志，慷慨尚義。習進士業，應舉不中。客州縣，與其謀議，如參佐然。進士科既廢，無復仕進想。新附之民地偏俗殊，聞一令輒駭，吏并緣爲姦，絲棼鼎沸，莫克應承。君處之得宜，於家不貽父母憂，同産賴以保所有，庇及一鄉。愚氓相挺爲亂，鋤其根株，里居以寧，遠近歸德焉。富室禮爲賓師，諏度悉中理法，多所裨益。君倫紀篤厚，意氣軒豁，親故交遊懇懇用情，靡不感悦。至大庚戌十二月以疾終，次年十一月葬于藝原。延祐丁巳二月庚申，改葬迴鄉，祔母夫人墓左。

嗚呼！古有鄉之賢能，長治其民，不出比閭族黨之間，故上下相親如家人父子。袁君不必如古之仕於鄉，而比閭族黨受其惠，蓋無愧於古之才士也夫！

考諱摹，承節郎、監隆興府樵舍鎮。妣曾氏，進賢縣丞諱三德之孫女。配何氏，工部尚書諱異之從女孫也。男三：梅瑞，彭澤縣教諭；相瑞；桐瑞。女三：端女、平女、安女。中男、中女皆先卒。大庾縣令何子安之子隆孫、道州判官何垚之子友成暨子之中子衮，其婿也。孫男二：燾孫、熹孫。孫女四。君與予相友如兄弟，其卒也，予在京師。今於其改葬也，而爲之銘。銘曰：

生不試，没有遺惠；留其慶，以昌後裔。

故縣尹蕭君墓志銘

蕭氏居贛寧都之小田，至于君五世矣。君之世父諱灏，能詩，有集曰芸莊，五試禮部，特奏授户曹。君之父諱立之，詩宗江西派，絶句有唐人風致，其集曰冰厓，登進士科，由鎮南軍節度推官班見，改籍田令，累官至通直。搶攘之際，擢爲道守，不及赴。君通守之季子也，諱士資，字深可。器識超異，紹宋學，文藝最優。知時將多虞，期以武功，奮就右選，授承節郎。及大兵至江南，仲兄璮募鄉兵，助時備禦。君請曰：「報國，忠也；寧家，孝也。二者不能兼，兄居弟行。」帥李公不許，遂往。君奉二親依山險，同鄉鄰保聚。兄與大兵遇而止。元帥李公奇其才，全其生，詢其家世，益加敬重，君亦受知焉。

李公鎮盧陵，命君招撫寧都。降汀寇有功，剡上，隨達官入覲，授從仕郎、建昌廣昌尹。承亂離後，井里荒殘，撫字有方，户增獄簡。遭父喪，去官。再尹辰州盧溪，寔五溪蠻洞之地，鳥言獸心，御之得宜，靡不悦服。茶溪洞反，諭降其衆。又遭母喪，去官。再入覲，遷徵事郎、辰州敘浦尹。敘浦與盧溪鄰，土俗相似，治之一如盧溪。前者洞蠻屢服屢叛，招懷以德，咸俾革面。聞君有代，渠魁復出鈔掠，行省調兵勦捕，君率先擣其巢穴，寇窮蹙就擒。君不有其功，以讓軍官與同僚，歸舊隱，觴詠自樂，視仕進澹如也。越數年，有南安路行用庫大使之命。居官將再期，解鈔上行省，還及贛，疾作。至於南安，益篤。諸子扶侍至家，寢疾，七日而終。

君事二親孝，雖馳公事于外，愛慕不少釋。奔喪及門，號踊慟絶。兄弟怡怡，終身無間言。待宗戚友朋各中理節，能得其歡。豈弟慈祥，接物和煦。三爲邑宰，民皆去思。嘗以「自得」扁書室。所著詩文有吹劍吟、北覲紀詠、盧溪客語。疾病，召諸子及弟兄之子畢至，教以和順。娶連，繼黄。子男四：若淵、若潛、若濟、若涉，女四。孫男四：楫孫、吴孫、周孫、相孫。君生於淳祐辛亥之冬，卒於延祐丁巳之夏。二年十一月廿七日，葬于里之吟田長山頭。予與君父子兄弟交遊四十載，父兄既没，而君獨存，每歲書問往來至數四。君少予三歲，乃先棄予而逝乎？諸孤求志銘，敘而銘之。銘曰：

深沉坦夷，炭廓密微。莊肅愉怡，無莫有持。

文繼父規，政若母慈。忘者已而，存者如斯

故赣州教授李君夫人徐氏墓志銘

故贛州教授宜黄李君夫人徐氏，以延祐丙辰九月從其子仲謀官贛之石城，越明年丁巳五月甲戌卒。仲謀具棺衾衣物斂于旅次，悉得如禮。是月壬辰，奉柩以歸。六月丙午，殯于正寢。八月己酉，葬仙桂鄉北華山左。仲謀衰絰求請銘。

嗚呼！余視夫人之父猶大父，視其夫猶伯叔，視其子猶兄弟也，可不銘諸？竊謂婦德一，而有三從焉。德既賢，所從亦賢，世所希也。蓋德之賢在己，而出乎性；所從之賢在人，而係乎命。苟非性於天者美、命於天者厚，其曷能然哉？若夫人，所得於天可謂美且厚已。

夫人儒家子，諱懿如。天性孝慈，知書秉禮；事姑色養無違，執婦功至老不廢。相其夫裕其家，新宅舍，饌賓親，睦鄉鄰，教子孫，一一中程度。居近夫子廟，遇朔望，趣起拜謁。中燬于火，部使命有司重脩，以仲謀董役，夫人視如家事然。有梓木可材，或請以立夫子像，即斧以畀。嗚呼！婦所先者德，而夫人之德則賢也。父鄉貢進士，樂易敦龐，諱桂得，以工詞殘爲儒林宗。遠近從遊者數百，咸稱爲介軒先生。嗚呼！幼所從者父，而夫人之父則賢也。

李君端嚴閑雅，受業徐先生之門，師特加器重，而妻以女。後入太學，歷外内舍，以上舍釋褐，授迪功郎，差贛州教授。嗚呼！長所從者夫，而夫人之夫亦賢也。夫没時，子甫弱冠。或謂：「所居差繇繁密，盍徙以避？」夫人謂：「吾辛勤有此屋，去将安之？」仲謀奉母應門，純正疏通，每爲邑大夫所禮，家賴以寧。初仕南安路學録，夫人撫諸孫留于家。再調石城縣教諭，則曰：「吾昔嘗從夫仕贛，今從子仕贛之支邑，死不憾矣。」受禄養八閱月，愉如也。仲謀廉謹自守，所至取重於官長、取信於士友，大率母教所成。嗚呼！老所從者子，而夫人之子又賢也。

夫人生宋淳祐甲辰七月，得年七十有四。次子良，蚤卒。女一，適萊山山長鄒衆。孫男四，除、比冠，階先十有九日殤，夫人哭之慟，由是嬰疾。除後二十有八日亦殤，陞尚幼。孫女一，適臨川徐。銘曰：

天豐之乎？于其躬，又于其所從，孰如其豐？天嗇之乎？于其德，不于其所食，孰云其嗇？

故陳副使夫人黄氏墓志銘

小曹金銀場副使陳仲南之配黄氏，鄉貢進士慶老之女。宋淳祐壬子歲生，十有六歲歸于陳。毓質儒家，性行温淑。相夫君治貲産，日以盛大。警戒相成，慈儉如初，宗族鄉黨咸稱賢助。至元辛卯五月三日卒，葬黄陵，遷奥村，遷橋頭坑，又遷炭竈坑，距家一里許。副使諱楠，後二十有一年卒。初生一女一男，年皆幼，罹寇禍，能相讓就死。再生一男，曰炳文，娶大學進士吴泰來女爲婦。孫男一，世孫。孫女二：一許歸予之孫蕃；一許歸斤村游之子。銘曰：

梱儀靚顓，順惠且賢。維家之嬴，不嬴其年。永藏既安，流慶嬗嫣。

故臨川丁君墓志銘

丁氏系出齊侯呂伋，漢時有寬，有固。至宋，顯者尤衆。其居臨川靈臺鄉者，有叔才，爲士，諱應桂。父曰從龍，以其子有志于學，凡益友過從，應接不倦。叔才所師皆一時工進士業者，最後與今翰林承旨程距夫同門。業成而科廢，棲遯不求聞於時，名書室曰「竹」，所以厲其節。

户既隸儒籍，俯就鄉邑學諭之職。又游處臨汝書院，遂與郡中諸耆宿俊彦日相親密。間或吟詠，以抒懷抱，語尚平淡，不事彫琢。資禀剛直，趣操清潔，倜儻瀟散，不拘不迂。與人議論，少不合，則疾聲大呼。然聚會歡笑，浩歌暢飲，和氣春如也。待族姻鄉黨、知舊交遊各中禮度。

娶龔氏，先卒。子榮翁克世其業，教導臨汝，叔才就養焉。有疾，乃奉以歸，終于正寢。其生也，宋淳祐辛亥九月；其卒也，元延祐丁巳三月十有一日。庚寅祔葬龔氏兆。

是年秋貢，余校文還，過郡，前臨汝山長趙思玄以榮翁來請銘。余嘗序叔才詩矣，今銘其墓也宜。從老氏教于井山觀者，季子有容也。孫：顯生、相生。銘曰：

生而有章，死而有藏。我辭孔揚，厥聞彌芳。

大元將仕郎南豐州判官蕭君墓志銘

大元有江南，一天下三十有九年，始以進士科取士。江西行中書省所統兩道貢士三十有二，校藝之優劣定去取，而吏議以襍犯違制，有所黜。校文者争之，一二達官臨之亦務寬厚，欲備其名數，卒不能奪吏議，於是與選止十有八人，而吉安一路居其六。明年會試京師，六人之中擢第者三：楊景行、羅曾、蕭立夫也。

立夫字興吾，吉水人，年最少，授將仕郎、南豐州判官以歸。八月己丑，甫拜其親；十月甲申，遽終其身。嗚呼！其可悲也已！其可悲也已！

大父諱符世，在宋三貢于鄉，五試于省，咸淳戊辰省試詩義第一，殿試中乙科，任衡州推官。父如愚守家學。五子，立夫仲也，大父命之爲世父後。自幼敏悟，其行其識卓然特異。體素羸弱，歸途遘疾，逾月小愈。至家又疾，竟不得起。嗚呼！其可悲也已！其可悲也已！生至元甲申，終延祐乙卯。越三年丁巳正月，葬于松林之原。

兄鼎將父命來徵銘。鄉試余曾校文，得士如此，而不見其用。嗚呼！其可悲也已！

其可悲也已！妻彭氏，男辰生，葬之時年十有四矣。銘曰：

才與？否與？富與？貧與？貴與？賤與？壽與夭皆命也夫！

嗚呼！立夫未可謂富，而亦不貧；未可謂貴，而已不賤。

天畀以才，不畀以壽。命不可期，若之何？其知與不知，儔不子悲？

嗚呼噫嘻！

故詩人吴伯秀墓志銘

伯秀諱廷蘭，撫金溪之吉原。少工進士業，與從兄廷龍素齊名。其從兄入太學，登進士科，調贛石城尉，而伯秀不仕。進士科既廢，乃肆其力於詩。甄意洽辭，不甘伈俔出魯直、履常下。迹不涉城府，朝夕一室，吟嘯自若。中有亡聊不平，一皆發於聲，汪洋無涯涘，衆口遽相傳誦其佳句。家素貧，撫弟如子。私篋無一錢藏。言直行方，見不善輒面折，有急則力救之。博記覽，善誘誨，後進宗黨惠其德而化者比比。生宋淳祐三年四月，得年八十，元至治二年閏五月卒，聞者靡不傷悼。泰定元年十二月，葬里之何家原。

前期，其族孫舉及裴在京爲之請銘，既而其從子慶益來速銘。噫！宋三百年間，撫之詩人前有謝逸、謝薖，後有趙崇懌，而崇仁甘泳、金谿曾子良亦以詩自好。伯秀與曾同邑，而爲曾所敬。余嘗觀其詩，是可銘也。或謂伯秀之窮如孟東野，抑天固窮其身，以昌其詩乎？余謂東野無後，而伯秀三子，諸孫森然克紹其世，天之豐之也，非東野所可及已，而其詩又有不同者焉。

祖某，父某，俱弗耀。娶王氏，子三，孫四。銘曰：

韞匱潛珍，粲粲琪珣。疇謂詩貧，貞曜與倫。

滌破酸辛，淵乎深淳。不昌其身，以傒其嗣人。

故金陵逸士寅叔王君墓碣銘

皇慶元年春，予在國子監，以疾尋醫。其夏，過金陵，郡士王寅叔授予館，執弟子禮而請學焉。每爲談士君子脩身謹行之概，言言胥契，如水沃地。其秋，予遡江而南，則依依不忍别，若有失也。一年餘不相聞，或傳寅叔死矣。

夫金陵，東南大都會也。然自吴晉以來，常爲用武之國，事文學者視他郡爲少，况歸朝之後，士之世業者或棄其業而他從。寅叔一身獨膺持家幹蠱之任，猶能有餘力，不廢學。其爲學也，又不卑卑於世儒記誦詞章之習，上慕古之聖人賢人而爲師，可不謂特見卓識者哉？而竟不得年以死，是可慨也已！

延祐五年冬，予再至金陵，寅叔之子謂：「吾父雖已就土，而穴有水泉，宜改葬。」乃營宅兆于城南西石子崗，以明年正月四日奉柩而窆，予爲文以碣于其墓。

寅叔諱子清，其先汴人。宋紹興初，來居霅州。祖父諱某，徙金陵。祖母徐氏，勤儉殖生。父諱君祥，早世。仲父、季父恊心共事，以致豐裕。寅叔，仲父之第三子也。年十有四，仲父亦卒，爲母命之爲世父後。事母張氏盡孝，人無間言。家務母及女兄主之，寅叔惟讀書爲學而已，他事一無所與。數年後，家浸以蠱，始奉母命，整飭剔蠹。補弊詳緩精審，增益其田數十頃，若不經意，人服其能，聲譽日起，賢士大夫常造其門。交朋甚驩，而喜賙恤親戚無依賴者，量其厚薄，月有贍給。名閥之子孫、他方之寒俊不能自立者，惻然矜念，時與館穀。嫁娶無力者，捐貲贈之；死無具者，備棺葬之。歲凶，施米及爲粥，以食道路之人。時疫施藥，間命醫流往就其家胗視。隆寒積雪，則散褚衾木炭，委于甚貧者之門而去，不出主名。蓋其季父富而好施，寅叔力不逮數倍，而亦如之，其所值之境爲尤難。

母病，藥必親嘗，朝不暇盥櫛，夜不脱冠帶而侍。居喪三年，不酒不肉，不處於内。未葬，衰絰不去身，祭祀一遵司馬氏書儀、朱氏家禮。容無惰，言無戲，跬步必以古人爲法式。訓督諸子動循正道，年長者遣之數百里外從名師。娶氏相夫教子無違。子四：珩、琚、璜、璹。琚先殤。女一，婿盱江傅若川。寅叔生宋咸淳己巳歲六月十有七日，其卒皇慶癸丑歲十月十七日也。銘曰：

王氏世族，濟濟純篤。維學之劬，肇自寅叔。

謂年宜崇，未艾而終。謂天昭昭，豈其夢夢！

韞瑜韜瑾，理弗澌盡。蓄此有餘，以錫遺胤。

石岡有墳，石碣有文。於戲寅叔！雖亡猶存。

故吴君慶長父墓誌銘

古豐城之長安，與崇仁之青雲接境，吴族居焉。其初，與崇仁之吴俱來自宣州。宋之盛時，有繇科第而仕者。逮南渡以後，崇仁之吴文學科第大顯于時，而豐城之吴亦儒雅循良，饒裕自殖。巨公名士以德義相契，交際過從絡驛不絶。

至元間，予至其鄉，有五雲峯居士，端嚴謹厚，冠衣淳古，儼然商皓之遺風。適孫名演，字慶長，年二十餘，嶷立侍側，簡默凝重，博洽秀異，望之知爲遠器。厥後耆艾日以凋謝，族之富盛者亦漸衰替，獨慶長卓然樹立，甲於一族。户門孔艱，疏剔振治，不勞而辦。鄉鄰弗靖，恊心殲殄，衆得奠枕。貲力非甚有餘，而饑歲率先賑救，豪右愧焉。名聲四馳，遠近竦慕，當路亦有知己，而不願仕，日與吟倡倡和自樂。詩曰梅臞集。晚年新居室以處，諸子婚嫁各當閥閱。將遂閒適，而年不待矣。

生寶祐丁巳十月之癸卯，卒元延祐甲寅三月之己未。越四年丁巳十二月戊午，祔于六世祖妣曾夫人之兆，原曰桐坑。

娶范，繼黄。子男六：寀、菜、椝、桀、棠。女四：范繼老、黄延選、葛真、黄琛，婿也。長男、長女先卒。孫男六：燦、炤、焕、燿、煒、熔。女九，皆幼。

予之先自豐城徙，世遠，失其次。慶長少余八歲，視余猶兄也。菜請銘，故爲銘。

銘曰：

猗嗟吴[一]宗！宣而撫洪。世世有聞，四海趍風。

豐城一族，積厚報豐。

猗嗟慶長！亢宗之雄。命未稱志，維後之隆。

故逸士趙君墓誌銘

進賢趙君若煥堯章甫，宋宗室也。年二十三，值火祚訖，賦草之茂三章，援琴而歌，與箕子麦秀歌同其悲。哀時運之已失，矢志義之不渝，略無移咎推怨之意，視麥秀之辭爲優。故予疑麦秀非箕子作也，太史公輕信而誤取之尔。安得如趙君之自傷而不他尤者哉？君之志義類箕子，無朝鮮之地可遠引，於是陳迹鄉閭，放情山水，高睨廣覧，遥吟孤嘯，舒泄所懷。弟若慳，受當路索絡，俾同遊徽。君諷之來歸，日共族從聚處，讀書想

〔一〕吴，四庫本作「具」，據文意改。

古，飲酒忘今，澹如也。與弟分財，悉置不問，唯取先世帶笏琴書。君年將七十，母萬氏夫人猶無恙，孝養致樂。朔望率子孫盛服拜堂下，飲食必躬調膳。生旦上壽，自鳴匏絃起舞，以怡親心。母年八十五而卒，既無親可事，則專以教子爲務。賓客非端良不接，所接輒觴詠盡歡。邑校春秋釋奠齋，宿陪位甚謹。言論本經，訓尚理趣，謂：「學而不行，非實也。吾喜玩易，不以談説，不以占驗，日月無非易也。」

披閲古書，得精要語，遂筆之策，目曰備忘。告戒内外戚疏，往往按據所録。著述之存者，中庸講議、適情小藁、逸民自得，合若干卷。其詩有云：「青山入遥望，歛襟坐虚閣。世故不可期，冲懷有深託。」平居興夙寢衣，未嘗免冠褰裳。嗜飲不至醉，每微酣，令人歌淵明歸去來辭，自吹洞簫以和。書閣臨池，扁曰「曉泉」，曉喻明，泉喻清也。真淳和易，恂恂信厚。樂導人爲善，而不計從違，是以人人敬且愛焉。重義輕利，逋負不屑屑責償。冬寒見凍者，衣之；歲饑見餓者，食之。初，乙亥之兵，卿人有被俘者，捐金贖之。

享年七十八。大元至順辛未八月十一日，晨起，安坐而逝。明年某月日，葬邑西之雷岡。

先世魏悼惠王之一再傳安化軍節度使諱克整，封高密侯，生金紫光大夫叔咀。光禄生右朝請大夫續之，靖康之難，由曹州徙豫章之進賢。朝請生永豐主簿公磦，君之高祖也。曾祖彦琯，祖灑夫，考時福，俱不仕。君娶周，先二十年歿。男三：嗣賢、嗣篪、嗣均。女〔一〕一，適艾芳開。孫男四，女一。嗣賢曰：「先子臨終，命嗣賢求先生銘。追念遺言，惻惻哀慟，庸敢以請。」

予誦君歌辭，嘉嘆罔已。夫有商孫子候服于周，自古以然。磐石之宗及今爲庶，君之志義若此，賢於人也遠矣。銘曰：

身之壽命長，家之胤胄昌。不與國而俱，忘志義堂堂。噫！其可傷！

〔一〕四庫本脱「女」字，據成化本補。

卷七十七　墓誌銘

有元徵事郎翰林編修劉君墓誌銘

　　嗚呼！自謙遽去予而殁矣夫，悲哉！予在禁林，自謙爲屬。南還之日，遠餞出通州。明年，將旨而至，澄老病，弗克奉詔，遂别予去。未復使命，以疾卒於家。嗚呼！悲哉！卒之後一年，其孤埜觸暑走六百里來求銘，曰：「將以今年十月某日，葬里之江井山。」嗚呼！悲哉！

　　自謙姓劉氏，光其名也。住上饒葛源人，其先世初由彭城徙玉山大横塘，後家葛源。王考諱養浩，宋太學進士、迪功郎、寧國府教授。考諱安，國朝將仕佐郎、湖廣等處儒學副提舉。

其仕南雄路儒學正既滿，遊前翰林承旨姚公之門，敕授瓊州安撫司儒學教授，待次，辟中書省斷事官屬吏，扈蹕上京，分按諸郡疑刑濫獄之久，悉白於長，決遣無滯。中書委催海運，不旬日，萬艘集，民食日給。父憂解職，服闋之瓊，以詩書禮義化荒服之民。廣帥受詔捕賊，檄参軍謀，固辭。帥入賊境，無可與議，驛邀請。不得已，募百餘兵詣帥壘，畫計珍其渠魁，活脅從之衆萬數。

自瓊歸，創白石書院，祠朱文公，而黄文肅公配，以王考逮事文肅故也。分田贍養學徒，省爲設額，行省爲差官以教，公朝復加旌表焉。掾江西行省數月，不合，不留。選授將仕郎、寶慶路總管府知事，未赴。徵補集賢掾史，繼陞徵事郎、翰林國史院編脩官。凡所撰述，辭采蔚然可觀。泰定三年，馳驛造吾廬，四月還家拜墓，以追榮考妣之命告于廟。考贈徵事郎、江浙等處行中書省檢校官；妣方氏，贈宜人。趨杭起鄧侍講文原，忽得疾，再還家事醫藥。八月，浙省遣使聘充考試官，力疾見使者，疾革，不果行。是月七日終，享年五十二。九月訃達京師，孤埜哭幾絶，即日棄官奔喪。朝之聞人數十會哭僧舍，爲文小奠。

平居賙施貧乏，救恤死喪，銷釋怨争，熏爲善良。可以範俗，可以經世。自少有志氣，有才略，小試于用，皆所優爲。種學績文，循循儒行，規矩中允矣。其有猷有守也，而用止於斯，壽止於斯。

嗚呼悲哉！娶楊氏，封宜人。子男二，埜，中衛親軍都指揮使司，蒙古字學教授；圻，國子生。女一。孫男一。

予之長子文與自謙同年生，次子京客都城，恭自謙猶兄。今則已矣，而予爲銘其葬。嗚呼悲哉！銘曰：

生才若兹，不使有爲，天乎何其！予之銘之，不足於辭，而有餘悲。

故承直郎崇仁縣尹胡侯墓誌銘

崇仁，壯縣也，數十年字民之官率未能大慰其民之心，往往觖望。近歲有簿斯邑者言曰：「崇仁之民有幸，不久有賢令至。」問爲誰，則以胡侯對。道侯之美，略舉大概，聞者皆喜。逾年，予客外，而侯至官。比予還家，則侯在官將再期矣。入境問政，而民之所稱加於前之所聞。

于時，侯以病在假，然未嘗須臾忘其民也。病小間，即出視事。其病而在假也，民悵悵若無所依；其出而視事也，民欣欣若有所獲。越數月，始及一識。察言觀色，以證民之所稱，猶信。又數月，侯之病竟不起。不間邇遐，哀傷痛切，若失其父母。侯之得此於民，豈偶然哉？其孤奉侯之喪歸葬，以翰林待制虞集所輯事狀來請銘。

予夙聞侯爲銅陵世家，既閱狀，復稽荆國王文公集所載。侯之七世祖諱舜元，嘉祐四年進士，官至著作佐郎。少從王文公游，公爲誌其父母。著作之孫諱棣，建炎二年進士，官至朝請大夫、兵部郎官，於侯爲五世祖。兵部之玄孫諱元一，宋末太學進士，皇元贈承務郎，侯之考也。鄉先生阮翁奇其才，而妻以女，侯之母也。

侯自幼能文章，有智略，舅氏復以女女焉。至元乙酉，舅氏爲建德守，入覲。侯以甥從，蒙恩得仕，一再授縣主簿，寧國路之南陵、建德路之淳安也。一再授州判官，嘉興路之崇德、徽州之婺源也。遷龍興靖安縣尹，由靖安而尹崇仁。

其在南陵也，有妖巫託神怪以惑衆，雖長吏亦共恭信。侯逮詰，即首服，受笞而去，其妖遂息。其在崇德也，有詐稱降香使臣，所過迎接護送，莫敢誰何。侯獨疑其僞，執而訊之，果然。縛送于府，宣撫奉使坐以法，而嘉侯之明敏。婺源州距總府數百里，山路峻險，轉輸莫可，賦粟每歲留州。忽有令詣府送納，州民震怖。官畏上令之嚴，不敢以請。侯自上府陳利害，府不能奪侯議，民得免詣府倉，感悦如更生。婺源廟有燈油田，掌事者侵盜，訟久不決。侯言供神祠無益之費，孰若爲國家養有用之才。監察御史是其言，以其田畀州學。

其宰靖安也，驗户籍高下，以次受役，不容毫髮偏頗。民糧不知主名，歲責役户代輸。侯究詰所起，竟得其人，而役户無代輸之苦。人户産去税存一一覈實，歸于得田之家。酒課額有定，而民之貧富無常，貧或數贏，富或數縮。侯爲均派，隨糧數之多寡定課數，貧民大便。土兵害民，縣不敢問，侯捕治如法，兵始斂戢。

其治崇仁也如靖安，而尤整暇。訟牒至庭，訊其情僞，曲者辭窮而退，直者旋爲剖析。事不凝滯，浸浸簡静。庭無争辯之聲，鄉無徵呼之迹。惟日與名士講學論文而已。胥徒改營他業者十五六。或障大溪之流以擅機舂之利，舟往來輒礙，告之官，而官不理。一日，侯過其所，適值群小堤阸阻數舟，侯命左右捽拽至前，進父老問曰：「此處舊有陂乎？」曰：「無有。」「灌田多乎？」曰：「不多。」「陂之高低與鄰陂等乎？」曰：「此獨高。」曰：「然則非水利也，徒阻舟爾。」目左右曰：「毀之。」行客居民，爭先除折薪篠蔽，水下頃刻而盡，歡聲動地。行事快人情多類此。前時經理民田，有司奉行失旨意，民大擾，因重加其賦。至是徵包銀錢不遣一卒，令民自推，擇事末利而贍者乃與徵，晏然無動摇。以病告致仕于府，僚友狥民之欲，不上其狀。詔書命臺察舉守令，僉曰：「孰有如吾侯者乎？」豈料終於官，而弗及應時需也哉？至治辛酉四月十六日終，年僅六十。

侯諱愿，自伯恭仕南陵時，承務君小居宣城，侯請以銅陵田園悉與守墳墓昆弟。承務君歿，事太夫人孝謹，常就養于官。及太夫人春秋高，難遠適，既受崇仁之命，欲留奉侍不往。太夫人再三諭遣，乃不敢違。弟懋致養于家，侯得專志官政，以有弟也。子立，淳謹肯學，未嘗干與公務。一家孝友出乎天性。府表其里，朝旌其門，蓋不虚美云。

侯之歿，虞集、同邑尉熊昶，晨夕顧視，經紀其喪事。某月某日，侯之喪至宣城；某月某日，葬某源。予亦崇仁一民也，故述邑民哀思之情，而爲侯銘。銘曰：

吏治軒軒，久矣無聞。天惠崇仁，錫此令君。四野耕耘，三載一春。遽棄吾民，曾不逡巡。侯來民訴，侯逝民顰。靡控靡因，孰思孰勤。極目蒿焄，江東莫雲。千古松筠，循吏之墳。

故千户黄府君墓誌銘

黄氏之先，邵武人也。迪功郎諱忠者，來家江西之清江鎮，配楊氏，以進義副尉諱憲者爲子。進義君配甘氏，子三人，其仲千户府君也。

府君諱遵，字正道，生寶祐甲寅十一月壬戌。孝友敏悟，根于天質，一時名卿鉅公咸趯異之。長遊淮壖，值至元革命，受知元帥府，用爲管軍千户，辭以親老歸。未幾，遘父喪，致哀如禮。兄弟繼殁，悲戚逾深。奉母撫孤，内外雍睦，有前代義門遺風。一新居宅，翰林承旨程公爲扁曰「後山堂」，蓋進義君嘗以蒼山自號，示不忘先志也。母年九十，蒙恩賜帛，里中高年婦會宴稱壽，遠邇嘆羡，以爲希有。母病，養不離側。及喪，致客數郡。年幾六十，孺慕如少。

市失火，延燎幾逮，躬撫母柩，泣拜籲天，俄而風止火息，鄰居免燬，并推孝感之功。哀毁成疾，數年頗瘳。皇慶癸丑秋復作，彌劇。一日止藥弗進，語諸子曰：「修短有數，汝輩友恭，克世先業，吾死奚憾！」言畢而逝，八月甲戌也。

娶熊氏，生子一，曰子鐘，先二十年卒。再娶喻氏，生一男一女。孫女二，俱幼。兄珪一子，曰莘。弟浩無子，鍾繼其後。延祐丁巳十二月丁酉，葬富州會昌鄉之楊原。

先期，鍾造門，將期兄之命，以岳州路平江州判官皮滑狀來徵銘。

余謂范蠡，英傑也，其智足以霸越，棄卿相如脱屣，豈區區勢利所能浼？然一居於陶，則匪直變易姓名而已，并與生平識慮俱變易而用之於小，是何也？其居使之然也。清江鎮，大江以南之陶也，居其間者鮮不惟趨時計贏是務。獨府君莊重閒雅，儼然賢大夫之儀。對客清談，泠泠如壺冰盤露，蟬蜕埃壒之表。以詩書禮義淑後，三世同財，而無間言。父無恙時，譽望亦籍籍。嗣之而興，益以光昭。居斯地也，而有斯人乎？斯古所謂不隨流俗者，府君有焉。非特余知之也，風憲清流、外服之官暨中朝之使，苟賢且明者，每見每聞，莫不嘉敬，而惜其不獲用於時。是果何以得此於人也？狀稱府君「剛介自立，不輕與人交。事上接下，各得其當。樂施與，振流落，不以爲恩。或受累，不以爲怨，而爲善益不倦」，蓋摭其實云。銘曰：

昔銘其母，今銘其子。一賢一孝，世世視效。

敕封宜人孔母羅氏墓誌銘

延祐六年秋，予留金陵客舍。有太史院校書郎孔思則衰絰過予，泣而言曰：「吾爲三江三孔之胄。南北既混，吾父歸曲阜拜祖廟，遂如京師。初仕教授嘉興路，遷興文署丞、淮西廉訪司知事、江西行省照磨，陞儒林郎、江西等處儒學提舉。不幸四年丁巳十一月十日，吾父以疾終。吾母敕封宜人羅氏，實相吾父，以能有所立。初歸，逮事吾祖母，婉愉孝養無違。爲冢婦，執謙自下，以禮諸介婦。兄壽仁生四歲，而前母周氏殁，吾母撫育同於己出。後教授常德路，遷瑞州路知事。思則年十七，從吾父宦遊。後教授歸德府，遷太常禮儀院太祝、萬億綺源庫知事，三遷而爲太史之屬。吾兄弟各沾微禄，一皆吾母所教。不幸五年戊午十一月三日，吾母又以疾終。吾父已得翰林直學士李之紹伯宗誌墓，而吾母之葬不可無文也，敢以請。」

予于儒林君及其二子俱舊，義不得辭。明年庚申九月九日，壽仁、思則奉母父二喪合葬于里中桐水之原。服闋，壽仁以將仕郎改武昌路嘉魚縣主簿，思則陞承事郎，改濟寧路寧陽縣尹，兼管諸軍奥魯、勸農事。來索銘文，乃書以畀之。

嗚呼！婦人不出閨門，嘉言善行，非人所可聞見。以其夫，知其爲賢助；以其子，知其爲賢母。是可銘已。宜人所生女適歐陽。孫男觀保、福保，孫女四。銘曰：

若夫若子，奮越而翔。婦德母儀，於焉而章。

故游夫人余氏墓誌銘

澄外舅之弟余仲璋，諱珪。有女妙真，生宋寳佑丙辰九月，年二十一，歸同鄉游應鈐。其夫君，賢厚人也，家素裕。相夫治家，夫德益光，家道益昌。閫以内、閫以外尊卑長幼，宗族姻戚，下逮使令服役輩，靡不稱其善。元延祐戊午五月以疾終，明年十二月，窆于株陂之原，祔君姑余氏墓右。

男通，習進士業；女榮，適黄世英，次適余震。孫男福孫，孫女恩恕，俱穉。通奉父命來爲其母請銘，銘曰：

維慈維淑，維德稱福。爰宅兹隩，以引而續。

故平山舒府君墓誌銘

舒以國爲氏，自江北徙江南，家洪之靖安，爲著族。府君諱公平，字廉夫。其高祖邦佐，宋淳熙八年進士，任衡州録事參軍，受知連帥朱文公。未老，以疾致仕，官至通直。生四子，其二選，君之曾祖也。生三子，其長鄉貢進士巘，君之祖也。貢士亦三子，其三鐩，君之父也。

君資識警敏，意氣爽邁。幼年值家中衰，從親往依外氏。刻厲奮發，期於立身興家。從其舅學進士詩賦，馳聲。應舉至再，不利。貴富家競延至爲子弟師。一統之後，君之父念故土，遂奉二親以歸。收拾餘燼，治財殖産，日以饒裕。竭力甘旨，先意承顔。父喪哀毁廬墓側。服喪母時年幾六十，如喪其父。攜弟就學，迄成人，不更他師。從祖兄瑞昌縣尹貲富無嗣，爲之立後，匡翼其家，始終弗渝。有族人貧困，教育冠婚，計其逋欠，罄所有不足以償，則悉蠲之。又一人殁于外，無以爲殮，輿櫬往殯。

鄰有病患死喪，周之唯恐或後。命工斲材，以給死而無棺者。歲饑，竭所積賑貸，略無乘時徼利之想。友朋情誼尤篤，見故人子，閔閔焉望其成。或自遠來歸，則買宅以居，給田以耕。與人語，極懇欵；至有過，必面責，弗阿徇。前依外家，因學徒所資得田百畝。及歸鄉，悉以分界外家之貧族。官定户籍，奉命總覈一鄉。凡有田不税、無田虚税之家，悉以實報，蒙惠者甚衆。捕寇之軍留數月，日有餽餉，而弗以擾鄉鄰。所俘男女百餘，早夜飲食之，且言於主帥，多獲釋免。流民數百入境，邀重糈弗得，則肆掠。君與之約，令勿旁騷，當供汝三日之食。帖帖如約而去。

舒氏自通直公積德累善，嘗買田二千畝爲義莊，以贍親故之不給。其鄉鄰之無告者，人食其德至於今。而舒之福慶綿遠，胤族蕃盛，富甲一邑，子賢孫俊，而文擢科預貢及仕於國朝者，累累有之。

君文學卓然不群，博涉經史，於春秋尤邃。文不苟作，必傳經理，裨世教。評論宋文，推蘇明允第一。後進寸長片善，繩之不置；一時秀彦，多出其門。曾受講書者尊稱曰平山先生。延祐初行貢舉，舉君爲首。辭曰：「吾老矣，豈較藝時耶？」次科，君已病，遣一子就試，曰：「汝能續世科，吾死不憾。」

君之母塗氏，家世儒宦。諸孫侍立，必勉以學。君之配熊氏，事舅姑，相其夫，撫諸子，俱不違則。子男八：紹隆、嗣隆、奕隆、世隆、系隆、裔隆、永隆、昌隆，克自樹立。孫男十，女六。君生宋淳祐辛亥十月二十四日，延祐丁巳十二月戊午卒。前時自卜藏于桃源之雲山，將以某年某月葬。

余過豫章，紹隆以君之門人、前鄉貢進士洪汝懋所述行實來請銘。曩余官國子監，汝懋爲國學生，知其言足徵也，乃爲銘曰：

群舒肇氏，綿二千祀。

南宗趾美，儒效有煒，衡州所累。

基此良士，曾孫之子，文葩行祇。

弗試遄已，留其遺祉，以錫爾嗣。

故鄔君孟吉墓誌銘

鄔仁俊改葬其所後父孟吉，以父之友陳正則狀來請銘。

謹按狀，鄔君孟吉，諱龍翔，世居樂安天授鄉甘泉里之河山。生宋開慶己未六月七日。父諱誼，母鄭氏，兄弟四人，君其三也。娶登仲郎康某女。沉毅明敏，舉業外，詩詞尤工。咸淳癸酉，仲兄龍捷鄉薦，刻志期於儷美。而科目廢，飲酣慷慨，每誦「吾志非不如古人，吾才豈不如今人」兩語。元至元壬午十二月二十日，遇盜以殁。父命伯兄之中子仁俊爲後，康氏鞠育同己出，守節成之。後君十年卒。君殁，殯蔡冢嶺。至治辛酉四月十七日，改窆于里之黄田。鄔於余爲婚媾之家，因其有請而銘。銘曰：

有志而莫試，不得年而死于畏，是可大欷。
無子而有嗣，不時葬而禮則備，亦可小慰已夫！噫！

故月溪居士袁君墓碣銘

余之同里而居者，有横江袁氏。當其盛也，袁與吴等埒。宋紹定庚寅，經虔寇殘燬，吴族浸衰。又四十餘年，大元有南土，袁族亦替。昔之强武自立者日就微泯，惟月溪居士素卑讓不校，能保其恒産，以至于今。於是齒敝舌存之説猶信。

居士諱應祐，字伯賢，淳祐癸卯年二月十九日生。逮其父時，聲勢赫張。居士富家，能和易謙厚，接物如春，見者慕悦。既爲新民，則敝衣草屩，自抑自晦。然胥徒邂逅，尊敬不减舊時。蓋其質實足以孚愚、頑馴猛暴若此。自幼不尚浮華之學，而人情世故諳練洞徹。雖小技曲藝，悉精究底裏。余少亦喜雜學，每過余談論，必竟日，言言皆有禆益。

至元壬辰十一月五日，以疾終。鄉鄰驚惋，失此善人。大德壬寅十二月二十八日，葬會坪雙髻峯下。配黄氏，太學進士之女。子男二，仕達、仕崇。女一，適李。孫男二，用昭、用周；女二，適黄、適陳。曾孫男英寶。適李女後居士六歲卒，仕達後二十三歲亦卒。

仕崇將碣于墓，以予與居士相厚善，而來請銘。乃爲銘曰：

中恂恂，外欣欣。與之親，如飲醇。想見其人，徵此青珉。

卷七十八 墓誌銘

故居士劉子清墓碣銘

古者有猷有爲之民，不棄遺於皇極之世。周南赳赳之夫，皆足以勝干城腹心之任。人之得生斯時，何其幸哉！去古既遠，以逮于今，往往有世不逢才、才不逢世之嘆。雖然，世未嘗無才也，俊秀消蝕於浮華淺陋之習，雄傑晦滯於泥塗埃壒之場，而世不見有才，有才亦不顯世。惟天質特異，不可掩抑，乃或間見其人，人因事而顯其用。若廬陵劉君子清，蓋千百不一二也。君生長郡城，幼無父兄，不事鉛槧之末。豪宕卓犖，超拔等倫；勇略兼優，强悍懾服。屯衛守禦之官絜材量力，自愧弗及，而降心願交焉。在昔承平無事時，固如此矣。南土降附之初，有不安新政、潛謀作亂者，君不能止，則密白郡侯，先其未發而剪除之，一城獲安全，活百千萬命，君一言之力也。

鄧林山水奇勝，介萬安[一]、龍泉二縣之間，異時多故家文物。其後軍寇蹂踐，生聚索然。君徙居其地，人得所倚。處者安，去者復，遂成樂土。龍泉邑西巨寇出没，行省官提重兵督郡之軍民官同力勦捕。地勢險惡，莫敢前進。以君宿望，而與偕行。君選精勁民丁百人，直擣巢穴，擒其渠魁，殘蘖悉平。不受公賞，自以私財酬賚其衆。家居專以賑饑爲事，視農務之緩急、荒月之短長，斟酌損益以賑。跨兩邑之境數十里之氓得粟如寄，雖甚凶歲，無饑。邑積粟之家轉相慕效，發廩平糶，不敢壅，君實爲之倡也。春而貸粟，冬始收值，减時估之半，歲以爲常。三十餘年，穀不貳價，至今守爲家法。

凡衆力修完之事，靡不樂施。於浮屠氏崇信逾劇，然發於衷忱，非受其誑誘也。一神祠施五萬，一禪刹施二十萬。圓通寺塔九級，將獨力成之。其他瑣細不可勝數也。所居控舟車之會，舊識新知、貴游賤役之所經從，風雨莫夜亦或造門，各愜所期而去。仕宦退閑，非有權勢，致餽必腆，甘貧能廉者尤所加敬。二縣之大夫以事詢訪，必爲剖析贊决，

[一] 四庫本脱一「安」字，據成化本補。

俾有裨益。

剛直慷慨，語無不酬。奉身之物，不尚華侈。几案必整，洒掃必潔。綜理周密，内外秩秩。獨處一室，飲食起居率不離是。坐至午夜，肅容端儼。待賓客恭，待鄉黨謙，雖童孺，亦不慢易。不治詩書，暗合義理。尊禮師儒，彌久彌篤。時或躬聽講授，晚年每日令人誦説論語一章。

君諱泰，生宋淳祐丙午六月三日。其平寇賑饑，例可得仕，而素心恬退，辭避不願。有元至大辛亥六月十八日，微疾而終。殯後園，營宅兆於龍泉南溪之陽坑。延祐戊午十一月廿八日，乃葬之。頃以南康路學正劉參狀來請銘。

余稽諸易，時之屯，而後有君子之經綸；世之有事，而後見人才之有用。苟非卒有異常之變，孱夫腐儒、清談虚譽之士駭汗束手，則亦何以見一時應變者之爲才也？劉君當無事時已穎然特異，及有事，而小試其智勇，雖不大用，而其才概可知也。余不識君，而高其人，如之何而不樂道其善也耶？

狀謂：「君有全城討賊之蹟，賑荒濟施之仁。排難解紛，如仲連之勇；重義結交，如朱家之俠。致富如陶朱公，而不吝捐費；躬行如萬石君，而通達時變。惜有其才而不展其藴，然五子文采志氣卓然成立。存時親見有子，身後業益隆，其興未艾，天報之也。」模寫益得其實云。君娶仇氏。子：和孫、平孫、安孫、寧孫、盛孫。孫男二，孫女三。銘曰：

力掣巨鰲，巧接飛猱。惡草以薅，良苗其膏。允也人豪，定此時騷。粲粲寶刀，乍試譍櫜；英英旆旄，一展永綢。已不居勞，人自興褒。計然策高，彷彿六韜。吾樂吾陶，萬輪千艘。擷我土毛，哺彼群嗸。林蔭摻摻，溪流滔滔。世産髾髦，天不慢慆。

故逸士黄幼德墓碣銘

古豫章郡之豐城縣，今爲富州。往年余暫息其地，有士黄東来見，年少而務學；其父幼德亦来見，敦樸謹愿，異乎流俗士。余甚喜之。越十有四年，幼德卒。明年，其子述其行，請銘其墓。

余按，豐城之黄不一族。幼德之考諱嗣霸，居會昌鄉之攸樂。娶李氏，生二女。擇同姓中之才且賢者爲嗣，於富城某鄉冷水井之族得幼德，諱淳，温厚和粹，工進士詩賦，又改治經。㴸中彪外，蔚然可觀。至元丙子，考死於畏。王考年幾九十矣，聞變，哀慟而殞。幼德能殪凶渠，以伸不共戴天之義，葬其王考及考以下凡七。稱其文，揆以爲子之道，靡所缺違。

會縣陞爲州，賦役繁重，支拄不易。幼德不肯以笞械毁傷其體，寧喪其土田而弗顧。既貧，遷避清江城中，授生徒以自給。十有一年，復于故里，新構至再，名其堂曰「忍默」。受業而成才者有族弟可，任爲征東儒學副提舉。逮其身後，猶爲之訓諸子。延祐庚申三月十日終于書舘，年七十有二。子東護喪以歸，道路觀者嘖嘖曰：「善人亡矣。」五月六日，葬里之竹山。

幼德之學，知以經爲本，恪循儒行，不少越規矩。發爲詞章，藹乎仁義之言。配范氏，亦令淑。東之文有古風，明理端身，不忝其親者也。女適甘。銘曰：

言可諮也，動可儀也。噫！斯士也，遘斯時也，生而止於斯也。使其死而泯焉，莫之知也，惡得不爲怛然以悲也？

故曾明翁墓誌銘

嗚呼！家猶國也，其興豈偶然哉？興其家，必當其會；當其會，必有其人。其人必才與福備而後興。唐以来，吉、撫號江右望郡。兩郡之交，有山聳秀特起，曰華蓋，俗傳古神仙所憩。華以西先屬吉之永豐，後屬撫之樂安。鄉名雲蓋，里名望仙，因山與仙而名也。望仙之地，寬平廣衍，山水環合，自昔宅其地者多興盛。曾爲甲族，有監鎮君，能以其資力得官稱。倜儻任俠，游客輻輳其門，聲譽聞數百里。有司户君，進士乙科第一。而曾不獨以資力雄，又以科名貴矣。逮宋之末，浸浸以微。地靈渟蓄，蓋有所待。南土新附之初，山藪寇聚，官不能治，則委重有謀有力之家，而望仙之曾乘時復興。

君諱煜，字明翁。豐下端凝，儀狀甚偉。父杭，長厚人也，郡縣所倚信。君有兄有弟，兄總家務于内，弟理兵務于外。君出入官府，同心幹殳，故能爲官之翼衛、鄉之保障。盜息民安，而家日以饒，所謂當其會、有其人、材與福備而興者邪？

君宋寶祐戊午七月甲子生，元延祐己未七月癸亥卒。有子競事文學，希受泗洲天長縣教諭，坦、塾同遊京師，蒙古國子監以坦長其弟子員，中書省以塾充侍儀司之屬，奔喪而歸。明年十月癸酉，葬于楓林之原。塾具書，俾希之子欽，偕其里中士蕭泉持同知來陽州事黄常所紀行實来徵銘。

塾也，欽也，若蕭，若黄，皆及吾門者，而君之善有可書，銘其可辭也乎？

初，鄰境未靖，里人築堡自守，受寇攻圍，告急求救。率衆往援，寇遁堡完，男女數千口喜得更生，資財牛羊惟救兵所欲，圍解遄去，一毫無取。既而携金報謝，復却不受。人感其恩，又服其義，由是名德益彰。平居事父，侍立終日，隆寒盛暑不變。父或就養兄弟之家，晨昏亦往定省。母嚴氏，夙喪。生日悲痛，不忍舉觴。里嫗與母同年，嘗以飲食醫藥爲奉，曰：「見斯人，猶見吾母。」兄既殁，與弟友愛彌篤。周族鄉黨之貧，有不能葬，葬之。病饋以藥，飢賑以粟，全活不可勝計。比其終也，遠邇嗟嘆。北來遊宦之人雖識面，入哭必哀，其感服人者如此。

娶鄧氏。男三，而坦出爲族弟後。女二，一適羅，一在室。孫男五，欽長，其次鑑、鎰、鐇、鉞。孫女二。銘曰：

身之有技，而以著氏；家之有嗣，而以顯世。往者已逝，来未可涘。其臧其熾，於此乎眂。

故曾夫人袁氏墓誌銘

鄉貢進士曾尹甫諱夢薦之子一元，自幼與余友善，情若兄弟。聘吾鄉袁崇甫女爲配。袁氏生宋淳祐丁未六月八日，年十六歸于曾，孝養夫之所生母如君姑。其夫族多富，而夫家獨守儒素。夫有學有文，工進士業。中值易代，困厄相仍。晚乃康裕，頗得自適。内有良助，協心理家。前處約而志不歉，後處樂而志不盈。嗚呼！貧無怨、富無驕，在士大夫猶爲難事，而婦人能然，可謂賢也已！元延祐庚申二月二十五日以疾終，是年十月十六日，葬雷凹。先期，余獲覩其宅兆，而并請余爲銘。男：復孺、復參，俱娶黄；復可，娶劉。女：德淑，適登仕郎張希賢之子洪；德靖，適貢士董省翁之子午。男女庶出者二，愛之同己出。孫男三：繁娶詹；衍娶張；其三曰文，余許以孫女妻之。孫女六：適游通、張仙弟、張仍祖、張泰生、游南生，一在室。曾孫男又生，曾孫女慶娘。銘曰：

昏姻之家，文學之友。其配也賢，銘示永久。

故王夫人于氏墓誌銘

金陵隱君子王仁甫之配于氏卒，伻来以書遡大江而西，轉彭蠡而南走二千餘里，抵余山中，其子子霖自述其母夫人行事大概，言曰：「吾母諱貞，其先吴興人，後徙金陵。少孤，性至孝，事季父如父。年十八，歸王氏。吾祖母治家嚴明，吾母柔婉承順，凡飲食起居節適，早莫寒暖之宜，奉侍不少懈怠，十六年如一日。尊夫之兄如舅，敬諸姒如姑，視從子如子。姑歿四十年，言及輒流涕。時祭追慕，哀動左右，治家一遵姑訓。子孫既皆成立，謙抑猶如爲婦時。教子女慈而嚴，待奴僕未嘗厲聲，有過每爲掩匿，勤勞者畜之惟恐弗逮。王氏内外宗親或孤不能嫁、貧不能娶，則爲之嫁娶，俾及時各有家室。吾父好施，死而無棺者畀棺，病而無藥者畀藥，寒而無衾者畀楮衾。遇凶歲，施粥、施麵、施鈔，計所費前後不啻數萬億。吾母竭力營助，略無吝意。戒子擇交，賓客及門，竊聽其談論，所言若有規，益欣然爲具酒食。否則，退必譴責。於子若孫之師，禮之極隆。溉濯器皿，灑掃室堂，務致其潔。威儀辭令，從容以和。吾父嘗謂吾家所以成，皆汝母之力。年踰七十，視明聽聰。臨終言動如常，命諸子至前，一日訓戒畢，瞑目而逝。生於宋淳祐己酉九月三日，卒於元延祐庚申正月十三日。其年十一月九日，葬江寧縣安德鄉石岡之原。男：子雲、子霖。女：適徐應隆、徐焕章、吕元知、趙良弼、于德淵，一在室。孫男九：瑜、瑄、玉、璐、珵、璉、璹、珏、琰。孫女十二。」又曰：「先妣母儀婦道，先生知之詳、信之深。不幸至於大故，罔極之恩，萬死莫報。幸賜銘文，以示永久，以光幽陰，以慰子霖無窮之哀。」

余讀之竟，愴然以悲。嗚呼！古今興者必有其由，匪特有國者然，有家亦然。王氏世傳長厚，值時運遷革，而家之興浸浸未已。雖云世德所積，内德蓋有助焉。余客金陵，嘗主其家，備知仁甫夫婦之賢。子霖從余學，喪其母甚戚。乃爲敘次其語，而與之以銘。初，仁甫未有子，子其仲兄之子，子雲是也。撫育恩愛，實同己出。次年子霖生。

銘曰：

淑德惠温，不出閨門。善相夫君，施及子孫。

懿美其存，莫可殫論。著以銘文，永世有聞。

卷七十九　墓誌銘

故臨川近山居士吴公墓誌銘

吾同姓也，吾同郡也。長吾一歲，實長三月十有七日爾。壯年值大運革，不困於政役，益昌其資産。父存克相其樹立，父殁克光其繼述。處時之艱，如履坦途。富而康且寧，以孝於親，致養及耋耄，疾而憂，喪而殁。睦族敬老，禮賓仁衆。優遊林泉，强力健步，八十有五無病而逝。德而壽且考終已，五福備者哉！吾同郡同姓中有斯人，其生也，吾欲兄事之而不可得；其死也，俾吾誌其葬，庸詎可辭乎？

嗚呼！臨川之北，安定之鄉，搟峯之近，石塘之原，此吾近山居士君之宅也。君諱仁彬，字明叔。曾大父顯祖，大父必興，父有明，母黄氏。生宋淳祐戊申十月二日，卒元至順壬申五月三日。配劉氏，同年五月生，至治壬戌閏五月卒。君卒之年十有二月壬寅，合葬焉。子男三人，長聖任，汀州路蒙古字學教授；次聖和，俱亡。唯少子聖達在。女四，婿：黄、張、李、雷。孫男六，女三。曾孫四。銘曰：

堂堂斯翁，五福萃躬。隆隆斯藏，百世允臧。

故逸士張君静翁墓誌銘

樂安南鄉之張號爲富族，其時有工進士詩賦者，馳譽鄉里，伯仲聯貢于禮部，曰炎發，曰公著，其季希賢亦以登仕郎應轉運司貢。南土既歸天朝，登仕君先二公而殁。子五人，冢嫡元定，字静翁，年甫十有九，已克樹立，鞠四幼弟，長而畢娶，均先業以畀，一無所私。時多艱虞，持守未易，乃能完其所有，浸浸底于興盛。年三十有七，未得子，慨同祖同父之嗣續皆單獨，謀於昆弟，奉母董氏命，取母之孤姪子之，名楠。年四十有八，子彬生。晚慕引年度世之説，退居南園，自稱丹霞子，傳家事於長子楠，謂堪付託也。年五十有九，析資産爲二，明年，命二子各掌之。又明年，翛然而逝。其生也，宋開慶己未六月；其逝也，元延祐己未四月。歲辛酉正月八日，葬雲蓋望仙里之大塘鳳阬。凡三娶：賴、殷、歐陽。長子婦羅，幼子聘袁女。女：適何、適鄧、適余。孫男：竹壽、陽生、至生。孫女繡孃。永豐傅應甲爲録家世大概、卒葬歲月。前葬期十日，楠衰絰造門，以余所親老友曾一元書來請銘。静翁余所識，聲實每相聞。昔也與其伯父二貢士善，今又重曾之請，於是乎銘。初，邑有惡類，乘勢暴横，莫之敢攖。遠近富民不爲所役服，則爲所魚肉。静翁嶷立其間，能不黨附，又免禍害，人以爲難。銘曰：

大夫士庶人在保家、在謹身。嗚呼！静翁保其家以隆，謹其身以終，是可銘也已。傳所録曰：「楨幹一家，綱維鄉邑。無赫然之聲，有隱然之重。」其言蓋足徵云。

故槐庭居士王君墓誌銘

吉水王元福將葬其父居士君，介新昌州判官李路來請銘。往歲元福客遊京師，嘗及吾門，文雅俊秀，佳士也。今也悃悃懇懇揚其父之美，惟永久是圖。噫！孝子哉！

謹按所述行實，居士君諱思恭，字敬甫。家仁壽鄉之盧溪，世以積善稱。警敏恢廓，有才有智。吉水與永豐鄰，至元丙子訖癸巳甲午，寇出二境，居者不敢安于家，行者不敢出于塗。環二百里，生理蕭然。垂二十年，官莫能制。有邑佐知居士足辦此事，委之根捕。不一月間，獲其首從，空其巢穴。自是遠邇安靖，至今德之。人有争忿，詣門求直。諭以理法，靡不心服，無復至公府焉。或與己不合，面加誚責，既而再見，歡然略無芥蔕。賑恤窮匱，施不望報。勤儉起家，至於富饒。質朴恬淡，不易其素。它無嗜好，惟頗崇異教，祈種福果。對客間喜諧謔，見儒士，則改容莊肅。延師取友，以淑其子，迄克有成。里中先達號曰槐庭，蓋以晉公之期其子者期之也。

曾祖考世隆，祖考餘慶，考嘉謀。娶梁氏，先十年卒。子男二，長元福也，次元善。女五，婿：一阮、一龍、二龐，季在室。孫男二：文奎、同老。女一。居士生之日，宋淳祐壬寅仲冬中旬之九；卒之日，延祐丙辰仲夏上旬之十。窆之日，丁巳孟春上旬之六；葬之兆，同水鄉同江之原。銘曰：

存而不耀，没而不朽。維子之孝，維父之教。

故竹隱居士周君墓誌銘

崇仁西館之周，宋建炎時始來自廬江，其初祖也。六世至居士君。君諱某，字信甫。謙厚真實，善治生殖財，家以饒裕。至元新祔，授邑征官。黽勉受檄，隱處不出。鄰寇奄至，大掠居民，要重賂始放還，否則戮。一時倉卒，費無從辦，委命待盡而已。君爲惻然，悉捐己資，贖之寇手，得完娶者殆百餘家。鄉之人病不能致藥，則爲之醫；死不能具棺，則爲之葬。凡隄堰、橋梁、道路，苟利於人，出力修之無倦。寬逋恤貧，平糶賑饑，以爲常。環數十里，有德無怨。宅邊多竹，自號竹隱居士。生端平末，殁大德甲辰。娶吴氏，克相其夫。子某，命于朝，再轉爲江州路司獄。在官廉慎，不忝其親。某年某月某日，葬居士爲某鄉某原，以潭州路儒學教授虞汲狀來謁銘。銘曰：

積之贏，胤以榮。慶之繇，尚嬋嫣。

故復軒居士吴君墓誌銘

宜黄之邑，居者吴與鄒、涂爲巨族。宋咸淳間，予客于鄒；元至元間，又客於吴，得與三族之人接。吴之盛自參議，四子，其三曰驌，驌生兑。兑亦四子，其二曰鎰，字子萬，業進士詩賦，以登仕郎兩赴江西轉運司試，不偶，自此絶仕進想。爲人端莊静重，談論暢達篤實，所言皆敬身明倫之要、應世處事之方。居家禮法整肅，嘗書參議公遺訓于屏，以示子孫，族姻鄉黨率取法焉。中年以後，畀家政于子。蘭石圖書，滿室清致。構亭山椒，前瞰林泉；幅巾野服，逍遥其間。儒書外，兼誦釋典，有所悟入，故于世累略無芥蔕。初名讀書之室曰「清」，再名便坐之軒曰「復」，亦可見其志矣。今年春，忽得疾，子若婿迎醫進藥，君却去曰：「吾年八十有七，於平昔交遊中獨後死，死復何恨？」娶鄒，繼趙。子男四：玠、琳、瑞、登。琳、登早夭，玠及長孫亦先卒。女〔一〕四，婿鄒邦材、鄧文、陳焕文也，幼女未適人而殤。適鄒、適陳之女亦先卒。孫男四：鱗孫、以直、奇孫、止孫，女二。曾孫男二：慶老、同老，女二。君生紹定壬辰九月中旬之七日，終延祐戊午二月上旬之四日。先自卜藏於仙桂鄉之富原，孤子不敢違，將以是年十一月甲申窆。陳焕文以鄧文所具事行來曰：「先生與吾外舅相得，敢求一言。」予不辭而銘曰：

嗚呼！古所謂善人君子，其可使鄙寛薄敦者耶？今而後經行攸止，其孰謂齒德俱尊者耶？用章厥美，示于後昆。翁雖逝矣，名則長存。

〔一〕女，四庫本與成化本皆作「孫」，據文意改。

故黄母甘氏墓誌銘

清江鎮黄遵孝於其母，所居縮江西貿易之都會，言議容止温然有士君子之風。母年九十時，子孫列拜稱壽，高年同宴會者内外百餘人，巷里誇詡爲盛事。平居養志承意率類是。其明年春，母卒，遵哀毁。戒兄子擇佳山水寧體魄，得吉兆于閤潰山之陽。將以至大元年某月某日葬，走書來謁銘。余夙知遵孝，又知母賢，遂不辭而銘。

母姓甘氏，族在豫章豐城。奉舅姑恐不及，姑年至八十八，目眚臂瘓，不爲苦，以有孝婦也。理家寬厚，撫下恩勤。愛諸子一如己出，訓諸婦以順。水陸舟車之衝，過客日及門。居中審所宜，待遇輕重不忒。家饒口衆，居湫隘不足，容命一新堂構。時年八十五，猶能總理工傭細務。既落成，喜曰：「吾悉置家事，佚老僦養矣。」年八十九，受公朝賜帛。門外衢道缺圮，捐貲募石工甃之，自西徂東，延袤若干引。踰月始完，塗旅大利。性儉約，不麗服飾。事筐篚老且不倦，殘帛敝屣，雖小不輕棄擲。至周急救患，多與而無難色。

長子珪、少子浩先卒。遵，中子也。女子嫁同[一]里毛。孫男三：珪之子莘，遵之子石，其次鐘爲浩後，母命也。孫女二。曾孫男一，女四。嗚呼！以閨中婦人，相其夫，成其子，興其家。孝慈勤儉，好善樂施如此，天之報之也五福備，豈偶然哉？三孫通練敦重秀敏，氏其未艾乎？銘曰：

於淑斯母，所積者厚。卜藏允臧，子孫其昌。

故朱夫人葛氏墓誌

葛，金溪望族。宋末諱洪者治春秋有名，充撫州貢士舉首至再。其女歸同邑朱，朱亦望族也。既有子而夫亡，年八十一以壽終。延祐四年春，余過朱氏之族，子淑權纍纍然衰絰來告曰：「吾母諱懿柔，端平丙申三月生。婉順淑慈，簡儉和睦。女工外，嗜讀書。古

[一] 同，四庫本作「問」，據文意改。

今一過目，輒記憶。醫藥、占筭、尅擇之書，亦且諳曉。視人翰墨，雖草書，展誦略無滯濇。宗族鄉黨之人某年登科、某年赴某處任，枚數歷歷不忘。自不能飲，常造美醖。客至，稱家有無，待遇如禮，談論終日不倦。教子嚴謹，惟恐或後。謂子不知書，雖有如無。又謂：『吾父以春秋一經爲江東西進士師，貴公富室子弟悉來受學。及葬，盱江包公有文，遺孫致祭。吾姑適新田吴，其伯子與吾父同年預舉，其季子少年登科。汝輩所宜慕效。』嗚呼！慈訓在耳，遽至大故，痛哉！叔權年十四喪父，賴母保守遺業，歲時祭祀不闕。不幸吾母以去年十一月逝矣，將以今年某月葬里中汪家園。顧惟不孝弗克顯親，先生肯賜之銘，是有以慰吾親於九原，而覆日月其遺胤也。敢以請。」

余禮辭，則固請。余於夫人之父素所尊敬，又與其夫族二三子者遊，乃爲之銘。

銘曰：

幼爲名家女，長爲名家婦。願子孫世世讀書，無貽祖宗羞。夫人臨絶時語也。嗚呼！以婦人而能若是，可謂難也已！

有元忠顯校尉同知吉水州事鄧君墓碣銘

宋咸淳癸酉，撫州所貢進士詩賦第一人鄧君希顔，字廣淵，仕皇元，由巡檢授麗水縣尉，繼授徽州路平準庫使，進保義校尉、通山縣主簿，轉忠翊校尉、岱山鹽場司令，以忠顯校尉、同知吉水州致仕。泰定丁卯五月某日終，年七十四。是年十一月壬申，葬于慈原之丘。既葬，子謙來乞銘。

鄧，金溪大姓也，其先自番徙。宋南渡，承信郎雩皆同邑傅氏因禦寇補官，且俾世襲，自推一人統領其衆。終宋之代，號鄧、傅二社鄉兵。至迪功郎時，昇族彌盛。君之曾大考克静；大考持志，官進義校尉；考子茂〔一〕，贈忠翊校尉、同知建昌州事。妣吴氏，贈宜人。

君英毅秀敏，慷慨負志氣，文辭類其人。貢于鄉時，年甫二十。革命之際，遠鄙未靖，

〔一〕子茂，四庫本作「鄧子」，據成化本改。

君輯衆護里閭，旁盜不敢闚。爲官出力，掩捕賊寇，行省議賞署巡檢職，留鎮鄉社如初。十年間歷三仕，始換敕命，爲尉、爲捕，辨訟明審，抑姦遂良；承檄鞫獄，發擿如神，兩造竦服，筦庫司醝俱稱能官。及將告老，醝户咸惜其去，曰：「寧復有明惠公恕如鄧司令者乎？」退閒之後，預營壽藏，築室其側，以俟宴息嬉遊焉。處鄉和易，居官廉平，好善若己。有規過，面責不隱；人遇禍災，雖疏遠，聞之惻然。

娶洪氏，封宜人，後君一年二月辛丑卒，年七十三。天歷己巳正月癸酉，葬白馬黄通市。子男五：頤、同人、大有、謙、萊。頤，臨江酒務，謙爲弟希説後。女二，婿上官銓、危顯。孫男八，其一後兄之子，其一後弟之子。女八，已嫁宥五。曾孫男一。

嗚呼！君可武可文，位不與才稱，竟未獲展，惜哉！銘曰：

彼哉謭謭，而或顯顯。維兹闤闤，而尚藹藹。

所留者腆，所逮也遠。有隆無殄，有嵽斯巘。

故貢士陳君墓誌銘〔一〕

昔聞蘇文忠公中制科，僉書鳳翔府判官公事。其鄉人陳公爲太守，不假以辭色，蘇公甚不平。陳公曰：「吾視軾猶孫也，以其年少，暴得大名，懼其滿而弗勝，乃不吾樂也？」余因是高陳公之爲人。

咸淳末，别院省試第一名陳黄裳，蜀人也，仕國朝，提舉江西等處儒學，與余友善。至元元年間，龍興路總管陳元凱，洛人也，歷廣東、湖南、浙東三道廉訪使，余及識之，皆鳳翔守之胄也。

至治二年夏，余在金陵，提舉君之從子瑛言其家世。鳳翔公諱希亮，四子：伯曰忱；仲曰恪；叔曰恂；季曰慥。廉訪使，伯之曷孫也。宋紹興參知政事與義，以簡齋詩名於一時者，叔之孫也。而季之子用之生主簿端卿，生鄉貢進士嗣寶，嗣寶生贈承務郎圭孫，

〔一〕成化本有目無篇。

圭孫生通直郎賜緋炎己，炎己生坤文字獻子，黄裳之兄，瑛之考也。幼事通直君，供子職已異常兒。比長，淹貫經史，夜以繼日，嗜學忘倦，漏下二十刻，猶正身危坐，如嚴師畏友在前，雖初寒盛暑不變。識高論正，於家傳易學尤邃。三以進士貢禮部，晚年江浙省命長饒之慈湖書院，弗就，老於家。每旦焚香讀易，客至論文賦詩，盡歡而罷。大德丙午十月丙辰終，得年八十。是歲十月庚申，葬上元縣鍾山之原。

配張氏，提刑之孫、運幹之女，勤儉治家，絲繭、麻枲、米鹽細務莫不綜理。暇時以孝經、論語、古詩口授諸幼，蜀之故家咸稱道，以爲内則。至元丙子終，得年四十二，是歲葬江寧縣之冠山。子五人：琦，江寧縣學官；瑛，廣德路教授；琛，蘄州路教授；璞，寧國路教授；琚，從事常州路。女歸婺源州判官許松。孫男七，曾孫男一。瑛請曰：「先妣葬四十七矣，今將遷以合於先人之兆，冀得一言碣諸墓遂，以貽永久。」

余見金陵至今尊慕貢士君爲碩師耆彦，而余素與其弟提舉君厚，乃尚論其世，而繫之以銘。銘曰：

允邈斯氏，世岌所累；允卓斯士，天閟所美。

躬也弗㤥，噫其有俟。噫其有俟，其有以嗣。

故逸士廬陵蕭君墓銘

鄉貢進士廬陵蕭濟美自狀其父俊民甫之行，而澄大母之孫姪何中以其書來，爲之請銘。其狀曰：「先君子諱德孫，經傳子史、九流百家，無不貫通。下筆數千言，倚馬可待。平生所爲文號師心集，時文不與編。集聖賢所言性理，濂洛而下議論，分門考訂，名曰理要。討論山川形勢、古今封域，名曰地志沿革。謂詩自三百篇後，離騷無體不具，數删後諸家詩，名曰詩體。家吉水之虎溪，土俗頗澆薄。科未興時，各棄學規利。先君子曰：『蕭氏讀書餘二百年，詎可隤其家聲！』繇是宗族子弟不易所守，剛直無私。然好稱人善，見人有過，巽與善道，俾遷善而不自知。不諂交富貴，客來論文，危坐竟日。鄉俊秀從遊得指授，文多可觀。處族和，交友信，居鄉義，教學者以孝弟爲本。祖修職郎、建昌南城丞諱正，父登仕郎諱珏。服父喪哀毁踰禮；養母疾，三月不解帶。母壽八十一。二親既終，忌日號哭盡哀。事伯兄如事父，與弟同爨四十年無間言。弟先殁，長其孤，嫁其女。弟之子又歿，五年凡四喪，給其醫藥喪葬，雖貧不辭費。兄弟俱有文學，人稱虎溪二龍焉。賓興制下，欣然率諸少就試。既而黜，則曰命也，次科不復往。延祐庚申，濟美與貢，戒以毋矜毋怠。至治辛酉下第，則曰：『此吾子進德機也』。藏書千卷，及胡忠簡公、楊文節公、清江謝公、章公二[二]尚書諸人翰墨數十纸[三]，常令愛護此家寶，欲以見先世受知於先正若是。書外無長物，而於利澹如也。身長七尺，重厚端嚴，鬚眉皓白，衣冠偉甚，有商山老人風。年七十二，無疾而逝，泰定丁卯九月朏也。將以明年某月某日安厝於某鄉某原。濟美痛念先君子老於山林，懼至沈没，泣述言行之概。伏惟哀而銘之，則先君子爲不亡矣。先妣張氏，先十二年卒。子二，濟美、專美。孫男六，女六。」濟美之文章繼父業，名位不難致。然果欲立身顯親，與天地同久長，尚其索諸文章名位之外乎，而予之言又奚足恃！銘曰：

鳳彩虎彪，有鸑有彪。自樹允卓，斯原千秋。

〔二〕二，四庫本作「工」，據成化本改。

〔三〕纸，四庫本作「年」，據成化本改。

卷八十　墓誌銘

故太常禮儀院判官文君墓誌銘

至治三年八月二十二日，太常文君矩子方卒于京師。其孤在江南長沙，友人侍儀使劉迪、太府經歷樊謙爲之棺斂，屬澄銘其壙石，使歸而刻之，埋諸隧。澄於君亦有交義，乃哭而略其辭曰：

君先有自趙郡徙居長沙者，今遂爲長沙人。考諱日新，玉沙縣令，贈驍騎尉、奉議大夫、宜春縣子。母譚氏，封宜春縣君。初，君生𡾊嶠，即不喜其俗。甫知學，讀孔子書，明修己治人之術，益欲奮起樹立，有爲於世。湖南道廉訪司辟署書吏，時翰林盧公摯實廉訪湖南，敬其才辨，遇之殊常人，君以盧公爲知己，樂從之。後吏部考年勞敍遷，大德十一年，授荆湖北道宣慰司照磨，兼承發架閣，於是朝之卿大夫悉知其名，不肯使之官外地，留補刑部宗正曹屬，轉爲登仕郎、秘書監校書郎。延祐三年，陞從事郎，爲著作郎。延祐六年，改翰林脩撰、文林郎、同知制誥兼國史院編脩官。至治元年，國家議遣使持詔諭安南國，君被選，爲奉議大夫、佩黄金符，奉使安南。復命稱天子意，進太常禮儀院判官。

妻張氏，封宜春縣君。先君卒，子一人鎖住，未冠。女一人，許嫁金湖廣行省員外郎劉藝之子某，未行。

嗚呼！君負當世辨敏之資，究之以問學，宜其有所設施然。使其就於用，則必能不失其官，以成一時之功。往往爲小夫鉞訾，而君嶷然自信不顧，可謂古之奇男子者矣。其文章歌詩雖疏宕尚氣，有陳事風賦之志焉，惜其未傳而遽止也。

比君未卒二日，澄偕今翰林待制虞集往候病，君曰：「吾苦殆甚，不如一旦溘然也。」余二人相視，泣不敢下而退。既而果逝。其僕夫課兒扶其柩，將以今月二十六日反葬于長沙。嗚呼！是皆可傷，而忍不爲之銘邪？銘曰：

其位弗崇也，其才弗充也。天胡弗壽之，俾其有終也？

有幽者宫，有坎者隧，具石刻詩，百世其安之。

元承事郎同知寧都州事許府君墓誌銘

許氏之始辛然，以善謀算爲越大夫師，因其所長爲氏。漢有訓，後漢有子勳，宋之尚書郎用章暨良輔暨有功，并蜀之邛州人。登科紹興間，太學釋褐，官至國子司業，以朝散大夫奉祠而終者曰衡，居饒之浮梁，其先蓋自蜀徙。司業之子曰亹，紹熙進士，爲縣令。縣令之子曰衮卿，無子，而弟良卿之子君錫後之。其配新猷縣尉之女張氏，子四，長寧都府君諱初，字遂初，皇元太保府掾史，授承事郎、同知寧都州事。在官卒，歸其柩，將袝葬西里之先塋。

孤恕述其父之所行，命其弟毅走京師乞銘。恕之言曰：「吾父孝於親。祖母病盲，哀懇籲天，舐以舌，目頓明。人驚異，以爲孝感。劬書不倦，爲文立就，士論推舉充書院、縣學儒官，既而試吏池州路。司業公昔嘗守池，一介不取，捐己俸作石橋以濟民。逮吾父至，復爲增葺，佐治多所便益，民曰：『真清白太守子孫也。』以曠於定省，棄去。行省改調鄉郡，闢館迎養，郡士日從先祖倡詠，坐客常滿，足以致其樂。吾父入聽嚴訓，出理公務。饒，父母邦也，知民間利病尤悉。遇事必抱牘與官長執可否，久亦自厭，復棄去。丁先祖憂，制畢，郡以茂異貢，禮部尚書王公薦于太保曲出公，掾公府七年，未嘗有所違忤。秩滿，祈便養，延祐六年六月受寧都之命，安輿奉祖母赴官。寧都舊弊，一吏日攬民詞十餘，皆架虛詆訐漁獵饜，所欲則火其牘，繫者充斥，吾父一一審覆出之。屬縣石城造僞鈔者挾舊怨誣指樵人，囚三年矣。吾父疑其誣，一訊情實畢露，即免樵械，縱之還家。同僚持不可，吾父具公移，稱設有脱誤，甘自抵罪，樵乃得釋。稻熟未獲，耕者宿于田，以備盗竊。有富民與其田主争是田，夜遣衆刈其稻，且敺耕者。耕者與敵，揭竹椿擬之。越翼日，傷者斃。富民乘忿賂鞫吏，以夜爲晝，以鬬爲殺，以竹椿爲田器，論置重辟。吾父察其寃，詣郡力辨，耕者免死。寧都之民多隸役人列名於軍籍，軍民雜處，倚勢負險，官府有令輒拒。獨見吾父署字，則欣然稟承。吾父嘗造其地，老幼携扶，執酒果自山谷出迎，如見古循吏然。州之户版素不明，富無實糧，貧有虚額，每歲催徵，賸設職以代輸，坐是破産者衆。吾父作意釐正，民莫敢欺，有自首隱瞞至千石者。由是差徭適均，官政粗成，而吾父勞瘁得疾。郡有命，猶强吾父卧治，俾便宜處置。然以先祖之葬有缺，病中念人子之大事未終，遂謁假竟歸。會寧都飢民嘯聚，州促復職甚棘，白之祖母。祖母曰：『汝其行哉！』及境，旗鼓挺刃交錯絡繹，從者悚怖，吾父呼之来前，諭之曰：『我計某也，今再来矣。爾少安，當使爾無飢。』於是召富民，勸盡發有粟之廪，擒首亂者四五人，而散其衆。郡守貽書褒嘉，謂：『賢侯不至，寧都其再寇矣！』憲府亦以是薦舉焉。州數年不雪，民苦瘴病。吾父至之年，大雪彌日。旱，禱雨未應，吾父力疾出禱，大雨如注。民歌之曰：『去年雪，今年雨。微計侯，那得此。民既悦，天應喜。』吾父得代，歸舟將發，病復作，逾劇。諸語子曰：『吾久困於病，殆不可起。有老母不能終養，汝善事祖母，是爲能繼寧。』涕泣欷歔，無一語它及。卒於至治二年十一月十四日，年五十一年。遠近聞喪，若吏若民，無不悼傷。吾母甯氏。恕有三弟：壽、毅、思，俱紹世業爲儒。女弟一。恕、壽已娶。男女今三人。恕等痛惟吾父有家學，而不以世科顯；有時才，而僅僅小試於州倅。行無愧怍，而天嗇其年；孝誠感神，而不獲終養，以殫爲人子之心。天乎天乎！諸孤薄祐之故，嗚呼痛哉！」

予聞其言，亦悽然以悲，是以不辭而爲之銘。其葬某月日也。銘曰：

有才孔多，命也其奈何？有子克嗣，父也其不死。

大元中大夫益都般陽等處路陶金總管孫侯墓誌銘

成周設官，内饔爲冢宰之屬，其職重矣。以朝夕饋饌，暬近尊貴故也。易牙之名於齊，杜簣之名於晉，其間固有能臣焉。總管孫侯諱繼寧，小字德童，浚儀人，金末徙奉聖州。祖若父世掌膳羞，祖逮事憲宗，扈駕南伐，世祖賜名剌沙赤。父昶俱善其職。侯嗣職時年十八，慷慨多能，滋味稱上意，洊膺寵錫。至元二十八年，受敕命官上都大倉使，階敦武校尉。元貞元年，進忠翊。大德三年，受宣命官上都尚食局，階昭信校尉。六年，進武略將軍。八年，改奉議大夫。至大二年，提點太府監内藏庫，階朝散大夫。三年，遷中尚院判官。皇慶二年，以中順大夫同知大同等處備儲軍民總管萬户府事。延祐五年，以中大夫充益都般陽等路淘金總管。至治元年二月，卒于官，年六十五。十一月朔，葬奉聖州李家堡之先塋。其孤楨持事狀乞銘于史氏。

謹按，侯之行事，從征乃顔，有所俘獲，閔其悲號，遺以衣糧而縱遣之。御膳構殿，被旨董役。前時有司市上供諸物，支吾濫溢。侯在尚食局，縷縷稽覈，每歲省市直十五萬貫。毛局造作，歲買羊毳，屬吏久逋官毳數萬斤。侯在中尚院，一一徵納，是歲省市直五萬餘貫。凡屯田歲收有羨，必取直而鬻之。及内府常供有缺，又出而糴之。侯謂屯田本以裨國用，歲給宗正部人糧饟之外，宜悉種穈麥，以應内府之需。安於故常者弗察，朝廷卒從侯議，迨今歲入麵以斤計者四十萬，糗粻以石計者五伯，視常費可歲省四十萬貫。民户納金，官執權衡，十贏其二三，行賂乃頗減殺。侯痛革姦敝，且免按督之擾，賦金之家鼓樂頂香，老少詣庭羅拜以報德。寧海得金塊，重一斤許，狀如山。侯驛進闕下，御賜繡衣錦韉，以示旌獎云。余於其釋俘囚也，嘉其惠；於其省國費也，嘉其忠；於其革金賦之敝也，嘉其公且廉。侯其可謂能臣也與？善善者，史氏之筆，是宜銘。

侯娶祖，繼李。男五：長帖木赤，蚤喪；次楨銓，蔭父職；次伯帖木兒；次完者秃；次成童。女一，適上都灤陽驛提點宋顯。孫男二。銘曰：

惟辟玉食，克世厥職。移治它官，亦忠于國。[一]

五朝眷隆，三品秩崇。史氏銘之，用賁幽宫。

故咸淳進士鄒君墓志銘 泰定甲子

泰定元年七月壬子，余友前進士鄒君卒于家，其孤將以是年十一月己酉安厝于所居。少余二歲，相好如弟兄，於其喪弗獲哭死弔生，銘其可辭乎？

君諱次陳，字周弼，一字悗道，撫宜黄人。少馳俊譽，年二十三，以書經義第一貢禮部。明年，賜同進士出身。其先治平丁未進士諱極，仕至治南西路提點刑獄。考諱子宜，嘉熙庚子、淳祐丙午兩預鄉貢，晚以特奏名仕衢州西安縣丞。君未擢科之前，侍親宦衢，

[一] 以下四庫本脱文。

時留丞相夢炎家居，與趙守淇識君偉器，期以早顯。咸淳甲戌，果副所期。未及受官，宋祚已訖，遂隱不仕。邑近十五里有大姓譚氏，待君以賓師禮，情誼篤甚，自邑徙而依焉。至元丙午，新屋構成，君父母兄弟俱存，前衢守趙公宣尉湖南，寄「一樂」二字扁其構。兄次傳昔年與君同薦，二親即世，聚處如初，教兄子友直曁衆猶己子，各成才，爲學官，不幸不壽。延祐庚申，兄貢士歿，君哀念感疾。至治癸亥秋，病逾劇，年餘竟不起。

君娶管氏。子男成大，前邵武路建寧縣儒學教諭。女適吴仲益、李明孫、李仲謀、鄧彦舉、馮與權。孫男阿買、鐵漢。孫女適涂、適張，其二幼。

君之才名中閎外肆，雖韜光晦迹，縉紳高之。仕者問政，過者造廬，接物煦煦，如春陽之温，未嘗疾聲厲色。愛人不問親疏遠邇，其憂人之憂也，苟思所能謀、力所能極，靡不竭盡其情，教人亹亹忘倦怠。天朝貢舉制下，来學之士益衆，一經指畫，文悉中程。卧疾五載，講授猶不輟。訓誨必本於行，議論必符於理。古文時文、韻語儷語，一一有法。取龐德公「遺子孫以安」之義，榜書室曰「遺安」。其遺藁若干卷，號遺安先生集，外史抄十卷，俱可傳也。卒之日，不惟士大夫傷惻，下至兒童輿隸，亦共嘆惋。君其何以得此於人哉？銘曰：

疇廓其哀，疇闕其庸。曷嗇曷豐？亶来者之聽，尚聞其風。

臨川士饒宗魯妻周氏墓誌銘

饒宗魯，臨川士之好脩者。其配周氏，儒家女，諱得清，龍興進賢崇信鄉人。大父士明，受大臣薦，充史館檢閲。父宗武，以孝友稱。生而端重，不妄言笑。年十七，嬪于饒。饒有母喪，十餘年殯淺土。既廟見，詣殯所拜省，愴然興不逮事之感，曰：「喪久不葬，禮乎？」夫愧其言，遄治葬。奉夫之繼母尤謹。君舅疾革，夫以官事羈郡城。及大故，奔喪至家，凡附身之物必誠必信，靡不備具，族黨賢之。君舅已没，夫之異母弟生，曰：「吾父同氣也，吾愛之如吾子，然後一家之人視之不異於吾子。」平居律諸女以己，勗諸子以學，不令少有懈怠。至治癸亥十月辛巳，以微疾終。子四：約、絢、經、紀。約從予在京師，聞喪乃歸；絢後於母八月而卒；經後於母五月而卒。女子子三，周文潁、王宗震、于珂，婿也。孫晁生。

予每嘉宗魯賢士，知其内有賢助。以予所聞，養舅姑敬而有禮，相夫君順而有規，淑子女嚴而有教，御家衆慈惠而有威，綜家務勤儉而有度，是其德也。其夫自謂：「吾妻遇事迎見，立解多暗合於理；倉卒之變人所難處，而有深慮；閑逸可以少肆，而無惰容。蓋其天質然。」然以婦德之賢克儷其夫、嬴其家，家之福未艾，而身之壽五十止，殆事之不可期者。又二子相繼夭折，悲夫！悲夫！泰定甲子，宗魯使人来曰：「亡妻將以十二月庚申葬建昌南城太平鄉之和坪，蘄一言昭諸幽。」志之銘之，以授其使。銘曰：

齊其賢，不齊其年。奚其然？猗嗟乎天！

故金溪逸士葛君墓志銘

金溪之葛號著族，其先縣番陽徙。宋建炎時，有諱賡者，能率民兵衛鄉里。事聞于朝，將賞以官，辭弗受。後以子貴，授承議郎。子逢時與陸文達先生同年士，知南康軍星子縣。其族以進士貢禮部者常有之。

君生淳祐甲寅，距承議五世。繼祖其名，聖時其字也。自少工進士業，業成而科廢。國朝延祐初，科復而君老矣。至元間，時務糾紛，君應接繁劇中節理，善保其家産，且有增益，築居室于舊基。又爲市以通貨物，以餘力新青田三陸先生祠。予嘗拜祠下，宿于君之家，嘆君逸才未獲用。至治壬戌八月，作四言十二句銘辭訓諸孫。十八日，忽得疾，越十日卒，年六十九。

曾大父宗允，大父元鎮，隱德弗耀。父某，鄉貢進士。君娶陸文安先生四世孫女，先十八年卒。子男五：長鼎實，先二年卒；次幼成、陸璣、玉成、元傑。女三，適王者一，適鄧者二。孫男十，女三。將以某年月日葬于里之某原。其邑人吴楝爲其子乞文以志墓。予固識君，不辭而爲之銘。銘曰：

山老椅梧淵韫珠，天閟珍儲疇其須。猗嗟斯士不顯世，蓋將有遲遲来裔。

故貢士蕭君墓誌銘

吉水蕭如愚以書来言曰：「某之從子立夫，爲皇元延祐進士，不幸而夭，嘗辱銘其墓。某之仲兄采字熙績，昔爲宋景定貢士，今幸以壽而終。終之時，執某之手，顧其遺孤，欲有言而未發。某問之，則曰：『立夫三十二而死，尚得吴文以志。吾生七十五年死，而無所託以傳後，虚爲一世人矣。』哀哉！某與其孤泣，未及答而絶。追念遺語，悲不自勝。其忍死吾兄乎？將以某年某月某日葬某原，不遠萬里走京師，乞一言以慰死者之心於地下，仁人必爲之惻然興哀也。」予發書而嘆曰：「弟弟孝子之情若是哉！」

謹按，貢士之考諱符世，宋咸淳戊辰省試，以詩經擢居第一。其經義流播四方，學者視法式。貢士受庭訓，未弱冠與鄉貢，歉然於藝之未精。其後藝精而科廢，每戒諸少，謂：「文事它日必興，勿以不爲時用而荒棄所業。」督之親師友，工詞章，汲汲如恐弗逮。未幾，貢舉既復，立夫進士出身，授南豐州判官以歸。貢士喜曰：「吾家詩學之緒不墜矣！」

嗚呼！予嘗聞先輩言科舉爲老英雄之術，蓋魁碩卓偉之彦生長治平之世，無它途可自奮迅，俯首帖耳于場屋間，操數寸之管，書盈尺之紙，徼覬於一勝。得之則志願甫畢，失之則抱恨没齒。若貢士君事勤家學，而未踵世科。值時變更，隱處自晦，年邁而不我俟，竟莫少展所長。正色不動，以服强暴，而化其鄉；循理無違，以銷點悍，而寧其家，乃其囊錐之末微見十百之一二者爾。

其生也，宋淳祐戊申九月下旬之四；其卒也，元至治壬戌九月下旬之五。考仕衡州推官，妣易氏。兄弟四人，伯暨叔蚤亡，如愚，其季也。娶劉，繼郭，繼文。子：貴孫、順孫。女柔則先逝。孫：陽端、吉端、泰端。銘曰：

家無贏餘，而猶樂施；躬有抱負，而弗獲試。視其墓題，緊宋貢士。

故處士劉君墓誌銘

人父莫不期其子之貴，人子莫不期其父之壽。所期乎子者，期其得禄以養於父也；所期乎父者，期其得年以受養於子也。

韶州路曲江縣主簿劉中孚之父處士君，其督子以學也，汲汲若追奔而逐逃；其勗子以仕也，切切若食饑而飲渴。子自爲儒官，以至於膺朝命一而再、再而三，欲留養，輒不許，曰：「汝養吾志。」欲迎養，亦不許，曰：「汝毋以養吾口體爲也。」子順命不敢違。君年七十終於家，子奔喪来歸。治喪畢，遺予書謂：「不肖孤官嶺海，生不及養，病不及藥，没不及歛，踰年甫得葬，未得銘，烏用子？已斬焉衰絰，不能遠走萬里，泣血以請，敢以狀聞。」伏惟哀人子不死其親之心，悼其亡，恤其孤，以少逭中孚不孝之罪，予視書惻然。雖嘉其父之欣欣以死，寧能不悲其子之戚戚以生者哉？蓋父之所期愜矣，而子之所期未有艾也。

君吉水著族，居明善鄉之億田。宋慶歷以後，登進士科者十有四，而提刑、郡守、通守最顯。高祖彦宏，曾祖汝賢，俱將仕郎。祖夢龍遊臨安府庠，以族人司户參軍絢之孫鐣爲子，君之考也。君諱時明，字幼文。少從伯兄學，日記數萬言。課所業，頃刻成文。字、畫得米氏體。無它玩好，惟貯書、淑子二事。家非甚贏，而賑饑歉，賙貧病，鄉人歸德焉。與弟同爨，内外無間言。待從子三人如子，從子養君亦如父。故君之子出仕，得無後顧憂。生宋寶祐癸丑秋季，卒元至治壬戌冬仲。配黄氏。銘曰：

子承志而仕，父適志而逝。予其銘諸，以綏遺孤。

卷八十一　墓誌銘

故樊居士墓誌銘

樊氏，洪進賢著姓。居士諱士高，字叔厚，世居崇禮鄉之三陽里。宋紹興初，盜據江城，侵及洪境，樊昌時率民兵拒戰而死。事定，贈脩職郎，自是族浸昌大。脩職五傳至秀英，由三陽里徙居北山，以其地沃物繁，於生聚宜故。居士，其仲子也。生宋寶祐癸丑十月。饒智略，涉經史，少時已爲季父饒州法曹夢辰、從兄興國户曹必薦所器。至元丙子以後，户役繁重，與一兄二弟佐父理家，獨勞不怨。父殁，養母益虔。及將異居，以先廬讓伯氏。鄉先生胡簿霆桂學行深峻，於人少許可，每稱居士有父風。其事兄如事父，兄既喪，友愛二弟尤篤。不汲汲殖貨，而家日以裕。見人銖較尺絮，輒心非之。

晚年貲産倍於初，遇耕牧賤夫，相與爾汝。度量寬洪，無疾言遽色，喜愠不形，而家衆畏慄，惟恐過差。惠周黨閭，不望其報；信孚朋友，必顧其言。鄉瀕湖滑，厥田下下，多潦屢歉。有司驗視，必爲開陳民瘼，以拯饑溺。或勸之仕，則曰：「是有命焉，不可幸致。」恬然無一毫外慕意。處伯仲叔三子各有攸當。

馬塘去家二里許，樂其平曠，挾季子往營新宅而終焉。一日，召諸子来前曰：「吾年已七十三，得從先人遊地下，復何憾？」越二日，不病而逝，泰定乙丑閏正月十二日也。初，居士未昏，有陶司法應器寓邑東，爲孫女擇對甚嚴。聞居士賢，妻之。留甥館再閱月，以定省不可曠而歸。陶氏先三十二年卒，繼趙氏。子男四：志泰，後伯兄，亦先卒；志務；志廣；志能。女三。孫男七，女五。居士昔於所居東南五里之青山豫卜壽藏，諸孤從遺命，以丙寅十月壬午葬。

婿徐芳遠爲志務来請銘。予觀居士，蓋循理安分，有福德人也，是宜銘。述其行者，將仕郎、南豐州判官葛潤玉。銘曰：

不求聞，天所敦。亡若存，徵予文。

貴溪翁十朋故妻李氏墓誌銘

前鄉貢進士翁仁實母喪，未畢凶服，造門再拜請曰：「先妣李氏有賢行，年僅六十而終。仁實不子，生弗克厚養，死弗克厚葬，罪大無以自容。葬有日，敢乞哀矜而賜之銘，庶先德託以永久。」

進而與之談，知爲至治癸亥所貢士，次年試禮部不第，特恩命長信州路象山書院。才可得仕，而欲然不以已能自足，亦其漸習賢母之訓而然與？問其母之行，曰：「生未期失所怙，既亂失所恃，鞠於姑氏。姑適徐而嫠，治家嚴肅，教姪如其女。及年二十一，以歸我家君。婦道謹飭靡違夫，出則總家政，治生業，舉無曠廢。家君嘗語諸子，謂『家之粗立，而母力也』。服用素簡，飲食必均。每不喜人子別饌私奉，以爲寧如郭林宗，無如茅容。或疑其言，識者曰：『自子言之則未孝，自母言之則賢也。』又嘗嘆美程子『孀婦餓死事小，失節事大』之語。因言：『人或餓而死，亦庸惰拙於謀生故爾。吾親見徐氏姑煢煢提孤嬰，能復侵强，數十里内賴爲惠主。里有何氏，甚貧，早寡無子，植麻苧，畜雞豚，以給衣食，年踰七十，怡怡如小兒。由二人觀之，守節者豈至餓死哉？』同産惟一兄而殤，囑從兄以一子後之，爲築居納室，畀田，俾供時祀。從弟沾疾，而子缺於養，養之餘三十年。有外親，平日視猶娣姒，乳而不能具食，備繈褓膳羞以遺。其後既寡而殂，力疾冒暑往哭。諸子請代行，不可，曰：『彼之孤，長者未冠，少者猶抱，死未有以歛。』竟親往致襚而還。家雖無嬴，有死亡不能喪葬、孤遺不能嫁娶、困厄不能存活者，周恤罔吝。凡種德急義之事，相家君力爲之。弋人捕生禽来鬻，買而縱之山中。劬勞至老不倦，子婦媔黨或勸少休，曰：『人恃勤以生，未死以前，非可間之時也。』朂諸子篤學勿怠，不正之書不許接於耳目。常命誦孝友諸傳，集室衆侍聽。下逮使令，皆繩以法式。子男四：仁實長，次尚志、集義、與實。女一，能暗誦古書詩文，以妻趙元略，延祐戊午，年二十四，先卒。孫男四：愛、愷、雅、正。孫女一，字外孫如孫，曰：『俟而父繼室而歸。』」

予聞仁實之言，其母之德頗有與吾母同者，其年又與吾之季妹同。而吾母没已二十九年，吾妹没亦四十年矣。思其德、其年之同，而動予哀，銘以遺之。李氏諱如韞，泰定二年乙丑六月六日卒。三年丙寅十二月某日，窆于其里之鳳山。銘曰：

母也誠賢，子其永肩，以成以全。

故逸士陳君雲夫墓誌銘

學者曾仁任南康路建昌州學官，命其子以州人陳德剛来請銘其父雲夫之墓。雲夫諱士龍，閩中宦族。王考紳始徙建昌。考伯順儉勤殖貲産，生男九人，皆魁偉，遂號望族，姓甲於一州。雲夫之次在九之四，生宋咸淳己巳六月癸卯。居家孝友，奉身澹泊，唯祀先饌賓致其豐備。葬婣黨之弗克葬者，撫其孤遺，使之成立。或罹非辜，援之不惜力。儲粟賑饑平糶外，所貰甚溥，衆謂宜度其能償與否，則曰：「吾以周急也，豈繼富哉？奚暇豫計它日事？」然人亦自不忍負，尤貧者亦不責其必償也。雖與己忤，有善必揚；雖與己合，有過必規。不阿貴盛，不陵寡弱；不恃己長而短人，不以喜怒而有所予奪。擇士傅其子唯謹，傅病疫危篤，家老請异送，不可，躬督諸子侍粥藥，更數醫治療，竟不起。哭之哀，襚襯而歸葬之，贈恤甚至，咸稱忠厚長者云。泰定乙丑正月甲午，得疾終，年五十七。妣楊氏，先二十年卒；繼趙，亦先四年卒。子男四：德剛、德大、德裕、德輔。女四：長適熊，餘未行。孫男二，女一。某年月日，葬某原。方强壯時，人勸之仕，應曰：「仕以行志也，下者爲貧耳。吾幸衣食足以自給，苟志不可行，役於人，奚益？」里人鄭時中狀其行曰：「不趨利而急義，不慕名而務實，持古道而不變於今。」其信矣乎！

銘曰：

有以承先，有以遺後。奉己則薄，待人則厚。

胡優其德，而劣於壽？我銘幽宮，昭示永久。

故處士薛君墓誌銘

春秋時，薛視諸國爲先封，子孫以國爲氏，至唐逾盛。河東之薛，在宋秉義郎、殿前都校尉習者，處士其後也。處士諱勉，字方叔，世居信貴溪之仙浦里。曾大父子徹，迪功郎、知恩州南丹縣，兼主管勸農公事。大父瑑，太學進士。父亨，静一居士，世以文獻自持，與臨川之陸、鄱陽之湯、弋陽之謝諸名人交際往還。母王氏，有婦德。

族方隆而宋祚訖，民頑弗靖，推官軍躪躒，由是鄉里凋敝，而薛族之資産浸浸淪喪。衆咸戚惋，獨處士恬不介意，諉成毁興衰於數，不以貧賤渝其樂。天稟純粹正直，待卑屬必端肅，見小人無嚴毅。既不失我，亦不迕物。嘗遠遊荆、湖、廣、海間，雖沿邊溪洞亦至，倦而東歸。仙浦之南六七里曰宜陽方山，後擁諸峰，前羅明水，縈抱如玦。喜其地，遂徙居焉，扁其堂曰「寶善」，予嘗爲之銘。

配孔氏，勤儉慈順。子二人：玄義，從開府張公隱老氏教中，質淑學篤，作詩清新不群，文士競與爲友，制授弘文裕德崇仁法師，充大都崇真萬壽宫貳職，璽書游命長官觀，非其好也；玄儀，朴雅温文，田州路儒學正。兄弟怡怡奉親，而處士君卒矣，泰定丙寅四月望日也，享年六十有八。

法師在京，素相親厚。予既告老家居，繐服来過曰：「吾父不幸以病終，玄義弗克子，大懼吾父之美泯泯不傳。蘄一言刻諸墓石。」予於處士，因其子而知其父之賢，不辭而爲之銘。銘曰：

褧襲其錦，恬處約銘。最其略，潛亦灼。

金谿吴德勤墓誌銘

金谿吴塘之吴，其居東溪、居新田者，派之分也。安遠令惟新之子處禮，又自東溪分居桂田。早世配葛氏，善持家，貲業日嬴。長其孤天桂，納余氏爲婦。甫能應門，而官有海舟之役，竟勞瘁以殁。二嫠煢然獨處，乃請於新田之族，擇宋咸淳辛未進士、永豐縣尉名楊之少子恩爲後。

恩字德勤，生永豐官所。元至元壬午爲後於桂田，未三年，有余氏喪。又數年，又葛氏喪。畢二喪，嫁天桂二女，人稱能子。娶曾，繼周。男女凡六。長子舉從予學，至治癸亥，予守官禁林，是年冬，舉亦来京師，泰定甲子補學弟子員。明年乙丑冬，歸省父母，喜子之至。又明年丙寅春，父病，夏五月己酉卒，年五十四。又明年丁卯春二月某日，葬其鄉之福林。

舉衰絰造吾門，乞銘其葬。余因舉素知其父純厚，爲鄉之善人，許之銘，而語之曰：「必也正名乎？蓋以昭穆世次，恩宜爲處禮之子。而以舉之弟安爲天桂之子，則正名而言順矣。夫君子之必可言也，若名之不正，予惡乎銘？」

諸子：舉、安、寧、康。女二：長適鄧，次幼，未行。孫男二：璧、欽；孫女亦二。銘曰：

嗟哉若人！雖不壽其身，而有子以壽其家，抑又何嗟？

故平洲居士劉士遠墓誌銘

撫之縣五，樂安最後置。樂安之鄉四，吉永豐割其一來隸，雲蓋是也。雲蓋鄉占縣上游，雖隸撫，而吉之流俗固存。地產之美饒，户口之蕃庶，士氣之英特，世家之盛大，萃然出三鄉之表。

竹園劉氏，鄉之右族，族之人無不挺挺自拔、卓卓自立。其間恂恂儒雅、肫肫仁厚、如麟如鳳，則有雲伯焉。

雲伯生士遠，名辰翁，才子也。南土新附，遐僻未靖，時士遠猶少，已克相父，弭折亂萌，鎮護居里，遠近等賴其庇。長而應門，一遵父轍。賑凶荒，活饑莩，捐己所有，息人之争，貧族昏喪，必致補助。久假負欠，復来告急，周恤不靳，曰：「彼以貧，故償不及時爾，豈負我哉？」歲供公役，未嘗剥下以奉上，比閭絶叫囂隳突之撓。民有小忿，平之不令至官府。賓客過從，禮意歡洽。或勸充廣田宅，則曰：「子孫保此足矣。」族中有子無力延師，每竊喟嘆，擬建義塾，收聚以教。恬静寡欲，好義樂施，謙謹和易，與物無競。事親事長，略靡逆忤。侍疾頃刻弗離，持喪始末如一。家有水竹之勝，廬陵劉太傅嘗爲書「平洲」二字扁于樓，人稱平洲居士云。

娶李，先七年卒。子芝蘭，女適王、適李。孫：曰丁、曰德、曰瓊。女孫五，皆得所歸。泰定乙丑十一月終，年五十八。丁卯秋，葬龍石之原，芝蘭請銘墓石。予素聞士遠家世之善可銘已，而其子方務學，崇立身之孝，是以不却其請。銘曰：

而續而似，而務根柢。而邇而迤，而可涯涘。

故逸士高周佐墓誌銘

予家距吉永豐不二百里，聲相聞，迹相及也。華田之高爲邑著姓，有諱師文，字周佐者，家業隆盛，卓爾樹立，名聞尤表表。年四十四而終，與其友鄉貢進士解觀訣，無它語，囑以求余銘墓爲第一事。卒之三月，其孤世安摭其所見於家庭、所聞於師友者輯爲行述，解貢士將之以来。其言曰：「吾父機警敏悟，雖孩孺，如成人。讀誦三兩過，即記憶不忘。無雜嗜好，或遺之珍玩，僅一寓目，竟不留戀。乘暇維喜觀書。大父歷覽四方，吾父猶未冠，已承委意，專任家督。外而公私之酬酢，内而出納之齊量，蝟集鱗次，處之綽然。逮既冠，亦事遠游，往復京師再三。語人曰：『吾幸六合混一時，獲覩版圖之廣大、宫闕之雄麗、人物之阜蕃、山川之奇勝足矣，又何數數僕僕道途間爲？』乃定閒居之計，起樓庋圖籍，趙承旨孟頫爲作『藏書』二字扁其顔。既而過客日衆，舊宅地狹，改築于社林側。時曾大父年踰九十，大父亦且七十，新中堂奉重親，致樂以養，東西之樓館則以貯書焉，以禮賓焉。父之父兄行有簿鄉邑者，有簿嚴道者，有巡警傳羅石灣者。吾父獨安於隱退，勸之仕，輒不應。精神標格，俊拔秀偉，美髯豐頤，眉目如畫，瞻之知爲英特。接引於人，一見如故；發笑傾倒，略無厓岸。畛域居綰水陸之會，臨涖之官、經過之使，與夫来往之朋游，朝夕迎送，無少懈。所當資贐，靡不滿意去。每仗大義，不吝浮費。而根本益充肥，生殖益饒裕，蓋非私智計較所能得。兄死，扶植從子；父喪，撫恤幼弟，延師儒淑胤胄，俾可應時需。水阻，造舟梁以濟，歲饑，發陳腐以糶。排難解紛，赴人之急，甚於拯己之焚溺。人以月庭稱，若其字云。志未大展，而遽棄諸孤，痛哉！諱致平者，吾父之大考也；諱應新者，吾父之考也。吾母鍾氏，三男二女。男：世安長；世用、世康，吾弟也。世用先逝。女：適黄者，吾女兄也；許適鍾者，吾女弟也。吾之子奇孫，女子子一，吾亡弟女子子一，吾父見孫者三矣。終於至順辛未十有一月丁丑。某鄉某里某原者，葬之宅也。某年某月某日者，葬之期也。」

余閲所述，踟躕久之。嗚呼！吉士固多奇，周佐生而有以鎮于家，有以望于鄉；殁而蘄有以光于世，才識兩不凡已夫！於是爲之銘。銘曰：

嬴於財，嗇於壽，天也莫究，斯順所受。

先而潛，後而炎，人也可占，其符所覘。

故西峰居士裘府君墓誌銘

裘氏先世，自會稽徙豫章之西山，宋淳熙丁未進士萬頃，由大理司直爲江南西路安撫司幹官，贈通直郎；弟萬全，以通直之介子由庚嗣，擢寶慶丙戌進士，終饒州德興簿。德興生希彭，郴守曹一龍妻以弟之女，居士其後也。

居士諱興仁，字克榮。負氣不羈，頎碩美髯，從曹夫人之兄、都昌尉盛用學。德興之弟，朝散大夫、安撫司參議應材之期之爲興家子。革命後，西昌有賢令甚相好，比還朝，有意薦拔，當路亦相推輓。居士惟日廣田宅，絶仕進想。年未六十，屏家務畀諸子，闢家塾誨諸孫。所居之西有山曰安峰，峻秀不群，行省平章史弼寫「西峰」二字作堂扁，因以自號。

幅巾藜杖，尚羊泉石。揭格言明訓于坐右，朝夕諷玩，自娱且自勉也。内無畛域，外不裱襮。理家御衆，和而有威，嚴而有恩。睦族媚、賙故舊，禮稱其情，接物唯恐傷之。或有未善，面規忠告。脱人於險，終不自得。歲祲，出粟以賑，平直以糶。貧而病死，施藥施櫬。貸弗克償者，焚其券。事曹夫人至孝，塋在安峰之麓，創庵捨田，招方外之人，掌歲時展省事。嘗曰：「樂哉斯丘！吾母葬於斯，吾妻祔於斯，吾終其亦藏於斯也。」至治壬戌，自營壽藏。年耆色孺，神爽不衰。泰定丙寅十月疾，却藥不服。旬餘，晨興衣冠，謁先祠，坐于堂，子孫列侍，笑語如常。逮夜，命子孫曰：「吾其終矣。」端坐至翼旦雞鳴而逝，是月廿九日庚午也。

其生在宋寶祐癸丑六月十六日癸亥，歷春秋七十四。娶同邑萬貢士兄女，有婦德，先十七年卒。子男四：義高，前都省宣使；義大，樂平州儒學教授；義忠，未仕；義正，先殁。女一，適同邑熊。孫男十一、女八。曾孫男一、女二。明年丁卯十一月八日壬申，窆于所營壽藏。

義高兄弟遣使致書求銘。予觀裘氏世以儒科顯，而居士之子若孫又才且賢。然則一身之隱處，蓋不盡其用，而留以遺後人歟？銘曰：

前有世科，後有時彦。獨立于中，絅錦不見。

積深閟久，發也必閎。裘氏其昌，疇將與京？